DEFINITIONS AND DIVISIONS OF PHILOSOPHY

University of Pennsylvania
Armenian Texts and Studies

Supported by the Sarkes Tarzian Fund

SERIES EDITOR
Michael E. Stone

Number 5
DEFINITIONS AND DIVISIONS OF PHILOSOPHY
by
David the Invincible Philosopher

English Translation of the Old Armenian Version
with Introduction and Notes
by
Bridget Kendall and Robert W. Thomson

DEFINITIONS AND DIVISIONS
OF PHILOSOPHY
by
David the Invincible Philosopher

English Translation
of the Old Armenian Version
with Introduction and Notes

by
Bridget Kendall
and
Robert W. Thomson

Scholars Press
Chico, California

DEFINITIONS AND DIVISIONS OF PHILOSOPHY
by
David the Invincible Philosopher

Translated by
Robert W. Thomson and Bridget Kendall

© 1983
University of Pennsylvania
Armenian Texts and Studies

Library of Congress Cataloging in Publication Data

David, the Invincible.
    Definitions and divisions of philosophy.

    (University of Pennsylvania Armenian texts and
studies ; 5)
    Translation of: Sahmank' imastasirut'ian.
    Bibliography: p.
    Includes index.
    1. Philosophy. I. Thomson, Robert W., 1934–   .
II. Kendall, Bridget. III. Title. IV. Series.
B765.D183S2313 1983   101   83–3308
ISBN 0–89130–616–1

Printed in the United States of America

TABLE OF CONTENTS

PREFACE

In 1979 Bridget Kendall began an English translation of David's _Definitions_ _and_ _Divisions_ _of_ _Philosophy_ at the suggestion of Ruben Ambartzumian of the Armenian Academy of Sciences. The original idea was to publish this as part of the celebration of David the Invincible Philosopher's 1500th anniversary in 1980. But although a preliminary draft was ready by the summer of 1980 -- prepared at Harvard University -- the separation of the two collaborators over the next two years led to unavoidable delays in the revision of the translation and in the writing of the Introduction and Notes.

It should be emphasized that the following is a translation of the old Armenian version of David's text, not of the original Greek. There are differences between the two which have been studied in the Notes. This translation is offered as a contribution to the field of Armenian thought rather than as a study of late Greek philosophical ideas. For David's work was of fundamental importance in the formation of the early Armenian scholarly tradition. However, our main purpose has been simply to make accessible in English a text which served many generations of Armenians as an introduction to the content and aim of philosophy as a branch of learned enquiry. So we have not attempted to trace the history in Greek philosophical thought of the ideas to which David gave expression; nor have we described in detail the ensuing influence of this text within Armenia. In this last regard David's _Definitions_ _of_ _Philo-_ _sophy_ is a pivotal text, being at once a summary of ideas typical of late classical antiquity and also a beginning for Armenian thinkers. We therefore hope that this English rendering will help bridge the gap between specialists of Armenian studies and students of philosophy unfamiliar with classical Armenian.

We are most grateful to S.S. Arevshatian, Director of the Matenadaran in Erevan, for allowing us to reproduce his critical Armenian text. This has greatly added to the value of our translation.

Our thanks go to the Alex Manoogian Cultural Fund in Detroit and to the Committee for Cultural Relations with Armenians Abroad in Erevan for travel grants which enabled B.K. to visit Erevan in 1980 and attend the International Conference celebrating the 1500th anniversary of David the Invincible Philosopher. We are also grateful to Carol Cross for typing the final version of the translation.

Bridget Kendall
Robert Thomson

Transcription of Armenian

ա	բ	գ	դ	ե	զ	է	ը	թ	ժ	ի	լ	խ	ծ	կ	հ	ձ	ղ	ճ	մ
a	b	g	d	e	z	ē	ĕ	t'	z	i	l	x	c	k	h	j	ł	č	m

յ	ն	շ	ո	չ	պ	ջ	ռ	ս	վ	տ	ր	ց	ւ	փ	ք	օ	ֆ	ու
y	n	š	o	č'	p	ǰ	ṙ	s	v	t	r	c'	w	p'	k'	aw	f	u

Note on the Armenian Text

The text of David's Definitions and Divisions of Philosophy reproduced below is that of the edition by S.S. Arevšatyan, Erevan 1960, the only one containing variant readings. Five manuscripts were used:

A Matenadaran 1747 (1243 A.D.)
B Matenadaran 1746 (1280 A.D.)
C Matenadaran 2326 (14th century)
D Matenadaran 1751 (14th century)
E Matenadaran 464 (1734 A.D.)

A few minor errors in this edition were corrected in the 1980 edition, but the latter does not indicate variant readings of the manuscripts. (Full details in the Bibliography.)

INTRODUCTION

The text translated below was originally written in
Greek. The Greek title indicates that it is apo phonēs
Dabid. This would imply that the written text was based
on David's oral presentation -- in other words, that the
book was composed by one of his pupils from lecture notes.
However, the term apo phonēs in Byzantine times came to
mean simply "by."[1] So the question remains open whether
David is responsible for each word of the treatise or
merely for the arguments contained therein.

Of the personal life of David little is known from
Greek sources. From references in his Definitions of
Philosophy to Olympiodorus, it is clear that David was a
follower of the school of Olympiodorus in Alexandria in
the second half of the sixth century of the Christian era.
The latter, still alive in 565, had gained fame as a writer
of commentaries on three of Plato's dialogues (the Alci-
biades, Gorgias, and Phaedo) and on Aristotle's Categories
and Meteorologica. His two most famous pupils were David
and Elias. But there is some doubt whether they were
exact contemporaries, or whether David studied under Elias.
Many modern scholars consider the order of succession as
head of the school of philosophy at Alexandria to be:
Olympiodorus, Elias, David.[2] In any event, the close
association of David and Elias is given artistic expression
in the 14th century Greek manuscript Vaticanus 1023, which
contains portraits of the two philosophers. David's por-
trait bears the inscription "David of Thessalonica."[3] But
this unique reference is undoubtedly the result of a con-
fusion between two Davids. For the career of David of
Thessalonica, as known from his Life, was not devoted to
the philosophical activity for which David the Philosopher
was renowned.[4]

That David the Philosopher and David the Christian
saint might be confused points to the continuing study of

Platonic and Aristotelian philosophy a thousand years after
those schools had been founded. By the sixth century A.D.
the conflict of pagans and Christians had caused trouble in
the universities of the Eastern Mediterranean. But although
there were bloody clashes -- the most famous being in 415
when the mob of Alexandria murdered the philosopher and
mathematician Hypatia -- the relations between pagans and
Christians within the school of philosophy were not un-
friendly. For example, the Platonist Synesius of Cyrene,
one of Hypatia's pupils, became bishop of Ptolemais. And
a later teacher, Hierocles, had among his pupils Aeneas,
who founded the Christian philosophical school of Gaza.
But the leadership of the school in Alexandria remained in
pagan hands up to Olympiodorus. Only after his death did
Christians control the teaching of philosophy. Towards
the end of the sixth century David and Elias were active
there as commentators on Aristotle. Their successor
Stephanus became head of the Imperial Academy in Constan-
tinople in 610. The school of philosophy survived the
capture of Alexandria by the Muslims in 641.[5] Although
one hears no more of its teachers in the greatly reduced
Greek empire, from Arab sources we learn that it moved to
Antioch in 718. By the end of the ninth century some
members of the school had migrated to Baghdad.[6]

The influence of Greek thought on the Islamic world is
not our concern here. Nonetheless, it is relevant for the
influence of David in Armenia to note the importance of the
school of Alexandria in the wider perspective of the general
history of philosophy.

Although this school may be described as one devoted
to Neoplatonism, the form of its exponents' writings is
rather one of commentaries on the classical philosophers,
Plato, and more especially, Aristotle. The major achieve-
ment of the Alexandrian school was, then, paradoxically,
not so much the elaboration of earlier Neoplatonic theories
but rather the formulation of Aristotelian logic. This was
done through the medium of the lecture, a written text

based on oral presentation but devoid of literary artifice.
Despite the lack of originality and the aridity of most
such works, they played a large role in the transmission
of Aristotelian doctrine -- interpreted in a Platonic
fashion -- to the medieval world. Thus David's work must
be viewed in the context of the diffusion of the learning
of late antiquity to later ages; not merely to the Greek
speaking world, but to all those in East and West who as-
pired to keep alive philosophical enquiry and the tradition
of the two greatest thinkers of antiquity.

    With regard to the text translated below, Definitions
and Divisions of Philosophy (Prolegomena in Greek), we
should note that this format was not a new invention of
David's, and that it had a long history after him. Such
works were "introductions," originally "lecturer's out-
lines" (to use a phrase of Peters'),[7] which found their
way into the corpus of Aristotelian commentaries. The
first part of the schema of these corpora called for a
definition of the scope and purpose of philosophy in
general, and its division according to subject matter.
The procedure of the Introduction (Prolegomena) was to
discuss the existence of philosophy and its methods, and
to offer various definitions culled from different Greek
sources. In the Prolegomena by Elias, six definitions are
found: two from etymology, two from Plato, and two from
Aristotle. David also offers six: three from Pythagoras,
two from Plato, and one from Aristotle. Such definitions
became standardized, and identical passages may be found
in later Muslim writers. The division of philosophy is
based on its subject matter: theoretical or practical,
and subdivisions of these into physics, mathematics, theo-
logy, and ethics, economics, politics. Again, this formal
approach is found many centuries later in Arabic.[8]

    Although David's work has a certain importance in
this transmission of Greek philosophy, he was only one of
many thinkers known to the later Islamic world. On the
other hand, in Armenia the four texts attributed to him

had an especial influence, since they were the prime source
for Armenian knowledge of the philosophical commonplaces of
antiquity. These four works (the Definitions and Divisions
of Philosophy, plus Commentaries on Aristotle's Categories
and Analytics and on Porphyry's Eisagoge) were known in
their Armenian rendering, and David is universally accepted
in Armenian tradition as being of Armenian birth himself.[9]

     There is nothing inherently implausible in an Armenian
participating in the scholarly activity of Alexandria in
the sixth century. In pre-Christian Armenia Greek litera-
ture and culture had gained the patronage of the court,
while from the fourth century of the Christian era onwards
numerous Armenians (Christian and pagan) frequented the
universities of the Eastern Mediterranean. Libanius in
Antioch counted many Armenians among his pupils;[10] Pro-
haeresius in Athens was an Armenian;[11] and after the in-
vention of the Armenian script circa 400 by Mašt'oc',
large numbers of Armenians came to Constantinople, Alexan-
dria and other centres of learning in search of instruction
and of texts to translate into Armenian. Whether or not
the claim of the historian Movsēs Xorenac'i to have been
sent to the Academy of Alexandria by Maštoc' should be
accepted at face value,[12] at least it indicates the plausi-
bility in Armenian eyes of Armenians studying there.
Certainly Armenians are attested by foreign sources in
Beirut.[13]

     David's philosophical works form but a small fraction
of the technical texts translated from Greek in the first
centuries of Armenian literacy. Although the earliest
translations in the fifth century were of books essential
for the church -- liturgical, biblical and theological
texts -- it was not long before more general works of
historical and philosophical interest were rendered into
Armenian. And since Armenians frequented the schools of
late antiquity, the texts used there for courses on grammar
and rhetoric, mathematics and logic, were also translated
and adapted for use in Armenia. It is important to keep

in mind that the Armenian absorption of classical learning occurred in the fifth and sixth centuries and reflects the understanding and interpretation of the old classics as then known and expounded. Thus David's Prolegomena (the Definitions and Divisions of Philosophy) was a natural choice for a basic textbook on the subject in Armenia.[14]

However, Armenian traditions about the person of David do not tally with the Alexandrian origin of these texts and their late sixth century date. For their author came to be credited with theological learning as a defender of Armenian orthodoxy against the Chalcedonians; he was also associated with other notable but shadowy figures of Armenian scholarship who supposedly were pupils of Mašt'oc' himself in the fifth century. These traditions and legendary accretions concerning "David the Invincible Philosopher" do not detract from the real importance in Armenian learning of the text translated below. Indeed, they rather highlight the later renown given by Armenians to its author. But it may be worthwhile briefly to sketch the development of the "persona" of David, since he and his associates were significant and formative characters in the Armenian scholarly tradition.[15]

The eighth century theologian Step'anos of Siunik' (famous for his translation of the corpus of writings attributed to "Dionysius the Areopagite") has a passing reference to a David Hark'ac'i in a theological context, implying that he lived in the second half of the sixth century.[16] But not until the beginning of the eleventh century do we hear of him again. The historian Step'anos of Tarōn, known as Asołik, writing soon after the year 1000, is the first Armenian writer to describe in any detail his predecessors and to give a chronological list of earlier authors and scholars.[17] According to him David of Hark' was a pupil of Moses -- i.e. the historian Movsēs Xorenac'i. He had studied abroad with Moses and the latter's brother Mambrē. They all returned to Armenia when Vahan Mamikonean was marzpan (governor of Armenia for the Iranian shah), at

some date after 484.[18] David's _floruit_ is given as circa
490 by the chronicler Samuel of Ani in the late twelfth
century.[19]

The tradition that David had gained a reputation for
philosophy in Greece appears in writings by the noted
scholar Nersēs Šnorhali, Catholicos from 1166 to 1173.
Although the earlier Asołik had not stated where David had
been studying abroad, Nersēs informs us that Mašt'oc' and
the patriarch Sahak had sent pupils, including David, to
Athens. After seven years of study there David gave his
Homily on the Cross -- though others claim that it was on
a different occasion, says Nersēs.[20] He adds that David
was not only a philosopher but was also accomplished in
both secular and theological learning. David's supposed
date, therefore, has been pushed back to the very first
circle of translators and scholars, the actual pupils of
Mašt'oc', inventor of the Armenian alphabet.

This early date and the theological accomplishments of
David form the two major aspects of later, more elaborate,
legends about his activity as a defender of the orthodox,
Armenian faith. According to the thirteenth century his-
torian Step'anos Orbelean, metropolitan of the province of
Siunik', one of his predecessors as bishop of that see,
Peter, had gone to Constantinople in the company of Mambrē,
Eznik, Koriun, and David.[21] Eznik's and Koriun's travels
are known to us from the latter's own biography of their
teacher Mašt'oc'.[22] Mambrē has already appeared as the
"brother" of Movsēs Xorenac'i; and David's presence in
the group is first suggested by Asołik. However, Step'anos
Orbelean adds the intriguing information that these five
Armenians "happened upon" the council of Chalcedon (across
the Bosporos from Constantinople) in 451. There they
strove against the unorthodox, put them to shame, and re-
turned to Armenia. Back home they confirmed everyone in
the "orthodox faith of the three holy councils handed down
by Saint Gregory (the Illuminator)." The Armenian rejection
of the council of Chalcedon and the ensuing hostility

between the Greek and Armenian churches are not our concern
here.[23] But the development of David as a hammer of here-
tics played an important part in his persona as a defender
of the faith and one of the founders of Armenian cultural
individuality.

Even more extraordinary is the information in a colo-
phon of 1297 A.D. to a copy of the Book of Beings -- a text
of theological polemics, which according to the colophon
was translated from Greek in the year 25 of the Armenian
era, i.e. in 576 A.D.[24] Before the note concerning the
translation of the Book of Beings is a long passage that
describes the activity of David and other early Armenian
scholars including Movsēs Xorenac'i. Mistakenly, Conybeare
took the year 25 of the Armenian era to refer to this
legendary account, not just the supposed translation of
the text.[25] And the scribe of 1297 adds that "it is
astonishing (zarmanali ē)" to find such an early date.

According to this colophon, which is also found in
manuscripts written after the thirteenth century, David
was first sent to study in Constantinople. On a second
visit he asked the emperor for permission to study in
Athens, where he was invited to occupy the chair of philo-
sophy by the two Gregories of Nyssa and Nazianzen -- who
had died in 390 and 394 respectively! For thirty years he
and Movsēs Xorenac'i taught there. Later they refuted
Nestorius at the council of Ephesus in 431, and returned
to Armenia. The Persians were then in control of the land,
so because of their long stay in Greece they remained in
hiding. But later they were recognised, and they began to
compose the works for which they became famous.[26]

It is not necessary to pursue the elaboration of such
fantastic tales. The important point is that the author
of the Definitions and Divisions of Philosophy was per-
ceived as a major figure in the development of Armenian
philosophy. And just as the formative historians Movsēs
Xorenac'i and Ełišē came to be associated with the circle
of pupils around Maštoc', so too was David. This physical

link in time and space with the inventor of the Armenian script and the first translators cannot be upheld if the treatise in question is a product of the sixth century. But the historical simplification points to the importance of David -- or at least to the significance of the texts associated with him -- in the development of Armenian scholarship. So instead of trying to save the legendary accounts of David's career, it does more credit to his career if we stress his influence on succeeding generations of Armenian writers who recalled his name and works and wrote commentaries thereon.

It is not known who translated the *Definitions and Divisions of Philosophy* into Armenian, making the Greek title *Prolegomena* more explicit in the process. Later tradition, that makes of its original author an Armenian, assumes that he was also translator. Nor is it known when the translation was made, though the eleventh century scholar Grigor Magistros refers to an "old" Armenian version of "Olympiodorus, whom David mentions."[27] This is probably a reference to the text of the *Definitions*. The earliest surviving manuscript of the Armenian version dates to 1243 A.D.[28] However, this is not surprising or significant in itself, as many classics of early Armenian literature are only attested in manuscripts of the thirteenth century, or even much later.

The translation is very accurate, the only clear error being in the rendering of *ēlibatōn*, where the Greek should have a smooth breathing, but the translator read *hēlibatōn*.[29] Another error, in that "Plato" appears in the manuscripts instead of "Plotinus," is due to scribal corruption and cannot be attributed to the translator's ignorance. However, the translation is not a word for word rendering of the Greek text. In the first place, it frequently abbreviates the original, especially in the second

half of the book. And more interestingly, there are many
adaptations where allusions to topics or persons not well
known in Armenia are explained, or Armenian examples sub-
stituted.

There are frequent references in the Greek text to
"the poet;" they are explained in the Armenian as referring
to Homer. The Argives and Boeotians are identified by the
translator as Greeks,[30] for they would not be familiar to
an Armenian readership. To illustrate the example of images
in wax the Armenian version changes Hector into Tigran.[31]
A similar transformation of Greek names into "Tigran" or
the feminine "Tigranuhi" is attested in the Armenian ver-
sion of the Commentary on Aristotle's Categories, also
attributed to David.[32] More notable is the introduction of
the Armenian mythical creature, the aralez, as an example
of a name for a non-existent thing.[33] There are numerous
references to the aralez in early Armenian authors, but
only one text offers a parallel to its use in David's
Definitions. Eznik, in his work on the problem of evil,
uses aralez as an example of "names that do not refer to
persons."[34] The parallel is so striking that the influence
of Eznik should not be ruled out, although the translator
never mentions any Armenian source by name.

The translator was also familiar with Greek traditions
unknown from Armenian texts. David refers to Orpheus and
the power of music. To this reference the Armenian text
adds the story of Alexander the Great being beguiled by
music: when the musician played a martial tune, he left
the feast and armed himself for war; but when the musician
played festive melodies, he returned to join the guests.
This is not found in the Armenian version of the Alexander
Romance, but is based on tales about the flautist Timo-
theus, unattested elsewhere in Armenian.[35]

Another addition has parallels in speculations on the
significance of numbers found in other Armenian texts. In
the Greek of David two sections are devoted to a compli-
cated discussion of the mathematical properties of numbers.

Most of this is omitted by the Armenian translator, but he
does add some extra material dealing with the number seven:
children born in the seventh month have a better chance of
survival; in the seventh month children produce their first
teeth, and in the seventh year they change them.[36] Similar
comments are found in the writings of Anania Širakac'i;[37]
they reflect Christian interpretations of traditions found
in Philo, for example, whose works in their Armenian version
had a profound influence on Armenian authors both secular
and ecclesiastical.

The translator felt free to adapt David's text for the
easier comprehension of an Armenian readership; but he made
little effort to take their Christian orientation into
account. This is perhaps surprising in view of the per-
vasive Christian nature of Armenian literature. We do find
that the nymphs of classical mythology are changed into
"angels and demons."[38] And the ending introduces a more
moral tone: "God gave philosophy ... so that we should not
acquire false knowledge and so that we might do no evil."
This contrasts with the original Greek, which refers merely
to subduing the passions. But the translator introduced no
references, explicit or implicit, to Christianity as such.

The influence of the Definitions and Divisions of
Philosophy on later Armenian philosophers lies beyond the
scope of the present work. We have already noticed that
David himself is hardly mentioned until after the year 1000;
but then within two centuries very elaborate accounts of his
life and activity were in circulation. The reasons for this
must be sought in the general history and development of
medieval Armenian culture. Here we should only emphasize
that from the eleventh century scholars used and quoted
David, and that several commentaries were written on his
Definitions. The most notable of these are by the thir-
teenth century philosopher Vahram Rabun (who also wrote a
commentary on Aristotle's Categories); by the fourteenth
century theologian Yovhannēs of Orotn; by his more famous
disciple Grigor of Tat'ev, who is particularly noted for

his attack on Latin theologians; and by the last's contemporary, Aṙak'el of Siunik', who is better known as a religious poet. Of these commentaries only Aṙak'el's has been published (Madras 1797), but it was inaccessible to the present writers.

The emphasis given to this particular text by later scholars points to its continuing importance as a manual for teaching. Indeed it remained a standard textbook for over a thousand years. The seventeenth century historian Aṙak'el of Tabriz describes how Basil Gavarc'i studied the *Definitions*: he read each chapter through several times, not progressing to the next section until he had fully understood all the details of the earlier chapter.[39]

Not only was the *Definitions and Divisions of Philosophy* a text fundamental for the development of Armenian thought, it remains of interest as a witness to the common heritage of late antiquity. The influence of that heritage in the Muslim East and the Latin West has been studied for many generations. But the Armenian side of the story has not received much attention. What follows is a modest attempt to help redress the balance.

CHAPTER DIVISIONS OF DAVID'S <u>DEFINITIONS</u>

DAVID THE INVINCIBLE PHILOSOPHER

DEFINITIONS AND DIVISIONS OF PHILOSOPHY

ԴԱՒԹԻ ԵՌԱՄԵԾԻ ԵՒ ԱՆՅԱՂԹ ՓԻԼԻՍՈՓԱՅԻ
ԸՆԴԴԷՄ ԱՌԱՐԿՈՒԹԵԱՆՑՆ ՉՈՐԻՑ ՊԻՀՌՈՆԻ ԻՄԱՍՏԱԿԻ

ՍԱՀՄԱՆՔ ԵՒ ՏՐԱՄԱՏՈՒԹԻՒՆՔ ԻՄԱՍՏԱՍԻՐՈՒԹԵԱՆ[1]

Որք միանգամ իմաստասիրութեան տենչան բանից և առ ի նմանէ հեշտութեանց[2] ծայրիւ միայն մատին հանդիպին ճաշակեալք, ամենայն կենցաղական հոգոց բարեաւ մնալ ասացեալք, ողջախոհ իմն մոլութեամբ առ այսոսիկ վարեալք բերին։ Եւ անդուստ իսկ ապա էակացն մակացութեամբ փութապէս զնոցին իսկ ինքեանց[3] փոխեն[4] զտենչանս։ Իսկ մակացութիւն էակացն, որպէս հանդերձեալ եմք ուսանել, իմաստասիրութիւն է։

Եւ արդ, վասն զի բազում յօժարութիւն և ողջախոհ զբաղումն և իմաստուն տենչումն յայսոսիկ վարեաց զմեզ ի հանդէսս, բեր զաստուածայինն հանդէս իմաստասիրութեան զգեցցուք։ Մի զառաջիկայսդ դժուարաձեռն համարելով, այլ առ եզր[5] աստուածային խոստմանց զօրս բացահայելով, զամենայն աշխատութիւն նուաստ և երկրորդ նորին գոլ վարկցուք։ Բայց բարւոք թուի ինձ սակաւ մի յապաղումն առնել պատմութեանս և արուեստիցն հաւանել որոշմանց, որք ասեն՝ թէ պարտ է գրեթէ յամենայն իրողութիւնս[6] զչորս զայսոսիկ խնդրել զգլուխս. եթէ է՞, և զի՞նչ է, և որպիսի՞ ինչ է, և վասն է՞ր է։

Եւ յիրաւի այսոքիկ խնդրին, քանզի յիրողութեանցն ոմանք անգոյք են, որպէս եղջերուաքաղն և արալէզն, և որչափ ինչ մերս վերաստեղծէ մտածութիւն. իսկ ոմանք գոյութիւն[7] ունին։ Եւ այնոցիկ դարձեալ, որք զգոյութիւն[8] ունին, ոմանք երկբայաբար ունին զգոյութիւն[9], որպէս անաստղ երկինն և հակոտնեայքն, քանզի

---

[1] ACD *Դաւթի փիլիսոփայի Ներգինացւոյ առաջաբանութիւն սահմանաց իմաստասիրութեան։* B վերնագիր չիք։ [2] B *հեշտութենէն.* E *հեշտութենէ։* [3] F *յինքեանս։* [4] DE *փոփոխեն։* [5] E *յեզր* փխ *առ եզր։* [6] B *յամենայնում իրողութեան։* [7] ABCDF *գոյացութիւն։* [8] ABCDF *գոյացութիւն։* [9] ABCDF *զգոյացութիւն։*

DEFINITIONS AND DIVISIONS OF PHILOSOPHY

by the Thrice-Great and Invincible Philosopher David,[1] in

Opposition to the Four Propositions of the Sophist Pyrrho[2]

Introduction

Those who have once been fired with love for philosophical discourse,
even if they have savoured its sweet delights with but the tip of a finger, are
impelled towards them by sane ecstasy and bid farewell to all earthly cares.
And then, through knowledge of that which exists, they rapidly turn their
desires to this. Now, as we shall show below, knowledge of that which
exists is philosophy.

So let us embark on our divine philosophical discussions.[3] For what
has led us to this debate but a great eagerness, a judicious preoccupation and
a fervour tempered by wisdom? As we do not consider the task at hand a
burden, as we look on it as the summit[4] of the divine promises, we shall
reckon any other work in comparison insignificant and secondary. How-
ever, it seems appropriate to me to lay aside this discussion for a while and
to turn to the art of definitions, according to which one must investigate the
following four basic questions[5] in practically every circumstance:

Does it exist?

What is it?

What sort of thing is it?

For what purpose does it exist?

These are questions truly worthy of study. For some things, the goat-
deer and *aralez,*[6] for example, have no existence (except) so far as they are
the product of our thought, while other things do have existence. Further-
more, of those which have existence some things have a questionable exist-
ence, the heaven beyond the stars and the antipodes for example, for we are

յերկրայս եմք վասն այսոցիկ, եթէ ե՞ն և եթէ ոչ. իսկ ոմանք աներկրայաբար ունին զգոյութիւնն, որպէս մարդ, ձի, արծուի, որք խոստովանաբար գոն: Արդ ի վերայ անգոյիցն և այնոցիկ, որք երկրայաբար ունին զգոյութիւն[1], զեթէէն պարտ է խնդրել, իսկ ի վերայ այնոցիկ, որք աներկրայաբար ունին զգոյութիւն[2], ոչ է պարտ խնդրել զեթէէն, այլ եթէ[3] զզինչէն: Իսկ զինչէն կամ անուամբ ճանաչի մեզ, կամ սահմանաւ: Եւ անուամբ, յորժամ տեսանելով ինչ, ասեմք՝ զի՞նչ է, և ասեմք՝ թէ մարդ է. իսկ սահմանաւ, յորժամ ասեմք՝ կենդանի բանաւոր, մահկանացու, մտաց և հանճարոյ ընդունակ:

Եւ վասն զի ամենայնք յիրողութեանցն ոչ միայն հասարակութիւն ունին առ միմեանս, այլ և զանազանութիւն, քանզի կենդանիք ոչ միայն հասարակութիւն ունին առ միմեանս, այս ինքն է ըստ սեռումն, ըստ որում կենդանին գոն, այլ և զանազանութիւնս ունին առ միմեանս[4]. վասն զի ոմանք բանականք են և ոմանք անբանք, ոմանք մահկանացուք և ոմանք անմահք: Վասն այսորիկ խնդրի և որպիսի՞ինչէն, զի նովաւ ուսցուք զզանազանութիւնսն. քանզի հարցանելով, թէ որպիսի՞ ինչ է, ասեմք թէ բանական՝ թէ անբան, մահկանացու՝ թէ անմահ: Եւ գիտել պարտ է[5], զի բազում անգամ որպիսիինչէն ի զինչէումն երևի, քանզի յորժամ զինչէն սահմանաւ ճանաչի, յայնժամ որպիսիինչէն ի զինչէումն տեսանի, քանզի զինչէն հանդերձ սահմանաւն երևի:

Իսկ յորժամ զինչէն անուամբ ճանաչի, յայնժամ որպիսիինչէն ոչ երևի[6] ի զինչէումն. և պարտ է յայնժամ զորպիսիինչէն խնդրել: Եւ վասն զի ամենայնք ի գոյիցս առ կատարումն ինչ տեսանիլ բնաւորեցան, և ոչինչ[7] ընդունայն և վայրապար ստեղծիչն եստեղծ, ոչ բնութիւն և ոչ արհեստ, վասն այսորիկ կարևորաբար զվասնէրն խնդրեմք: Որգոն, վասն է՞ր են մահիճք, վասն հանգստեան մարդկան. և վասն է՞ր է մարդ, վասն զարդարելոյ զզգալիսս. քանզի եթէ ոչ էր մարդկային սեռն, ամենայն անկատար գոյր, որպէս յայտ առնէ և Պղատոն ի «Տիմէոսի» տրամաբանութեանն, քանզի այսպէս ասէ յաղագս[8] արարչին, եթէ յետ առնելոյն զերկինս և զերկիր, հրատարակէր առ իմանալի զօրութիւնսն այսպէս և ըստ այսմ օրինակի, եթէ այլ ևս երեք սեռք մեզ մահկանացուք անե-

---

[1] AD զգոյացութիւն: [2] ABCF զգոյացութիւն: [3] EF չիք եթէ: [4] ACF չիք ունին առ միմեանս: [5] CF գիտելի է փխ գիտել պարտ է: [6] C ոչ տեսանի: [7] D ինչ փխ ոչինչ: [8] C վասն:

not sure whether such things exist or not. Other things have an unquestionable existence; such, for example, are a man, a horse, an eagle,[7] [all of] which exist admittedly. Now concerning things which have no existence, one must examine the question "Does it exist?" While for things which have an unquestionable existence it is not the question "Does it exist?" which we need to study, but "What is it?" What a thing is becomes known to us either through a name or through a definition: through a name when we survey an object and ask: "What is this?" and we answer: "This is a man," and through a definition when we say: "This is a living creature who is rational, mortal, able to think and acquire knowledge."

Yet things do not only share common features; they are also distinguished by their differences. Thus living creatures do not only share what is common to all members of their genus;[8] they also display mutual differences. For some of them are rational, while others are irrational; and some of them are mortal, while others are immortal.[9] And it is because of this that we pose the question: "What sort of thing is it?" so that thereby we may discover the differences. For when we ask "What sort of thing is it?" we answer either "It is rational" or "irrational," either "mortal" or "immortal." It is important to realise, however, that "What sort of thing is it?" frequently become apparent in "What is it?" Because when "What is it?" is answered through a definition, then the answer to "What sort of thing is it?" will also be revealed in the answer to "What is it?" For "What sort of thing is it?" becomes apparent through definition. But when "What is it?" is answered through a name, then "What sort of thing is it?" will not be revealed in the answer to "What is it?' and then one must also investigate "What sort of thing is it?"[10]

The investigation of the question "For what purpose does it exist?" is extremely important, for everything which exists must be viewed with regard to some definite aim, as neither the creator, nor nature, nor art creates anything in vain and to no purpose. Why, for example, does a couch exist? So that man may rest. And why does man exist? To embellish this tangible world; for if mankind did not exist the universe would be incomplete. This Plato makes clear in his dialogue *Timaeus*. He says that after creating the heaven and the earth the creator made the following declaration to the heavenly powers,[11] that there still remained three mortal genera to

ղանելիք[1]*, որոց ոչ եղելոց՝ երկին անկատար։ Իսկ միտք ասացելոցդ է ըստ այսմ օրինակի, եթէ այլ ես երեք սեռք մահկանացուք պակաս գոն մեզ անեղանելիք. այսինքն տակաւին ոչ ես*[2] *եղեալք։ Արդ, են երեք սեռք մահկանացուք. օդայինք, ջրայինք և երկրայինք, յորոց և մարդն է, որոց ոչ եղելոց, որպէս ասէ, երկին անկատար։ Երկին կոչեաց զաշխարհ, ի պարունակողէն զպարունակեալն նշանակելով, քանզի երկին պարունակէ զաշխարհ։*

Եւ արդ վասն զի իմաստասիրութիւն է առաջիկայս մեզ և գեղեցկագոյն և պատուականագոյն ամենայն գործոց մարդկան, որ առ ի մէնջ ոչ երկբայանի վասն գոլոյն. բայց յայլոց յոմանց[3] *երկբայանի, որպէս ի կուրաց քատակիցելոց յաղագս գունից*[4] *շարաբանիցելոց։ Յաղագս որոց և Ստագիրացին ասէ, եթէ ի ծնէ կոյրք ոչ կարեն յաղագս գունից*[5] *շարաբանել, վասն զի և ոչ գիտեն ի բնութենէ զգոյնս*[6]*։ Բեր զայսոցիկ զբանս արտադրեսցուք և զեղծմունս նոցա որպէս և կարողութիւն է արասցուք*[7]*, յայտնապէս զանմտութիւն նոցա յանդիմանելով*[8]*։ Այլ եթէ որպիսի ինչ են այսոքիկ բանք, ի հետակայումդ տեսաւորութեան*[9] *ուսցուք։*

Ընդ այսոսիկ յանդերձ աստուծով և առաջիկայ գործաւորութիւնս[10]

ՊՐԱԿՔ Ա.[11]

Քանզի որպէս յառաջիկայում[12] *տեսութեան*[13] *խոստացաք և զբանս կամեցելոցն*[14] *եղծանել, զգոյութիւն*[15] *իմաստասիրութեան արտադրեսցուք և զնոցին եղծմունս ըստ կարողութեան արասցուք։ Եւ է նախ առաջին ձեռնարկութիւն այնոցիկ, որք եղծանեն զգոյութիւն*[16] *իմաստասիրութեան, այսպէս և ըստ այսմ օրինակի արտաբերի*[17]*։ Էն ի հոմանունաց է, իսկ հոմանունքն ընդ*[18] *սահմանաւ ոչ ստորանկանին և ոչ ընդ գիտութեամբ. ապա ուրեմն էն անգիտելի է. իսկ իմաստասիրութիւն գիտութիւն էից է ըստ ձեզ, յայտ է թէ անգիտելի է, որովհետև էն անգիտելի է*[19]*։*

---

[1] F *մահկանացուք պակաս գոն մեզ* փխ *մեզ մահկանացուք անեղանելիք*. [2] A *չև ես*։ [3] BDE *ոմանց այլոց*։ [4] DE *գունոց*։ [5] CE *գունոց*։ [6] C *թէ բնաւ է գոյն* փխ *ի բնութենէ զգոյնս*։ [7] AB *ասասցուք*։ [8] C *յանդիմանեսցուք*։ [9] DE *տեսութեան*։ [10] E *պրակք*։ [11] AE *Բ* փխ *Ա*։ [12] CE *յառաջնումն*։ F *յառաջնում*։ [13] BC *տեսաւորութեան*։ [14] AC *կամեցողացն*։ [15] C *զգոյացութիւն*։ [16] C *զգոյացութիւն*։ [17] E կարմիր բանաքով *Պիհռոնի*։ [18] AE *ըստ*։ [19] E կարմ. բանաք. *Դաւթի*։

be made, and until they were created heaven would not reach completion. The meaning of this is as follows: there were three more mortal genera lacking for us and uncreated—that is, they had not yet been created. Now there are three mortal genera: creatures of the air, creatures of the water, and creatures of the earth, which also include man; and until these were created, as he says, heaven would not reach completion.[12] He uses heaven to name the world, designating that which is contained by that which contains, for heaven contains the world.

Thus the most excellent and noble of all man's pursuits awaits us—the study of philosophy, whose existence we accept without a doubt. However, there are some who do doubt this. They resemble blind men who argue about colours. The Stagirite speaks of them when he says that men born blind cannot make statements about colour, since by [their very] nature they cannot know what colour is.[13] So let us set out their propositions and then as far as it is in our power refute them and clearly expose their absurdity. And what these propositions are we shall discover in the discussion which follows.

Thus, with God's help, [let us proceed] to the task before us.[14]

Chapter One[1]

As we promised in the previous discussion,[2] we shall set out and then as far as it is in our power refute the propositions of those who themselves aim to refute the existence of philosophy. And the first proposition put forward by those who deny the existence of philosophy consists approximately in the following: Any thing is homonymous, and homonymous things do not allow themselves to be either defined or known; therefore, any thing is unknowable. So philosophy, which according to you is the knowledge of things which exist, clearly cannot be reached through knowledge, for any thing is unknowable.

Արդ յայսմ ձեռնարկութեան ըստ երկուց յեղանակաց պատահեմք ձեզ. ընդդիմակայութեամբ և ընդդիմայարակայութեամբ: Եւ է ընդդիմակայութեանն գործ՝ անդուստ իսկ զբանն[1] ճշմարիտ գոյացուցանել զնա և ոչ երբէք շփոթել զառաջիկայն:

Արդ, եղծանելով զառաջիկայ[2] ձեռնարկութիւն եղծանողացն զիմաստասիրութեան[3], պիտանանամք և ընդդիմակայման և ընդդիմայարակայման[4]:

Եւ ընդդիմակայմանն այսպէս ասելով, եթէ ոչ է էն ի հոմանունանցն, այլ յայնցանեացն, որք որպէս ի միոջէն և առ մին են. քանզի եթէ զի՞նչ են հոմանունքն, յառաջիկայսն ունիմք ուսանել:

Իսկ ընդդիմայարակայման[5] պիտանացեալք ասեմք, զի թէպէտ և տամք զէն ի հոմանունանցն գոլ, այլ ոչ եթէ այսուիկ ինչ անգիտելի է: Քանզի թէպէտ և ոչ կարողք գոն հոմանունքն ընդ սահմանաւ ստորանկանիլ, այլ ոչ այսուիկ անգիտելիք գոն. քանզի որոշումն է տրամաբանական, որ ասէ, թէ պարտ է ի վերայ հոմանունանցն զերիսս զայսոսիկ խնդրել, եթէ քանիս ունի նշանակութիւնս հոմանունն. և եթէ յաղագս որո՞յ նշանակութեան է բանն. և երրորդ ապա ստորագրել և կամ սահմանել զմի ի[6] նշանակութեանցն, յաղագս որոյ բանն է: Որգոն, յորժամ յարացուցիւ[7] հաստատեցուսցուք զասացեալսդ:

Յորժամ[8] վասն շան է բանն, վասն զի ի հոմանունանցն է այս ձայն, նախ առաջին պարտ է քննել, թէ քանիս ունի նշանակութիւնս. որգոն, թէ նշանակէ զաստղայինն և զծովայինն և զերկրայինն[9]: Եւ երկրորդ ասի, թէ յաղագս որոյ նշանակեցելոյ, այսինքն՝ յաղագս[10] որոյ շան է բանն: Եւ երրորդ զայն, յաղագս որոյ բանն է, ընդ ստորագրութեամբ կամ ընդ սահմանաւ ստորանկանել[11], որգոն, թերևս յաղագս երկրայնոյ շան է բանն, ասեմք՝ թէ կենդանի է չորքոտանի հաչողական:

Արդ այսպէս և ի վերայ էին զերիսս զայսոսիկ խնդրեմք: Քանզի խնդրեմք նախ առաջին, թէ որչափ[12] նշանակութիւնս ունի. և ասեմք, թէ ըստ տասն նշանակեցելոցն[13] էն բերի, այսինքն ըստ տասն ստորոգութեանց[14]: Եւ երկրորդ խնդրեմք, թէ յաղագս որոյ

---

[1] ABCF ի սկզբանն փխ իսկ զբանն: [2] CDF զառաջին: [3] BF զիմաստասիրութեան գոյութեան: [4] E պիտանացու է ընդդիմակայումն և ընդդիմայարակայումն: [5] DF ընդդիմայարակայութեան: [6] ACF զմի ինչ: [7] A տարացուցիւ: [8] ABC Յորում: [9] B զցամաքայինն: [10] C վասն: [11] A ստորանկլի: [12] E որպէս: [13] BCD նշանակելոյ: [14] F ստորագրութեանցն:

We shall reply to this proposition in two ways: by refutation and by counter-objection. The aim of refutation is to bring in the right idea from the very beginning and never to confuse it with the other.[3] So, in answering the above argument of those who deny the existence of philosophy, we shall employ both refutation and counter-objection.

Following the method of refutation we say that any thing is not homonymous; it is one among a group [whose meanings derive] from one thing or [refer] to one thing. And as for what homonyms are—we shall come to this presently.

And according to the method of counter-objection we must say that even if we presume that a thing is homonymous, it does not follow that it is unknowable; for it does not follow that a homonym is unknowable even if it cannot be defined. For the distinction here is logical: a homonym must be examined from three points of view—to determine how many meanings it has, to determine which is the meaning in question, and to give a description or definition of one of the meanings in question. Let us clarify the above with an example.

Suppose we were talking about a dog: firstly we must find out how many meanings this has, since it is a homonymous utterance—that is to say, we must find out whether it refers to a 'star' dog, a 'sea' dog, or a 'land' dog. Secondly we must find out which is the meaning—that is, which is the dog in question. And thirdly we must describe or define whichever one it is; so that if it were a 'land' dog, we would say: "This is a four legged living creature which barks."

Any thing can be investigated from these three points of view. In the first place we ask: "How many meanings does it have?" And we answer: "It can be considered in ten meanings—that is, in ten categories."[4]

նշանակեցելոյ է բանն, այսինքն յաղագս գոյացութեա՞ն, թէ յաղագս քանակի՞, թէ յաղագս որակի՞, թէ յաղագս այլո՞ցն. և երրորդ, զնշանակեցեալն ընդ սահմանաւ և կամ ընդ ստորագրութեամբ արկանեմք. իսկ եթէ ընդ սահմանաւ և ընդ ստորագրութեամբ արկանեմք, յայտ է՝ թէ ոչ է էն անգիտելի:

Իսկ երկրորդ գլուխ եղծանողացն[1] զգոյութիւն[2] իմաստասիրութեան յառաջագայի[3] այսպէս և ըստ այսմ օրինակի[4]: Էակքն ի հոսման և ի ծորման են, և ոչ երբէք հանդիպին դադարման, քանզի յառաջանայ քան զբանն փոփոխումն էակացն, և գրեթէ յառաջ քան զճառելն[5] զնոցանէ զբանն՝ փոփոխին[6]: Եւ բերեն յարացոյց ինչ այսպիսի[7], թէ զոր օրինակ ի հոսանուտ գետի՝ ի նոյն ջուր անկար է երկիցս թանալ զոտն: Եւ կամ որպէս ոմանք, յարաձգելով ևս զտարակուսանսդ, ասեն, թէ և ոչ մի անգամ կարողութիւն է ի նոյն ջուր թանալ զոտն, այն ինչ ջրոյն փութապէս ի բաց հոսեցելոյ և անցելոյ: Այնպէս և էակքն, ի հոսման և ի ծորման գոլով՝ և դադարման հանդիպել և ոչ միում, և յայտ է, թէ ոչ ստորանկանին ընդ գիտութեամբ. քանզի և ի կամելն[8] զնոսա գիտել՝ փոփոխին և ի զանազան ժամանակս զանազանապէս ունին. և ոչ ոք կարէ հասանել և գիտել զնոսա: Արդ, զի՞արդ իմաստասիրութիւն գիտութիւն էակացն է, ուր էակքն ի հոսման և ի ծորման գոլով անգիտելիք են[9]:

Եւ այլ ազգ դարձեալ ասեն[10], եթէ զի եղիցի հասումն՝ պարտ է գիտողին պատկանիլ գիտելումն. և գիտող ասեն զանձն, իսկ գիտելի[11] զենթակայ իրն: Արդ զի եղիցի պատկանութիւն՝ այսինքն ըմբռն և կարող հասումն, պարտ է գիտելումն ոչ շարժիլ և ոչ զանազանաբար գոլ. ապա թէ շարժի գիտելին և փոփոխի, պարտ է և գիտողին, այսինքն անձին, շարժակից և փոփոխակից լինել[12]: Եւ թերևս ուրեք գիտելին սպիտակ լինիցի, պարտ է և անձին սպիտակ լինել. և թէ գիտելին ջուր[13], պարտ և անձին ջուր լինել, զի գիտասցէ նմանեաւն զնմանն: Այլ արդ, անձն ոչ լինի փոփոխակից գիտելումն. և յայտ է, թէ ոչ կարէ գիտել զգիտելին: Ապա ուրեմն իմաստասիրութիւն ոչ կարող գոյ լինել գիտութիւն էակացն,

---

1 A եղծանելեացն: 2 C զգոյացութիւն: 3 E յառաջ գայ: 4 E կարմիր թանաքով Պիհռոնի: 5 C զճանաչելն: 6 E կարմ. թանաք. Դաւթի: 7 E կարմ. թան. Պիհռոնի: 8 A ի կարելն ինչ: 9 E կարմիր թանաքով Դաւթի: 10 E կարմ. թան. Պիհռոնի: 11 C և գիտալի: 12 C լինել գիտելումն: 13 C ջուր լինիցի:

Secondly we discover which is the meaning in question: substance, quantity, quality, or one of the others. Thirdly we give a definition or description of this meaning; and if we can define and describe it, then it is clear that the thing is not unknowable.

The second argument which those men who deny the existence of philosophy put forward consists in the following: All things flow and run, never coming to rest, and as change in things comes before the formation of their definitions, they change before one can even utter a word about them. They cite as an example of this a flowing river: it is impossible to step into the same water twice. And some, whose doubt goes even further, maintain that it is impossible to step into the same water even once,[5] as the water flows away and passes too swiftly. Thus all things, being in a state of motion and flux, never come to rest and consequently cannot be known; for at the moment we wish to know them they change and become different things at different times, so that no one can catch up with them and know them. So how, then, can philosophy be the knowledge of things that exist, when they, being in a perpetual state of motion and change, are unknowable?

They also say something else: In order for an act of comprehension to take place that which knows must be in accordance with that which is to be known. It is the soul which they call that which knows, and the thing, the subject in question, that which is to be known. And to ensure accordance—that is, a true and full act of knowledge—the thing to be known must be in a motionless and changeless state. For if it moves and changes, then that which knows—that is, the soul—must move and change accordingly. If for instance the object to be known has a white colour, then the soul must also become white; or if it is water, the soul must also become water, so that it can know like through like. However, the soul cannot change in accordance with the object to be known, and hence it cannot know that which is to be known. Thus philosophy cannot be the knowledge of things

վասն զի ոչ ստորանկանին ընդ գիտութեամբ էակքն: Զայսոսիկ այնոքիկ[1]:

Առ որս ասեմք նախ և առաջին, թէ իմաստասիրութիւն ոչ եթէ վասն[2] մասնականացն լինի, որք ի ծորման և ի հոսման են, այլ յաղագս[3] հանուրցն[4] լինի, որք ոչ փոփոխին, այլ միշտ նոյնպէս ունին: Երկրորդ, զի թէպէտ և ասեմք զիմաստասիրութենէ՝ թէ վասն մասնականացն է, ոչ եթէ վասն այնորիկ ոչ կարող գոյ հասանել ինչ և գիտել. վասն որոյ գիտողն, այսինքն անձն ոչ փոփոխակից լինի գիտելումն, այսինքն ենթակայումն: Քանզի ըստ այսմ բանի[5] և ոչ աստուածայինն գիտասցէ[6] ինչ ի գոյիցն, վասն զի ոչ փոփոխակից լինի[7] գիտելեացն, այլ միշտ նոյնպէս է և մնայ: Եւ դարձեալ ըստ այդմ բանի[8] և ոչ բժիշկ, ըստ բնութեան առողջ[9] գոլով՝ կարող եղիցի ճանաչել զցաւս անցաւ[10] բնութեամբ[11], այս ինքն յորժամ ողջ գոյ՝ ոչ կարէ տրոհել զցաւսն, այլ հարկաւորի հիւանդանալ, զի զհիւանդութիւն գիտասցէ: Բայց բազում անգամ անձն յառաջ քան զփոփոխել իրացն գիտէ զնոսա, որպէս և Պղատոն յայտ առնէ ասելովն, եթէ առաքինեացն անձինք ոչ միայն ի վերջոյ զգան իրացն, այսինքն հետևիլ բնաւորեցան, այլ բազում անգամ յառաջ են քան զնոսա և գիտեն[12]: Արդ այսոքիկ այսպէս:

Երրորդ ձեռնարկութիւն եղծանողացն զիմաստասիրութիւն, եթէ ամենայն գիտելիքն ընդ զգայութեամբ ստորանկանին. որպէս և Պղատոն յայտ առնէ ասելովն, թէ արարիչն տեսողութիւն և լսողութիւն շնորհեաց մեզ, զի ի ձեռն սոցա զիմաստասիրական[13] սեռն ուղղեսցուք[14]: Արդ զայս առնելով՝ խոստովանաբար ասեն, եթէ ուրեք ցուցանեմք ի ձեր բաժանմանէ[15], թէ մասունք իմաստասիրութեան ոչ կարողք գոն լինել մասունք իմաստասիրութեան, յայտ է, թէ և ոչ բոլորն ասեն, այս ինքն իմաստասիրութիւն կարող գոյ բաղկանալ: Եւ ասեն, թէ ըստ ձեզ իմաստասիրութիւն բաժանի ի տեսականն և ի գործականն: Եւ դարձեալ, տեսականն բաժանի[16] ի բնաբանականն և յուսումնականն և յաստուածաբանականն: Արդ, եթէ կործանեմք զայսոսիկ զմասունս, յայտ է՝ թե

---

[1] C նոքա: E վերջակետից հետո կարմ. թաճ. Դաւթի: [2] BCF չիք վասն: DE ի փոխ վասն: C իմաստասիրութիւն գիտութիւն ոչ յաղագս: [3] BEF չիք յաղագս: D ի փոխ յաղագս: [4] F զհանուրցն: [5] ABCE բանում: [6] E գիտէ: [7] CDF լինելոյ: [8] ABCEF բանում: [9] ACF չիք առողջ: [10] C զցաւսն առողջ: [11] AB բնութիւնն: [12] A չիք և գիտեն: [13] AC զիմաստասիրութեան: [14] E կարմ. թաճար. Դաւթի: [15] F ի ձեռն բաժանման: E բէ-ից առաջ կարմ. թաճ. Պիհռոնի: [16] C չիք բաժանի:

which exist, for things which exist cannot be defined by knowledge. This, then, is what they say.

And we reply to this that in the first place philosophy deals not with the particular, which is in a state of flux and motion, but with the general, which does not change and is always the same. Secondly, even if we did hold that philosophy deals with the particular, it would be unable to understand and know a thing not for the reason they give, that that which knows —the soul—does not change together with that which is to be known—the object; for according to this neither would God be able to know anything,[6] as he does not change together with the things to be known but always remains the same. Similarly, according to the same argument, a doctor with a healthy constitution would not be able to recognise illnesses just because of his healthy condition; that is to say, while he was healthy he would not be able to diagnose illnesses and he would need to fall ill in order to know illness. However, in the majority of cases the soul knows things before they are subjected to change. Plato shows this when he says that a characteristic of virtuous souls is not only to sense things afterwards—that is, they naturally follow them[7]—but also very often to anticipate them and know about them in advance. But we have said enough about this.

The third argument of those who deny philosophy consists in the following: All things that are known are subject to sensation. Plato indicates this when he says that the creator endowed us with sight and hearing so that through them we might study philosophy.[8] By doing so they assert without any hesitation that our division of philosophy into parts is not possible, and following from this, that the whole—philosophy—must clearly also cease to exist. They say: "Philosophy, according to you, is subdivided into theoretical and practical philosophy; and theoretical philosophy in its turn divides into natural science, mathematics and theology.[9]

ոչ[1] կարող գոյ բաղկանալ իմաստասիրութիւն, վասն զի մասանցն ոչ գոլոյ՝ և ոչ բոլորն կարող գոյ բաղկանալ։

Եւ ասեն, թէ ուսումնականն ոչ է մասն իմաստասիրութեան, որպէս և Պղատոն կարծէ. քանզի և նա ոչ կարծէ զուսումնականն մասն գոլ իմաստասիրութեան, այլ նախակրթութիւն ինչ, որպէս և քերթողականն և ճարտասանականն. ուստի և ի վերայ իւրոյ համալսարանին մակագրեաց[2]. «Աներկրաչափն մի ներքսամտեսցէ»։ Իսկ զբնաբանականէն ասեն, թէ կործանեցաք զնա ի ձեռն[3] երկրորդ ձեռնարկութեան ասելով, եթէ էակքն ի հոսման և ի ծորման են և դադարման հանդիպին և ոչ ուրեք։ Իսկ զաստուածաբանականն եղծանեն այսպէս. թէ աստուածայինքն ընդ զգայութեամբ ոչ երբէք ստորանկանին և ոչ ընդ գիտութեամբ ստորանկանին[4]. ապա ուրեմն և աստուածայինքն անգիտելիք են։ Արդ այսոքիկ այսպէս[5]։

Առ որս ասեմք, թէ տակաւին ոչ ինչ ասացէք յաղագս[6] գործականին[7], որ ընդդիմաբաժանի ի տեսականումն. և յայտ է, թէ ոչ զամենայն իմաստասիրութիւն եղծին. վասն զի և գործականն մասն է իմաստասիրութեան, որպէս և Պղատոն յայտ առնէ ասելովն, թէ իմաստասէր կոչեմ ես ոչ զլոգնագէտն և ոչ զայն, որ կարող գոյ բազում ինչ առնուլ ի բերան, այլ զայն, որ անարատ[8] և անբիծ[9] վարս[10] ստացեալ ունի[11] յինքեան[12], որ է գործական իմաստասիրութիւն[13]։ Զայսոսիկ այսպէս։

Բայց եկեսցուք և պատասխանատրեսցուք յաղագս[14] ուսումնականին և բնաբանականին և աստուածաբանականին։ Եւ յաղագս ուսումնականին ասեմք, եթէ ոչ կարծէ զնա Պղատոն ոչ գոլ մասն իմաստասիրութեան, բայց եթէ ոչ ծայրագոյն իմաստասիրութեան, այսինքն աստուածաբանականին, քանզի ծայրագունին ոչ կարծէ զնա գոլ մասն. այլ զի գիտէ զուսումնականն մասն իմաստասիրութեան, յայտ առնէ, մակացութիւն զնա կոչելով։ Արդ, եթէ մակացութիւն է, յայտ է, եթէ մասն է իմաստասիրութեան։ Իսկ Արիստոտէլ յայտնապէս զուսումնականն մասն իմաստասիրութեան կոչէ։ Իսկ յաղագս բնաբանականին պատասխանատրեցաք, յեղծումն արկեալ զերկրորդն ես ձեռնարկութիւն[15], որ ասէին՝ թէ էակքն ի

[1] F յայտ է թէ և ո բոլորն։ [2] A նախագրեաց։ [3] E չիք ի ձեռն։ [4] BEF չիք ստորանկանին։ [5] E կարմիր բաճար Դուլթի։ [6] E ընդդէմ փխ յաղագս։ [7] F ընդ դէմ գործականին ոչ ինչ ասացէք։ [8] ABC անախտ։ [9] B չիք անբիծ։ [10] B կեանս։ [11] AF ունիցի։ [12] B և անբիծ վարս։ [13] ABDEF իմաստասիրի։ [14] D չիք յաղագս։ [15] C զերկրորդ գլուխ ձեռնարկութեանն։

But if we disclaim these parts, it is clear that philosophy is thereby also disclaimed, [10] for the whole cannot exist in the absence of its parts."

They claim that mathematics is not a part of philosophy. Plato also holds that opinion, for neither does he consider mathematics to be a part of philosophy, but considers it like grammar and rhetoric to be merely a preliminary training. For this reason he wrote above the entrance to his academy: "He who is not a geometrician shall not enter."[11] As far as natural science is concerned, they say that they disclaim it under the terms of their second argument, according to which things are in a state of flux and motion and never come to rest. And they disclaim theology in the following way: "Divine things can neither be perceived by the sense, nor subjected to knowledge; hence they are also unknowable." Well, so much for that.

And in reply we say: "You still have said nothing concerning the practical part of philosophy which counterbalances the theoretical part." Hence they are not denying philosophy in its entirety, for the practical is also a part of philosophy. For Plato makes this clear when he says that it is not a man who knows a lot, nor a man who can learn many things by heart whom I call a philosopher,[12] but a man who has acquired a pure and unsullied life, which is what practical philosophy is. But enough said about that.

Now let us respond and give our views on mathematics, natural science and theology. Concerning mathematics, one should realize that it is not that Plato does not think it is a part of philosophy; rather he does not include it [as part] of the highest philosophy—that is, theology; for he thinks that mathematics is not part of the highest philosophy. But he shows that he considers it a part of philosophy by calling it scientific knowledge;[13] and if it is scientific knowledge then it is clear that it is also a part of philosophy. Aristotle, on the other hand, calls mathematics a part of philosophy unambiguously. We have clarified our position on natural science by refuting the second argument according to which everything[14]

հոսման և ի ծորման[1] են։ Իսկ յաղագս աստուածաբանականին[2] ասեմք, թէպէտ և աստուածայինն անգիտելի է ըստ ինքեան, այլ սակայն, տեսանելով զստեղծուածս և զարարածս նորա և զբարեկարգապէս շարժումն աշխարհի, ի մտածութիւն և ի կարծիս[3] գամք ստեղծչին։ Իսկ աներևոյթն[4] յերևելեացս փութագոյն ունի ճանաչիլն։ Արդ, այսպէս յեղծումն արկեալ և զերրորդ նոցա ձեռնարկութիւն, դադարեցուսցուք զառաջիկայ տեսութիւնս։

Զորրորդ ձեռնարկութիւն հանդիպի ընդդիմակացուաց իմաստասիրութեաայսպէս և ըստ այսմ օրինակի[5]։ Իմաստասիրութիւն կամ գիտութիւն է, կամ ոչ է գիտութիւն. և եթէ ոչ է գիտութիւն, ապա և ոչ արհեստ և ոչ մակացութիւն կարող գոյ գոլ։ Իսկ եթէ գիտութիւն է, կամ ընդհանուր է կամ մասնական։ Իսկ եթէ մասնական գոյ, յոռեգոյն գոյ, քան զայլ արհեստ և զմակացութիւն, քան զքերթողականն ասեմ և քան զճարտասանականն, քանզի նոքա ունին ընդհանուր բացորոշութիւնս։ Իսկ եթէ յոռի[6] է, քան զայլ արհեստ[7], զիա՞րդ ասէք զնա արհեստ արհեստից և մակացութիւն մակացութեանց։ Իսկ եթէ ընդհանուր գիտութիւն է, ոչ կարէ գոյանալ ի միում անձին[8], վասն զի ընդհանուր գիտութիւն ընդհանուր պատահումն է, իսկ ընդհանուր պատահումն ոչ կարէ ի մասնական ենթակայումն գոյանալ, վասն զի ընդհանուր սպիտակն ոչ կարէ ի ձեան բաղկանալ. ապա թէ ոչ՝ ոչ կարէ ի բուռմ կամ և կաթնում գոյանալ։ Արդ, եթէ իմաստասիրութիւն ընդհանուր գիտութիւն է, ոչ կարէ ի մասնական ենթակայում գոյանալ, այսինքն ի Սոկրատում կամ ի Պղատոնում[9]։

Զայս տարակուսութիւն լուծանելով ասեմք, եթէ իմաստասիրութիւն ընդհանուր գիտութիւն է. և ոչ եթէ վասն այսորիկ ոչ կարէ ի միում ենթակայում[10] բաղկանալ, վասն զի ընդհանուր գիտութիւն է, քանզի այլ է ընդունակ ընդհանուր պատահման, և այլ՝ ընդունակ ընդհանուր իմաստասիրութեան։ Քանզի ընդունակ ընդհանուր պատահման՝ մարմին, իսկ ընդունակ ընդհանուր իմաստասիրութեան՝ միտք։ Եւ թէպէտ և մի մասն[11] ոչ կարէ զընդհանուր[12] պատահումն ընդունել, քանզի որպէս ասացաք, եթէ Սոկրատէս ոչ

[1] E ի գործման։ [2] A աստուածայինքն։ [3] D չիք և ի կարծիս։ [4] B աներևոյթքն։ [5] E կարմիր բաճաք Պիհոոնի։ [6] E յոռեգոյն։ [7] E արհեստս և զմակացութիւնս։ [8] ACD չիք ի միում անձին։ [9] E կարմ. բաճ. Դաւթի։ [10] ACDE չիք ի միում ենթակայում։ [11] BF մի մարմին փխ մի մասն. [12] C զհանուր։

is in a state of motion and flux.   And as for theology, we say that although the divine is in itself unknowable, we can still comprehend the creator through thought and speculation, by contemplating his works and creations and the orderly movement of the world.   That which is invisible may easily become known through that which is visible.[15]   Having thus refuted their third proposition, let us put an end to the present discussion.

The fourth[16] argument of those who oppose philosophy looks like this: Philosophy is either knowledge, or not knowledge. If it is not knowledge it cannot be either an art or scientific knowledge.   If it is knowledge, it must be either knowledge in general, or in particular.   If it is particular knowledge, it is inferior to the other arts or kinds of scientific knowledge, such as grammar or rhetoric, for these are notable for their generality,[17] and if it is inferior to the other arts, why do you call it the art of arts and the science of sciences?   If it is knowledge in general, it cannot be contained in one soul, for general knowledge is a general accident, and a general accident cannot occur in a particular subject.   General whiteness cannot be contained in snow.   If this were not the case, whiteness would not also be contained in lime or milk.[18]   Thus if philosophy is general knowledge, it cannot be found in particular subjects like Socrates and Plato.[19]

We resolve these doubts by saying that philosophy is knowledge in general and it is not contained in particular subjects.   This is not, however, because it is knowledge in general, but because to contain a general accident is one thing, and to contain universal philosophy is quite another.   A general accident is contained by the body; universal philosophy is contained by the mind.   One part [of the body] cannot possess a general accident; just as

կարէ զընդհանուր սպիտակն ընդունել, զի թէ կարող գոյր Սոկրատէս զընդհանուր սպիտակն ընդունել, ոչ կարող գոյր սպիտակն յայլում ումեք երևել:

Այլ թերևս և Սոկրատէս մարմնով ոչ կարէ զընդհանուր սպիտակն ընդունել, սակայն մտօք զբան ընդհանուր սպիտակին կարէ ընդունել. քանզի կարէ գիտել Սոկրատէս, եթէ ընդհանուր սպիտակն գոյն է արտադատող աչաց: Եւ ըստ այլում օրինակի պարտ է զայս ցուցանել. քանզի մարմին ոչ կարէ զհակառակսն սեռաբար և առանց շփոթութեան[1] ընդունել ի միում մասին և ըստ միում ժամանակի: Քանզի ոչ իսկ կարէ զսպիտակն և զսևն սեռաբար և առանց շփոթութեան ընդունել ըստ միում[2] մասին և ըստ միում[2] ժամանակի: Եւ ասացեալ ըստ միում մասին, վասն զի ըստ այլ և ըստ այլ[3] մասին կարէ զհակառակսն ընդունել ըստ միում[4] ժամանակի: Եւ ըստ միում ժամանակի ասացեալ, վասն զի ի միում մասին կարողք գոն հակառակքն անշփոթաբար գոյանալ ըստ այլ և այլ ժամանակի:

Արդ, թէպէտ և մարմին ոչ կարէ զհակառակսն սեռաբար և առանց շփոթութեան ընդունել ի միում մասին և ըստ միում ժամանակի, սակայն միտք կարող գոն ի միում ժամանակի զընդհանուր հակառակացն զբանս ընդունել յինքեանս. քանզի կարող է գիտել, եթէ ընդհանուր սպիտակն գոյն է արտադատող աչաց, և եթէ ընդհանուր սևուն գոյն է բաղդատող աչաց: Իսկ եթէ կարող գոն միտքն, որք բնաւորեցան գոլ յանհատսն հանուր մարդոյ՝ զհակառակսն սեռաբար և անշփոթաբար ընդունել ի միում ժամանակի, զիա՞րդ ոչ կարող գոյ միտք զընդհանուր իմաստասիրութիւն ընդունել, որ գոյից է գիտութիւն: Վասն զի կատարեալ վարդապետութիւն այն է, որ ոչ միայն զընդդիմակայ[5] տարակուսութիւնս լուծանէ, այլ և որ զիւրն կարող գոյ հաստատել: Եւ արդ, քանզի լուծաք զառաջի եդեալ տարակուսութիւնս, բեր այսուհետև ցուցցուք, եթէ է իմաստասիրութիւն այսպէս և ըստ այսմ օրինակի:

Եթէ է աստուած, է և իմաստասիրութիւն: Այլ արդ է աստուած, քանզի եպիկուրացոցն[6] է ասելն, թէ ոչ է աստուած: Արդ, եթէ է աստուած, է և նախախնամութիւն. քանզի ոչ միայն ստեղծանէ աստուած, այլ և խնամ տանի ստեղծուածոցն[7]: Արդ, եթէ է

---

[1] B *շփոթման*: [2] CD *ի միում*: [3] C *ըստ այլևայլ*: [4] CD *ի միում*: [5] BE *զընդդիմակաց*: [6] ABCEF *եպիկուրայինն*: [7] CDEF *ստեղծուածոյն*:

Socrates, as has been said before, cannot possess general whiteness. For if he could possess general whiteness, whiteness could not be manifested in anything else.[20]

But while Socrates cannot contain general whiteness in his body, he can comprehend the concept of whiteness with his mind; for he can know that general whiteness is a colour which pierces vision.[21] Let us illustrate this with another example: opposites cannot distinctly and without confusion occur in one part of the body at the same time; for white and black cannot distinctly and without mixing appear in the same part of a body simultaneously. "In the same part" is specified because opposites can occur at the same time but in different parts, and "at the same time" is specified because opposites can occur without mixing in the same place, but at different times.[22]

But although opposites cannot appear clearly, without confusion and at the same time in the same part of the body, the general concepts of opposites can be taken in at the same time by the mind; for the mind can comprehend that whiteness in general is light piercing vision, and blackness in general is light compressing vision.[23] And why is it that the mind, which is present in all individual people, is capable of taking in opposites simultaneously, distinctly and without confusion, but not capable of taking in the whole of universal philosophy, the knowledge of [all] that which exists?[24] Because a doctrine is only complete when it has not only eliminated all the doubts of its opponents, but when it can also demonstrate [the truth of] its own [tenets]. And since we have resolved the doubts which blocked our path, let us now prove that, for the following reasons, philosophy does exist.

If God exists, then philosophy must also exist. Now it is clear that God exists, for [only] the Epicureans[25] maintain that there is no God. Hence, if there is God, there must also be providence, for not only does God create, he also shows concern for what he has created. If providence

նախախնամութիւն, է և իմաստութիւն[1]. քանզի ոչ եթէ անբանաբար, այլ իմաստութեամբ նախախնամէ։ Եւ եթէ է իմաստութիւն, է և բաղձանք իմաստութեան։ Եւ եթէ բաղձանք իմաստութեան՝ և սիրելութիւն իմաստութեան։ Եւ եթէ սիրելութիւն իմաստութեան, ապա և իմաստասիրութիւն, քանզի ոչ այլ ինչ է սիրելութիւն իմաստութեան, եթէ ոչ իմաստասիրութիւն։

Ընդ այսոսիկ հանդերձ աստուծով և առաջիկա պրակք[2]

ՊՐԱԿՔ Բ[3]

Զի թէպէտ և աւելորդ էր ի խնդիր[4] անկանել յաղագս իմաստասիրութեան եթէ է, այլ սակայն, զճշմարտութիւն որպէս զնիզակակից ի կիր առեալք, զբանս այնոցիկ, որք փորձեցան[5] զգոյութիւն իմաստասիրութեան բառնալ, որպէս տկարս կործանեցաք։ Քանզի այնոցիկ, որոց կենցաղն հեռ[6] է, որք են պիհռոնացիք, զամենայն ինչ եղծանել կամելով՝ զմայր ապացուցին, այսինքն զիմաստասիրութիւն ի ձեռն ապացուցի կամեցան եղծանել, որպէս զիմաստասիրութիւն ի ձեռն իմաստասիրութեան եղծանել։ Առ որս հանդիպի Պղատոն ախտացեալ[7] առ ասացեալս նոցա, ոչ գոլ հասումն, ասելով եթէ զիա՞րդ ոչ գոլ հասումն ասէք, որպէս հասեալք, եթէ որպէս ոչ հասեալք։ Եթէ որպէս հասեալք, յայտ է՝ թէ հասէք, և է հասումն։ Իսկ եթէ որպէս ոչ հասեալք, ո՞վ հաւատասցէ ձեզ ոչ հասելոցդ և ոչ գիտացելոցդ[8] յասելդ զայդ։

Բայց և Արիստոտէլ յիւրում յումեմն[9] յորդորականում, յորում յորդորէ զհամբակս յիմաստասիրութիւն, ասէ այսպէս։ Թէպէտ և ոչ է իմաստասիրելի, իմաստասիրելի է. և եթէ իմաստասիրելի, իմաստասիրելի է. բայց ամենայն իրօք իմաստասիրելի է։ Այսինքն՝ թէպէտ և ասէ ոք ոչ գոլ զիմաստասիրութիւն, ապացուցի պէտս ունի, որով բառնայ զիմաստասիրութիւն։ Իսկ եթէ ապացուցի պէտս ունի, յայտ է՝ թէ իմաստասիրէ[10]. քանզի մայր ապացուցի իմաստասիրութիւն է։ Եւ եթէ ոք ասէ գոլ զիմաստասիրութիւն, դարձեալ իմաստասիրէ[11], զի ապացուցի պիտանանայ, որով ցուցանէ գոլ զնա. ապա ուրեմն ամենայն իրօք իմաստասիրէ, որ

---

[1] ACDE իմաստասիրութիւն։ [2] BE պրակք երկրորդ։ [3] A Գ փխ Բ։ BDE չիք պրակք Բ։ [4] A ի կիր։ [5] C կամեցան։ [6] A խեռ։ C հեռի։ F հեռիւ։ [7] CD չիք ախտացեալ։ [8] B գիտողացդ։ [9] F չիք յումեմն։ [10] A իմաստասիրութիւն է փխ իմաստասիրէ։ [11] A իմաստասիրելի է։

exists, then wisdom also exists, for he exercises providence not illogically but with wisdom. And if wisdom exists, then a desire to attain wisdom also exists. If a desire to attain wisdom exists, then there exists also a love of wisdom. And if there is love of wisdom, this means there is also "philosophy," for that is what philosophy is, love of wisdom.

Thus, with God's help, let us proceed.

Chapter Two[1]

Despite the fact that to ask the question "Does philosophy exist?" was superfluous, we have nevertheless, arming ourselves with truth, refuted the ridiculous assertions of those who tried to deny the existence of philosophy. For these, the Pyrrhonists, leading lives of discord and desiring to refute everything, wanted to use proof to refute philosophy, which is the mother of proof—that is, they wanted to refute philosophy with the help of philosophy itself. In answer to their claims that comprehension does not exist Plato has the following retort:[2] "How did you conclude that there is no comprehension?" he says, "As men who comprehend [this] or as men who do not? If it was as men who do comprehend, then it is clear that in consequence you comprehend that comprehension exists. If as men who do not, then who will believe you, when you are incapable of comprehending or understanding what you say?"

And in one of his exhortations in which he encourages young men to study philosophy, Aristotle says:[3] "If [one says] there is no philosophy, this is itself philosophy, and if [one says] there is philosophy, this is also philosophy, so in both cases philosophy exists." The meaning of this is that when someone claims that there is no philosophy, he needs proof, so that with its help he can deny the existence of philosophy; but if he needs proof, it is clear that he is philosophizing, for philosophy is the mother of proof. And when someone acknowledges the existence of philosophy, he too is philosophizing, for he also must resort to proof, so that with its help he can show that philosophy does exist. Consequently, both men have

բառնայ զնա՝ և որ ոչն բառնայ. քանզի իւրաքանչիւր ոք ի նոցանէ ապացուցի պէտս ունի, որով հաւատարիմ լինին ասացեալքն։ Իսկ եթէ ապացուցի պէտս ունի, յայտ է՝ թէ իմաստասիրէ[1]. քանզի մայր ապացուցի, որպէս ասացաք, իմաստասիրութիւն է։

Արդ, ի բաց թողեալք զեթէէն, խնդրեսցուք թէ զի՞նչ է իմաստասիրութիւն և որպիսի՞ ինչ է։ Եւ պարտ է գիտել, եթէ իմաստասիրութիւն և մի ինչ է, որպէս բոլոր պահանջելով, և բազմացեալ գոլ, որպէս զանազան մասունս ունելով։ Ապա որպէս մի ինչ գոլ՝ զնա սահմանեսցուք, իսկ որպէս բազմացեալ՝ բաժանեսցուք. քանզի անտեղի է այլոց արհեստից սահմանս տալ և բաժանել, իսկ իմաստասիրութեան ոչ սահմանս տալ և ոչ բաժանումն[2], յորմէ ամենայն արհեստք յառաջ գան։

Եւ պարտ է գիտել, եթէ զսահման և զբաժանումն յիշէ Պղատոն։ Զսահման ի «Փեդոնի»[3] տրամաբանութեանն ասելով, թէ «ով մանուկ դու, մի է սկիզբն գեղեցկաբար խորհելոյն[4], այսինքն[5] գիտել յաղագս ո՞յր է մտածութիւն. ապա եթէ ոչ՝ հարկ է յամենայնէն վրիպել». այսինքն՝ եթէ կամի ոք յաղագս իրի ուրուք ճշմարտաբար խորհել և մտածել, պարտ է նախ գիտել զնորին իրի էութիւնն, այսինքն զսահմանն։ Քանզի որ ոչն գիտէ զսահմանն, վրիպէ յայնցանեացն ամենեցունց, որք հետեւին բնաւորեցան նորին իրի. որգոն, եթէ ոք կամիցի գիտել՝ զինչ է բժշկութիւն, եթէ ոչ նախ գիտէ[6] զբնութիւն բժշկութեանն, եթէ յաղագս մարդկային մարմնոյ լինի, այլ կարծէ զնա յաղագս փայտի լինել, զինչ[7] բանս, զոր և ասէ յաղագս բժշկութեան, ընդունայն ասէ։ Իսկ զբաժանումն յիշէ ի «Սոփեստայ» տրամաբանութեանն ասելով, թէ «ընդ[8] բաժանական հնարս ոչ ինչ պանծասցի փախչել[9], քանզի և ոչ ինչ փախչի ի բաժանմանէ». քանզի յորժամ ասեմք, թէ ի կենդանեացն ոմանք բանականք են և ոմանք անբանք, և ոչ ինչ է որ առանց սոցա է. քանզի ոչ գոյ կենդանի, որ ոչ է բանական կամ անբան։

Եւ դարձեալ նոյն ինքն ի նորին տրամաբանութեանն յաղագս բաժանման ասէ։ Զայսոսիկ ասեն՝ զբաժանումն պարգեւեալ մեզ ի ձեռն Պռոմիթեայ[10] երկնելական հրոյ։ Եւ պարտ է գիտել, եթէ որք առասպելաբանեն՝ ասեն, թէ Պռոմիթեւս գողացաւ երբեմն յաս-

---

[1] A իմաստասիրելի է և իմաստասիրէ։ [2] ACDE ոչ բաժանել։ [3] ABE ի Փեդրոսում։ [4] A խորհրդոյ։ [5] BCDF չիք այսինքն։ [6] F գիտիցէ։ [7] CF չիք զինչ։ [8] EF ըստ։ [9] F ոչ ինչ է որ փախչի։ [10] BC Պռոմիւթայ։

to philosophize, whether denying or not denying it, since they both require proof to attest their claims. And when comeone resorts to proof it is clear he is philosophizing, for philosophy, as we have already said, is the mother of proof.

Now we shall turn to the question "What is philosophy?" and "What sort of thing is it?" leaving aside the question "Does it exist?" Philosophy, it should be known, is both a single whole, and a multiple, made up of different parts. We shall give its definition as a whole, and then divide it up as a multiple. For it would be inappropriate to define and divide the different arts without first giving the definition and division of philosophy, from which all arts are derived.

It should be known that definition and division are mentioned by Plato. He speaks of definition in the dialogue *Phaedrus*:[4] "My boy, there is one starting point for correct thought: a man should know what he is thinking about, otherwise all sorts of errors are unavoidable." The meaning of this is that if a man wishes to conceive and think of something rightly, he must first know the nature of this thing—that is, its definition; for if he does not know the definition, he will miss all that follows from this thing. For example, if someone wishes to know what medicine is, but does not already know its nature, does not know that it is concerned with the human body, but thinks it is concerned with wood, then anything he says about medicine will be in vain. [Plato] refers to division in the dialogue *Sophist*,[5] where he says: "There is nothing which can boast of escaping the method of division, for there is nothing which can escape being divided." Thus we say that some living creatures are rational, while others are irrational, and that there are none which do not relate to either category, for there are no living creatures which are neither rational nor irrational.

In the same dialogue[6] he speaks about division. It is said that we were given the gift of division through Prometheus' bright fire. The mythologists

տուածոցն հուր և շնորհեաց մարդկան, որ է այլաբանութիւն: Քանզի նախ և առաջին Պրոմիթեւս եգիտ զբաժանողական հնարս. քանզի բաժանողական հնարն համեմատի հրոյ, և վասն այսորիկ ասեն զնմանէ շնորհել հուր մարդկան: Եւ զի բաժանողականն համեմատի հրոյ՝ աստուստ է յայտ. զոր օրինակ հուր տրոհէ ի միմեանց[1] զհոմասեռսն և զայլասեռսն: Եւ զհոմասեռսն՝ որգոն զհրահալելիսն, այսինքն զարծաթ և զոսկի և զանագ և զպղինձ և զկապար. քանզի այսոքիկ հոմասեռք են, վասն զի սեռ ունին զհրահալելին և հրով տրոհին ի միմեանց. նաև հրով իսկ տրոհի արծաթ յոսկւոյ և կապար ի պղնձոյ: Իսկ զայլասեռսն, որգոն յորժամ ի ձեռն հրոյ ասեմք տրոհել զժանգն յարծաթոյ և ի պղնձոյ: Արդ այսպէս և բաժանականն համեմատիլ բնաւորեցաւ հրոյ ի տրոհելն զհոմասեռսն և զայլասեռսն: Եւ զհոմասեռս, որգոն, յորժամ ասեմք, եթէ ի կենդանեացն ոմանք բանականք են և ոմանք անբանք, որք են հոմասեռք. վասն զի հասարակ սեռ[2] ունին զկենդանին: Իսկ զայլասեռսն, որպէս յորժամ ի ձեռն բաժանման բաժանեալ տրոհեմք[3] զտասն թիւ ի քերականութենէն, որ են այլասեռք. քանզի քերականութիւն ընդհանուր արհեստի է, որ է ընդ որակութեամբ, իսկ տասն թիւ ընդ թուականութեամբ է, որ է ընդ քանակութեամբ:

Արդ, այսոքիկ այսպէս գոլով, եկեսցուք և սահմանեսցուք զիմաստասիրութիւն, և բաժանումն նմին[4] արասցուք: Բայց պարտ է քննել, եթէ զոր պարտ է առաջին դասել[5], զսահմանե՞լն եթէ զբաժանելն: Եւ պարտ է գիտել, եթէ պարտ է նախ սահմանել՝ և ապա բաժանել վասն այսր պատճառանաց. քանզի սահմանն վերաբերի[6] միակի, իսկ բաժանումն բազմութեան: Արդ, որպէս միակն յառաջ է, քան զբազմութիւնսն, նոյն օրինակ և սահմանն համեմատելով միակի՝ յառաջ է քան զբաժանումն, որ համեմատի բազմութեան: Եւ զի սահմանն համեմատի միակի, իսկ բաժանումն բազմութեան, աստուստ է յայտ: Զոր օրինակ, միակն մի ինչ է և մի բնութիւն, նոյնպէս և սահմանն զբազումսն մի ինչ առնէ, և մի բնութիւն բացակատարէ. քանզի մարդ՝ կենդանի բանաւոր, մահկանացու, մտաց և հանճարոյ ընդունակ, մի բնութիւն բացակատարէ՝ զընդհանուր մարդն: Իսկ բաժանումն ընդդէմ նորին զմինն ի բազումս տրամատէ[7] և յանբաւս[8], քանզի առնու[9] զգոյացութիւն և բաժանէ

[1] E ի մարմնոյ միմեանց: [2] D չիք սեռ: [3] A տրոհեմք հմտութեամբ: [4] C իմաստասիրութեան փխ նմին: [5] ABDE ասել: [6] C սահման ի վերայ բերի: [7] A տրամադրէ: [8] ABE չիք և անբաւս: [9] Ç առնէ:

say that Prometheus once stole fire from the gods and gave it as a gift to men. But this is but an allegory, since Prometheus was the very first to discover the method of division; and as the method of division is analogous to fire, it is said that Prometheus gave man fire. That the method of division is analogous to fire is apparent because fire separates homogeneous and heterogeneous substances one from another. Homogeneous substances are, for example, the different metals: silver, gold, tin, copper, lead.[7] These are homogeneous, for metal is their genus and they are separated one from another by fire. With the help of fire silver is separated from gold and lead from copper. But when with the help of fire we separate rust from silver and copper, we are now dealing with heterogeneous substances. In just the same way one compares the method of divison with fire—owing to the fact that it divides homogeneous from heterogeneous things. When we say that some living creatures are rational, while others are irrational, we have here an example of homogeneous creatures, for 'living creature' is their common genus. And when, with the help of division, we separate the number ten from grammar, we are dealing with heterogeneous things, for grammar belongs to the general arts, which deal with quality, while number belongs to arithmetic, which is concerned with quantity.[8]

And now, this being so, let us define philosophy and carry out its division. However, we must determine which to do first, definition or division. It should be known that one must first give a definition and only then carry out the division, and this is for the following reasons. Definition is concerned with a single unit, whereas division deals with many; and as one comes before many, likewise definition, being analogous to one, comes before division, which is analogous to many. That definition is analogous to one and division analogous to many can be concluded from the following: just as a single unit is one thing and of one nature, in the same way definition turns many into one thing and reveals one nature. For example, the definition "Man is a living creature who is rational, mortal, able to think and acquire knowledge" reveals one nature—man in general. While division, on the contrary, divides a single unit into many and into the infinite, for

ի մարմին և յանմարմին, և զմարմինն ի ներբուսականն և յանբուսականն։ Նմանապէս և զայլսն, որ ի կարգին։

Արդ եկեսցուք և սահմանեսցուք զիմաստասիրութիւն։ Այլ վասն զի որպէս[1] ոչ է կարողութիւն հիւսել զհետևաբանութիւն, եթէ ոչ նախ ուսանիմք՝ զի՞նչ է հետևաբանութիւն և ուստի՞ եղանի, այսպէս և սահմանել անհնար է, եթէ ոչ նախ[2] ուսանիմք[3], թէ զինչ է սահման։ Արդ զայս գիտելով, զլուխս ոմանս թուով ինն յարդարեսցուք.

Առաջին, յորում ասեմք, թէ[4] զի՞նչ է սահման։ Երկրորդն՝ յորում ասեմք, թէ յի՞ւ[5] զանազանի[6] սահման[7] ի սահմանագրութենէ[8] և ի ստորագրական սահմանէ։ Երրորդն՝ եթէ ուստի՞ ասի սահման։ Չորրորդն՝ եթէ ուստի՞ առնու սահման։ Հինգերորդն՝ յորում ասեմք, եթէ ո՞ր է կատարեալ սահման և որ անկատար, և զի՞նչ յոռութիւն սահմանի և զինչ առողջութիւն։ Վեցերորդն՝ յորում ասեմք, քա՞նի են սահմանք իմաստասիրութեան։ Եւթներորդն՝ յորում ասեմք, վասն է՞ր այսքանիք են սահմանք իմաստասիրութեան, և ոչ նուազք և ոչ յոլովք։ Ութերորդն՝ յորում ասեմք զկարգս նոցա։ Իններորդն՝ յորում ասեմք, եթէ ո՞յք են գտակք սահմանացս այսոցիկ։

Ընդ այսոսիկ հանդերձ աստուծով և առաջիկայ պրակք

ՊՐԱԿՔ Գ[9]

Եկեսցուք յառաջին գլուխն և ասասցուք[10], թէ զինչ է սահման։ Սահման է բան կարճառօտ, յայտնիչ բնութեան ենթակայ իրի։ Այլ վասն զի որպէս հանդերձեալ եմք ուսանել, ամենայն սահման բնաւորեցաւ ի սեռէ և ի բաղկացուցիչ զանազանութեանց լինել, ասասցուք՝ եթէ ո՞ր բառ[11] յառաջիկայ սահմանիս համեմատի սեռի, և ո՞յք են այնոքիկ, որք բաղկացուցչաց[12] զանազանութեանց։ Այլ զի հաւաստի մեզ վարդապետութիւնս եղիցի, յօրինակ առնումք զսահման մարդոյ։

Եւ պարտ է գիտել, եթէ մարդ է կենդանի բանաւոր, մահկանացու, մտաց և հանճարոյ ընդունակ։ Արդ ահա աստանօր կենդանին փոխանակ սեռի առաւ. քանզի հասարակ է և ըստ բազմաց

[1] C զոր օրինակ։ [2] ADEF նախ առաջին։ [3] ACDE ուսանի։ [4] AE չիք յորում ասեմք թէ։ [5] CD եթէ զինչ։ [6] D զանազանութիւն է։ [7] D չիք սահման։ [8] D սահմանագրութեան։ [9] A Դ փխ Գ։ [10] ABDEF չիք և ասասցուք։ [11] F բան։ [12] C որ ի բաղկացուցչաց։

it takes that which exists and divides it into the corporeal and the incorporeal, and divides the corporeal into the vegetable and the non-vegetable,[9] and so forth with the rest in [the same] order.

So now let us set about defining philosophy. However, just as it is impossible to construct a syllogism without knowing what a syllogism is and from what it is constructed, so it is impossible to define something without having first studied what definition is. Knowing this, we shall proceed to an examination [of definition] in nine sections.

In the first [section] we shall discuss what definition is. In the second, how a definition differs from a description[10] and from a descriptive definition. In the third, what the origin of definition is. In the fourth, how a definition is constructed. In the fifth we shall say what is meant by a perfect and an imperfect definition, and what is good and bad for definition. In the sixth we shall say how many definitions philosophy has. In the seventh, why philosophy has this number of definitions and no more and no less. In the eighth we shall discuss their order. And in the ninth we shall say by whom these definitions were discovered.

Thus, with God's help, let us proceed.

Chapter Three[1]

Let us move on to the first section and say what definition is: Definition is a short statement which reveals the nature of the thing which is the subject. And in so far as any definition is usually formed from a genus and differentiae, let us explain which word from the above cited definition corresponds to the genus and which words to the differentiae. Let us take the definition of man as an example to prove that our claim is correct.

One should [first] know that man is a living creature who is rational, mortal, able to think and acquire knowledge. The genus here is 'living creature,' for this is a general word which refers to many things, such as

բերի, քանզի բերի[1] *ըստ մարդոյ և ըստ շան*[2] *և ըստ ձիոյ և ըստ այլոց այսպիսեաց։ Իսկ այլքն ի բառից փոխանակ բաղկացուցչաց զանազանութեանց յարառոցեալք գոն։*

Արդ այսպէս և յառաջիկայում սահմանում բան *փոխանակ սեռի առաւ, քանզի հասարակ*[3] *է և ըստ բազմաց բերի· քանզի բերի ըստ ներտրամադրականին և ըստ յառաջաբերականին։ Իսկ այլքն ի բառից փոխանակ բաղկացուցչաց զանազանութեանց յարառոցեալք գոն։*

Արդ եկեսցուք և պատմեսցուք զսահմանդ սահմանի։ Եւ պարտ է գիտել, զի բան *ասացաւ յաղագս որոշելոյ զանունն*[4]*· քանզի և անուն սահմանէ զբնութիւն ենթակայ իրին, որգոն, մարդ· և զոր սահման ի ձեռն բազմաց բառից առնէ, զայս անուն ի ձեռն միոյ բառի, ուստի և հակասահմանին։ Քանզի ասեն, եթէ անուն է սահման կարճառօտ, իսկ սահման է անուն ծաւալեալ։ Արդ, զի որոշեսցի անունն, վասն այսորիկ կոչեցաւ* բան*։ Եւ արդարև, զոր ինչ առնէ անուն, առնէ և բան, քանզի և անուն և բան*[5] *զբնութիւն ենթակայ իրին յայտնեն։ Վասն է՞ր իմացան զսահման· և արդ ասեմք՝ վասն գիտելոյ մեզ զբաղկացուցիչ զանազանութիւնսն, այսինքն բաղկացուցանելով մեզ զենթակայ իրն։ Քանզի թէ ասեմք մարդ միայն, ոչ ևս գիտեմք զբաղկացուցիչ զանազանութիւնս· իսկ եթէ ասեմք, մարդ՝ կենդանի բանաւոր, մահկանացու, մտաց և մակացութեանց*[6] *ընդունակ, գիտեմք զբաղկացուցիչ զանազանութիւնսն։*

Իսկ համառօտ *ասացաւ վասն ձգտեցելոցն բանից, որ կոչին ճառք· որպէս որ յաղագս պսակի և կամ որպէս պատմական բան· քանզի և նոքա բանք ասին, այլ ոչ են համառօտ։*

Իսկ յայտնիչ բնութեան ենթակայ իրի *ասացաւ, կամ վասն ասացելոց բացագանչմանց, որգոն՝ Ծանի՛ր զքեզ, և եթէ՝ Մի՛ ինչ յոյժ· քանզի այսոքիկ բանք ասին և համառօտ, այլ ոչ յայտնեն զբնութիւն ենթակայ իրի· և կամ վասն ստորագրութեանց· քանզի և նոքա ոչ եթէ զբնութիւն ենթակայ իրին յայտնեն, այլ զպարագայս բնութեանն և ըստ պատահմանն հետևեալս։ Որգոն, յորժամ ասեմք, եթէ մարդ է ուղղորդագնաց, ծիծաղական, լայնեղունգն· քանզի այսոքիկ զպարագայս բնութեանն յայտնեն և ոչ զբնութիւնն։ Արդ զայսոսիկ առաջին գլուխն։*

---

[1] ABDEF չիք *քանզի բերի։* [2] C *արջառոյ* փխ *շան։* [3] EF *հաւասար։* [4] C *յանուանէ։* [5] BCDEF *սահման* փխ *բան։* [6] BC *հանճարոյ* փխ *մակացութեանց։*

a man, a dog, a horse and other similar [creatures]. [All] the other words are used as differentiae.

In just the same way the genus in the definition quoted above is "statement," for "statement" is general in character, referring to many things; it discloses what is innate and the way this manifests itself. The other words act as differentiae.

Let us now examine the definition of definition. It is essential to realize that "statement" is used to specify its name, since a name also defines the nature of a given thing—for example "man." What a definition achieves with the help of many words a name does with the help of one word; this is the difference between the two. For it is said that a name is a short definition and a definition is a long name; and so in order to specify its name one must resort to "statement." And indeed a statement does fulfill the same function as naming, for both reveal the nature of the thing which is the subject. But for what reason, then, did they conceive of definition? In order for us to know the differentiae: that is, in order to specify whatever thing it is. For if we just say "man," we shall not know what his differentiae are; but if we say "Man is a living creature who is rational, mortal, able to think and acquire knowledge,"[2] we shall learn what his differentiae are.

We call it a "short" statement in order to distinguish it from an oration, such as *The Oration on the Crown*,[3] and from a narration, for although these are also statements, they are not short ones.

As for "which reveals the nature of the thing which is the subject," this is added either because of exclamations, such as "know thyself" or "nothing in excess,"[4] (because although these are statements—and moreover short ones—they do not reveal the nature of a subject,) or because of descriptions, which reveal not the nature of a subject, but this or that aspect and accidental attributes of its nature. For example when we say: "Man is an upright creature who is able to laugh and has broad fingernails," these words reveal certain aspects of man's nature, but not the nature of man itself. This, then, is the first section.

Եկեսցուք յերկրորդ գլուխն և տեսցուք՝ զի՞նչ զանազանի սահման ի ստորագրութենէ։ Եւ պարտ է գիտել՝ եթէ զանազանի սահման ի ստորագրութենէ այսու[1]. վասն զի սահման ի գոյացողականաց ձայնիցն առնու, և զգոյացութիւն[2] և զբնութիւն ենթակայ իրին յայտնէ. որգոն, մարդ՝ կենդանի բանաւոր, մահկանացու, մտաց և հանճարոյ ընդունակ. իսկ ստորագրութիւն ի պատահմանցն առնու և զպարագայս ենթակայ իրին[3] յայտնէ. որգոն՝ մարդ է ուղղորդագնաց, ծիծաղական, լայնեղունգն։ Եւ վասն զի տեսցաք, եթէ սահման ի գոյացողականաց բառիցն առնու, իսկ ստորագրականն ի պատահմանց, ուսցուք զի՞նչ է գոյացողականն և զի՞նչ պատահումն։

Եւ պարտ է գիտել, եթէ գոյացողականն[4] այն է, որ առընթեր գոլով գոյացուցանէ, իսկ ոչ գոլով ապականէ, որպէս բանականն։ Քանզի սա առընթեր գոլով գոյացուցանէ զմարդն, իսկ ոչ գոլով՝ ապականէ։ Իսկ պատահումն է, որ առընթեր գոլով ոչ գոյացուցանէ և բառնալով[5] ոչ ապականէ, որպէս սպիտակն. քանզի սպիտակն[6] առընթեր գոլով ոչ գոյացուցանէ և բառնալով[7] ոչ ապականէ։

Արդ զայսոսիկ առացեալք, եկեսցուք և տեսցուք, եթէ զի՞նչ զանազանի սահման ի սահմանադրութենէ։ Եւ պարտ է գիտել, թէ որպէս մարդ և կենդանի հանուրբ և մասնականաւ զանազանին ի միմեանց. վասն զի մարդ մասնականագոյն է քան զկենդանին, իսկ կենդանին[8] ընդհանրագոյն է քան զմարդ[9], քանզի որ ինչ մարդ, նոյն և կենդանի, վասն զի ամենայն մարդ կենդանի, բայց ոչ որ ինչ կենդանի՝ նոյն և մարդ. քանզի ոչ ամենայն կենդանի մարդ է, վասն զի ոչ միայն մարդ է կենդանի, այլ և ձի և շուն[10]։

Սոյնպէս և սահման և սահմանադրութիւն ընդհանուրբն և մասնականաւն զանազանին ի միմեանց. քանզի սահման մասնականագոյն է, և[11] սահմանադրութիւն՝ ընդհանրականագոյն[12]։ Քանզի որ ինչ սահմանադրութիւն է՝ նա և սահման, այլ ոչ որ ինչ սահման՝ նա և սահմանադրութիւն, քանզի սահմանադրութիւն ոչ միայն զսահման նշանակէ, այսինքն զհամառօտ բան զյայտնիչ բնութեան ենթակայ իրին, այլ և զսահմանադրութիւնս վայրից և

[1] AE չիք եւ պարտ է գիտել, եթէ զանազանի սահման ի ստորագրութենէ այսու։ [2] ADF զգոյութիւն։ [3] C իրին բնութեանն։ [4] E գոյացուցանող։ [5] C իսկ ոչ գոլով փխ և բառնալով։ [6] C սա փխ սպիտակն։ [7] C իսկ ոչ գոլով։ [8] E չիք իսկ կենդանին։ [9] E չիք քան զմարդ։ [10] C արջառ։ [11] CD քան փխ է և։ [12] E չիք ընդհանրականագոյն։ F ընդհանրականագոյն քան զսահման։

We now move on to the second section, to say how a definition differs from a description.[5] It should be known that a definition differs from a description because it is formed from essential attributes and conveys the essence and nature of the subject, for example: "Man is a living creature who is rational, mortal, able to think and acquire knowledge"; while a description is formed from accidentai attributes and notes characteristics of the subject, as for example: "Man is an upright creature who is able to laugh and has broad fingernails." We have said that a definition is formed from essential words, while a description is formed from accidental words, so let us now consider what "essential" and "accidental" are.

It is important to realize that it is the essential which by its presence gives things existence and by its absence annuls them; as for example rationality: the presence of rationality conditions the existence of man, while its absence annuls him.[6] The accidental does not condition the existence of a thing by its presence, nor does it annul it by its absence. An example of this is whiteness; for the existence of a thing does not depend on the presence of whiteness, nor does its annihilation depend on its absence.[7]

This said, let us now show how a definition differs from a term.[8] It should be known that these differ like "man" and "living creature," which differ from each other as the general from the particular. For "man" is more particular than "living creature," and "living creature" is more general than "man." A man is at the same time a living creature, as every man is a living creature; but not every living creature is a man, as not only a man but also a horse[9] and a dog are living creatures.

So a definition and a term differ from each other as the general from the particular: a definition is particular, while a term is general. Thus a term is at the same time also a definition, but a definition is not equivalent to a term. For a term can refer not only to a definition—that is, a short statement which reveals the nature of the thing which is the subject.

գեւղից և ագարակաց ըստ Արիստոտելի, և ընդ սովաւ և զայնս, յորս վերլուծանի առաջարկութիւնն, քանզի ասէ Արիստոտէլ, եթէ սահմանադրութիւն կոչի, յորս վերլուծանի առաջարկութիւն, որգոն՝ Սոկրատէս ճէմի. առաջարկութիւն է սա և վերլուծանի ի Սոկրատէսն և ի ճէմին. և իւրաքանչիւր ոք ի սոցանէ, որպէս ասէ Արիստոտելէս, սահմանադրութիւն կոչի, այսինքն և Սոկրատէսն և ճէմին։

Արդ, որպէս ասացաք, ըստ հանրականին և ըստ մասնականին ի միմեանց սահման և սահմանադրութիւն զանազանին։ Բայց բազում անգամ և զսահման սահմանադրութիւն կոչեն ընդհանրական անուան պիտանացեալք, որպէս բազում անգամ և զմարդ սեռական անուամբ կենդանի կոչեմք։ Արդ, ուսեալք, եթէ զինչ զանազանի սահման ի սահմանադրութենէ[1], եկեսցուք և ասասցուք՝ զինչ զանազանի սահման ի ստորագրական սահմանէ[2]։

Եւ պարտ է գիտել, եթէ զանազանի սահման ի ստորագրական սահմանէ[3] այսու, վասն զի սահման միայնատեսակ է և ի գոյացողականաց ձայնից առեալ լինի միայն. որգոն՝ մարդ է կենդանի բանաւոր, մահկանացու, մտաց և հանճարոյ ընդունակ։ Իսկ ստորագրական սահման խառնակ է, քանզի առեալ է ի գոյացողականաց և ի պատահմանց, և որպէս զի ասիցէ ոք, թէ ի սահմանէ և ի ստորագրականէ բաղկացեալ. որգոն, որպէս յորժամ ասեմք, թէ մարդ՝ կենդանի բանաւոր, մահկանացու, մտաց և մակացութեան ընդունակ, ուղղորդագնաց, լայնեղունգն, ծիծաղական[4]։ Եւ պարտ է գիտել, թէ առ ի լինել սահմանի՝ պարտ է զամենայն բառսն[5] գոյացողականս գոլ, որգոն, մարդ է կենդանի բանաւոր, մահկանացու, մտաց և հանճարոյ ընդունակ։ Իսկ առ ի լինել ստորագրական սահմանի՝ բաւական է և մի բառ[6] յաւելումն[7] ընդունել՝ զպատահումն յայտնելով. որգոն, մարդ է կենդանի բանաւոր, մահկանացու, մտաց և մակացութեան ընդունակ, ուղղորդագնաց։ Եւ որպէս առ ի լինել յարմարումն քնարի՝ պարտ է զամենայն զաղիսն բարեյարմարս գոլ, իսկ առ ի լինել անյարմարութեան՝ բաւական է և մի աղի փոփոխել։ Եւ դարձեալ, առ ի լինել առողջութեան՝ պարտ է գոլ չափաւորութիւն խառնուածոցն, և զըստ բնութեանն շարադրութիւն[8] մասնկանցն. իսկ առ ի լինել հիւանդութեան՝ բաւական է և մի խառնուած փոփոխեալ և մի մասնիկ ոչ գոլով ըստ բնութեանն։

---

[1] AB սահմանադրութեան փխ ի սահմանադրութենէ։ [2] ABF սահման ստորագրական սահմանի։ [3] BDEF ստորագրական սահմանի։ [4] ACEF չիք ծիծաղական։ [5] D բարբառսն։ [6] D բարբառ։ [7] ABE յեղումն։ [8] ABCDE չափաւորութիւն։

According to Aristotle it also determines the boundaries of districts, villages and farms,[10] and at the same time it is the means by which a proposition is subjected to analysis. For Aristotle says that a term is that into which a proposition is resolved, such as "Socrates walks," for example. This is a proposition and it is resolved into "Socrates" and "walks." Each of these, both "Socrates" and "walks," as Aristotle says,[11] is a term.

And so as we have already said, a definition and term differ from each other as the general from the particular. However, frequently people call a definition a term, making use of the general meaning of the name, just as they often call a man a living creature referring to him by his generic name. Now we have ascertained how a definition differs from a term, let us examine how a definition differs from a descriptive definition.

It should be known that a definition differs from a descriptive definition because a definition is homogeneous, being formed only from essential attributes—as for example "man is a living creature who is rational, mortal, able to think and acquire knowledge"; while a descriptive definition is mixed in character, being formed from both essential and accidental attributes and, as one might say, consisting of both a definition and a description—as when, for example, we say: "Man is a living creature who is rational, mortal, able to think and acquire knowledge, who is upright, with broad fingernails and able to laugh."[12] It should be realized that for a definition all the words must be essential ones, as in "man is a living creature who is rational, mortal, able to think and acquire knowledge." To turn this into a descriptive definition one has just to add one extra word which expresses an accidental attribute, as in "man is a living creature who is rational, mortal, able to think and acquire knowledge and upright." Just as all the strings of a lyre must be tuned for it to sound in harmony, and one has only to change a single string to turn this into disharmony, and just as there must be measure in the mixtures and the arrangements of the parts must be balanced and in accordance with nature for one to be in good health, and there has only to be a change of one mixture or one part which is not concordant with nature to turn this to ill health—likewise, as

Ըստ նմին օրինակի առ ի լինել սահմանի՝ պարտ է զամենայն բառսն, որպէս ասացաք, գոյացողականս գոլ, իսկ առ ի լինել ստորագրական սահմանի՝ բաւական է և մի միայն[1] բառ[2] յեղափոխիլ։ Եւ այսոքիկ այսպէս։

Բայց տարակուսեն ոմանք յառաջին գլուխն, ասելով՝ եթէ յետին արարէք, սահմանի սահման բացատրելով. քանզի պահանջեմք[3] ի ձէնջ և սահմանի սահման. և այնր սահմանի այլ սահման, և այսոքիկ մինչև յանբաւս արտաբերին, և ոչ ևս գիտասցուք զինչ է սահման։

Եւ պատասխանատրեն ոմանք, ասելով՝ թէ ոչ որպէս զսահման սահմանեցաք, այլ որպէս սահմանելի, այսինքն որպէս ենթակայ իր. առ որս ասելի է, թէ ոչ նուազ ևս տարակուսութիւն, քանզի ասեմք ընդ ձեզ՝ թէ և այնր սահմանի բացատրեցէք սահման, որպէս սահմանելոյ. և դարձեալ միւս ևս սահմանին բացատրեցէք սահման, որպէս սահմանելոյ, որ նմանապէս և այս յանհունս[4] արտաբերի։ Արդ, այսպէս պարտ է ասել, թէ զոր օրինակ չափոցն և թուոցն են ոմանք, որ ինքնաչափք և ինքնաթիւք են, և նոյնք այլաթիւք և այլաչափք են։ Եւ ինքնաթիւք և ինքնաչափք են ըստ եզակացն, որ ի նմա. քանզի տասն ինքն զինքն թուէ ըստ եզակացն[5], որ ի նմա. բայց թուէ որպէս այլաթիւ և զքսան և զերեսուն. զքսան ըստ երկուց, և զերեսուն ըստ երից։ Ըստ նմին օրինակի և սահման և ինքնասահման և այլասահման. և այլասահման, վասն զի նոյն և զայլ սահմանս սահմանէ, իսկ ինքնասահման՝ վասն զի և զինքն ընդ այլս սահմանէ։ Եւ զոր օրինակ մարդ սահմանելով զմարդ՝ ասէ, թէ մարդ՝ կենդանի բանաւոր, մահկանացու, մտաց և մակացութեան ընդունակ, ոչ միայն զամենայն մարդ սահմանէ, այլ և զինքն. վասն զի և ինքն սահմանի։

Բայց տարակուսեն ոմանք և առ երկրորդ գլուխն, ասելով՝ թէ մինչ գոյացութիւն պատուականագոյն է քան զպատահումն, և առեալ է ի գոյացութեանցն սահման, իսկ ստորագրութիւն[6] ի պատահմանց, վասն է՞ր ասեմք ստորագրական սահման, զլուխն նախադասելով, և ոչ ասեմք սահման ստորագրական։

Եւ պատասխանեն[7] ոմանք, ասելով՝ թէ վասն է՞ր ըստ քերթողին ոմանք կիսէշ ասեն, զի քերթողն Հոմերոս կիսէշ ասէ զլո-

---

[1] F չիք *միայն*։ [2] BD *բարբառ*։ [3] C *խնդրեմք*։ [4] A *յանհատս*։ [5] DE *եզանակացն* փխ *եզակացն*։ [6] B *ստորոգութիւն*։ [7] C *պատասխանատրեն*։

we have said, all the words must be essential for a definition, and one has only to change one single word for it to become a descriptive definition. But we have said enough about this.

However, there are some who voice doubts about the first section. They say: "You have taken a step backwards in explaining the definition of a definition. For were we to ask you to give a definition of a definition, and then give a definition of this definition, and so on ad infinitum, we should still not learn what definition was."

And there are some who respond, saying: "You have not defined definition as such, but as something which is the subject of definition, that is, as a given object." To them we must admit: "Here there remains some considerable doubt, so we say to you: Give the definition of this definition as a definable thing, and then give a definition of *this* definition as a definable thing which is likewise part of this endless series." At this point one should note that some measures and numbers, for example, are measures and numbers for themselves as well as for others. They measure and count themselves through the single units of which they are composed; thus ten can count itself through the single units of which it is composed, and it is also used to count other numbers, such as twenty and thirty, for twice ten is twenty, and thrice ten is thirty. Similarly definition is used to define itself as well as others. It is used to define others, for it defines other definitions; at the same time it is self-defining, as together with others it also defines itself. Thus, for example, when a man who is defining man says: "Man is a living creature who is rational, mortal, able to think and acquire knowledge," he is not only defining all men but also himself for he defines and is defined.[13]

But there are also some who express their doubts over the second section. They say: "If the essential is prior to the accidental, and definition is formed from essential attributes, while description is formed from accidental ones, then why do we say "descriptive definition," putting the inferior term first, instead of saying "a definition which is descriptive"?

Some answer in this way: "Why do some people, following the poet, use the word "half-ass"? For the poet Homer[14] speaks of a "half-ass,"

ոյն նախադասելով, զի յոռեգոյնն յաղթէ ի շարադրութեանցն անուանց լաւագունին[1], զի յոռեգոյնն է լաւագոյն, քանզի կիսէշ ասեմք զջորի, զյոռեգոյնն անուանելով, և ոչ կիսաձի. վասն այսորիկ և ստորագրական սահման ասեմք, զյոռեգոյնն նախադասելով։ Չայսոսիկ նոքա։

Բայց ասելի է՝ թէպէտ և հիւանդական է պատասխանատրութիւնդ, բայց սակայն ոչ բարիոք տարակուսեցին, որք տարակուսեցինն։ Նախ և առաջին, քանզի ոչ ոք ի հնոց վարդապետացն ասաց, եթէ ստորագրական սահման պարտ է ասել՝ և ոչ սահման ստորագրական։ Իսկ երկրորդն, թէպէտ և ստորագրական սահման ասեմք[2], թէպէտ սահման ստորագրական, ոչ ինչ եղծանի նշանակեալն. քանզի ասէ Արիստոտէլ, եթէ անուանք և բայք փոխադրելով՝ զնոյն նշանակեն, վասն զի զնոյն իսկ նշանակեն, եթէ ոք ասիցէ՝ Սոկրատէս ճէմի, և թէ՝ ճէմի Սոկրատէս։

Ընդ այսոսիկ հանդերձ աստուծով և առաջիկայ պրակք[3]

ՊՐԱԿՔ Դ[4]

Սկիզբն արասցուք և երրորդ գլխոյն, որ ասէր, թէ ուստի ասի սահման։ Եւ պարտ է գիտել, եթէ սահման ասի ի փոխաբերութենէ գեաւղից և ագարակային սահմանաց. քանզի և առաջինքն յերկաքանչիւրոցն անչափութենէ փախչելով, յառաւելաստացութենէ և ի պակասաստացութենէ, գտին զսահմանադրութիւն. զի յիւրեանցն վայելեսցեն[5] և յայլոցն փախիցեն։

Արդ նոյնպէս և սահման պարասահմանելով զենթակայ իրն՝ որոշէ զնա յայլոցն. որպէս և սահման մարդոյ, որգոն՝ կենդանի բանաւոր, մահկանացու, մտաց և մակացութեան[6] ընդունակ։ Արդ, ասելով կենդանի, զատոյց յայնց, որք ոչ են կենդանի, այսինքն[7] յանկենդանեացն և յանշնչիցն. իսկ ասելովն բանաւոր[8], որոշեաց յանբանիցն. իսկ մահկանացու՝ յանմահիցն. իսկ մտաց և մակացութեան ընդունակ ասելով, որոշեաց զնա յաներևութից և յանմահկանացուաց[9] արարածոց, որք և յաւէրժական հարսունք անուանին, որք և բնութեամբ ունին զգիտութիւն և ոչ ուսանելով. բայց

---

[1] ACD չիք *լաւագունին*։ [2] A *սահմանեմք*։ [3] A *պրակք Դ*։ [4] A *Ե* փխ *Դ*։ [5] C *վայելեսցեն յատուկ*։ [6] C *հանճարոյ* փխ *մակացութեան*։ [7] C չիք *յայնց, որք ոչ են կենդանի, այսինքն*։ [8] ABDF *բանական*։ [9] CF *և ի մահկանացուաց*։

giving priority to what is inferior. It is because when their names merge the inferior prevails over the superior, for it is the inferior which is predominant. We call a mule a half-ass, using its inferior name: we do not call it a half-horse. Therefore we say 'descriptive definition,' giving the inferior name priority." This, then, is what they say.[15]

However one should add that while there are shortcomings in this explanation, nevertheless those who doubt have no grounds for doing so, firstly because none of the ancient masters[16] said that one must use "a descriptive definition" but not a definition which is descriptive; and secondly because whether we say "a descriptive definition" or "a definition which is descriptive" it does not change the meaning. For Aristotle says that nouns and verbs keep the same meaning when they change places, since there is no difference whether we say "Socrates walks" or "walks Socrates."[17]

Thus with God's help let us proceed.

Chapter Four[1]

Let us now begin section three, where we shall discuss what the origin of definition is. It is important to realize that definition originated as a metaphor for the boundaries of villages and farms;[2] for our forebears determined boundaries so that they would profit from their own without touching what belonged to others and thus avoid the two extremes of excess and of want. Similarly definition determines a given object and so separates it off from other things. Let us take the definition of man as an example—"a living creature who is rational, mortal, able to think and acquire knowledge."[3] Here, in saying "living creature," we set man apart from all things which are not living creatures, such as lifeless and inanimate things; and in calling man "rational" we set him apart from all things which are irrational; in calling him "mortal" we separate him from all immortal things; in calling him "able to think and acquire knowledge"[4] we separate him from all the invisible and immortal creatures called the immortal nymphs,[5] who have it in their nature to possess knowledge, rather than acquire it through learning.

միայն մարդն բնաւորեցաւ ընդունել ըստ ազդողականին գիտութիւն:

Եւ պարտ է գիտել, զի ի սահմանս հակակիրք միմեանց լինին բառք և իրք. քանզի յորժամ սահմանն առաւելու բառիւք, նուազեն իրք: Որգոն, մարդ կենդանի բանաւոր, մահկանացու, մտաց և հանճարոյ ընդունակ և քերթող. քանզի քերթողն յաւելումն եղեալ ի սահմանի՝ նուազեցոյց զիրն, վասն զի զքերթողն միայն սահմանեաց և ոչ զամենայն մարդ, քանզի ոչ ամենայն մարդ քերթող. ահա առաւելաւ բառքդ և նուազութիւն եղև իրացդ: Իսկ յորժամ նուազեն բառքդ, առաւելուն իրք. որգոն, մարդ՝ կենդանի բանաւոր. ահա նուազեցին բառքդ[1] և յաւելան իրքդ. վասն զի ոչ միայն մարդ է կենդանի բանաւոր[2], այլ և հրեշտակք և դևք: Եւ որպէս ասէր Ոլոմպիադորոս փիլիսոփոս, եթէ սքանչելի իմն հնարս եգիտ բնութիւնս, նուազութիւն հարստացեալ և հարստութիւն կեղծաւորեալ զնուազութեանցն:

Իսկ եթէ տարակուսեսցի ոք ասելով, թէ զիա՞րդ ասացէք, թէ յորժամ առաւելու սահման բառիւք, նուազէ իրօք, քանզի ահա ասեմք մարդ է կենդանի բանաւոր, մահկանացու մահանալով, մտաց և մակացութեան ընդունակ. առաւելաւ բառիւք և ոչ պակասեաց[3] իրօք, քանզի զամենայն մարդ պարունակեաց:

Ասեմք, եթէ յաւելեալ բառդ ոչինչ առաւել նշանակեաց. քանզի նոյն է սահման՝ մահկանացուն և մահանալովն, զի մահանալովն յաւելուած բայի է և ոչ անուն, քանզի սահման անուամբ ճանաչի և ոչ բայիւ: Զայսոսիկ և երրորդ գլուխն:

Բայց եկեսցուք և ի չորրորդ գլուխն և ասասցուք, թէ ուստի՞ առնու սահման: Եւ պարտ է գիտել, եթէ սահմանք կամ յենթակայէ առնուն և կամ ի կատարմանէ, և կամ յերկոցունց. այսինքն յենթակայէ և ի կատարմանէ: Բայց նախ ասասցուք զինչ է ենթակայ և զինչ է կատարումն: Ենթակայ է, ըստ որում լինի և ըստ որում ազդէ, եթէ արհեստ և եթէ մակացութիւն. իսկ կատարումն է, ըստ որում նկատէ և կերպարանի և ըստ որում զամենայն ինչ առնէ: Որգոն, հիւսնութեան ենթակայ է փայտ, զի վասն փայտի գոյանայ հիւսնութիւն. իսկ կատարումն ունի աթոռ առնել և տաճար շինել: Եւ դարձեալ, աստեղաբաշխութիւն ենթակայ ունի զերկնային մարմինն, իսկ կատարումն ոչ եթէ զառնելն նման նմա, այլ գիտել զշարժումն նորա: Նմանապէս և իմաստասիրութիւն ունի

[1] F ի բառսդ: [2] CDF բանական: [3] C նուազեաց:

It is characteristic of man alone to acquire knowledge according to his capacity.

It should be noted that in definitions the words and the things defined are inversely dependent on each other. As the number of words in the definition grows, the number of things [defined] becomes less. For example: "man is a living creature, who is rational, mortal, able to think and acquire knowledge and is a grammarian."[6] As soon as the word "grammarian" is added to the definition the things defined become less; for it is not every man but only a grammarian who is defined, and not every man is a grammarian. When the number of words becomes more, the object becomes less; and when the number of words becomes less, the things defined become more. For example, in "man is a living creature who is rational," the number of words is less, and the object has become more, for it is not only man who is a rational living creature, but also angels and demons.[7] As the philosopher Olympiodorus[8] said, nature has found a miraculous invention—enriching poverty and feigning wealth through poverty.

If, however, anyone were to doubt this and say: "What gave you the idea that the object of the definition becomes smaller when the number of words used is increased? Can we not say 'man is a living creature who is rational, mortal because he will die, able to think and acquire knowledge' ? Although the number of words has increased the object is not any less, for it still embraces all men."

In reply we say that the added words do not signify anything new, for "mortal" and "because he will die" mean the same; and moreover "because he will die" is a verbal[9] addition and not a noun; for it is by a noun and not by a verb that a definition is identified.[10] This, then, is the third section.

Now we shall pass on to the fourth section where we shall say how a definition is constructed. One should realize that a definition is constructed either on the basis of a subject or on the basis of a purpose or on the basis of both—that is, both subject and purpose. But first let us say what we mean by subject and purpose. It is due to a subject that an art or a science, for instance, is able to exist and function, and it is in answer to a purpose that anything takes shape and form and is created. For example the subject of carpentry is wood, since it is due to wood that carpentry can exist; and its purpose is the making of a chair, or the building of a temple.[11] The subject of astronomy is the celestial body;[12] but its purpose is not to create a similar body but rather to know the movement of the body. In the same

ենթակայ, ունի և կատարումն։ Ենթակայ՝ զամենայն գոյս, իսկ կատարումն՝ զգիտութիւն նոցին, այսինքն գիտել զնոսա և նոքումբք նմանիլ աստուծոյ։ Քանզի իմաստասէրն նման է աստուծոյ, որպէս յայտ առնէ Պիւթեայ[1] հարցուկ, ասելով ցԼիւկուրգոս[2] օրէնսդիր և փիլիսոփոս, վասն զի առաջինքն յիմաստասիրացն օրէնսդիրք էին։ «Արդ եկիր, ով Լիւկուրգէ[3], յիմ ճենճերալիր տաճարս. յերկբայս գոմ, թէ զինչ առասացից[4] զքեզ. աստուած թէ մարդ, բայց սակայն աստուած առասացից զքեզ, ով Լիւկուրգէ»։ Զայս ասելով ոչ եթէ ոչ գիտէր զինչ պարտ էր կոչել զնա, այլ զի ցուցցէ կցորդակից զաստուծոյ բնութիւնն և զիմաստասիրին, ուստի և ի վերայ ածէ. «Բայց սակայն աստուած առասացից զքեզ, ով Լիւկոյերգէ»։ Եւ զի կատարեալ իմաստասէրն նման է աստուծոյ, աստուստ է յայտ, զի նոքիմբք կերպարանի, որովք և աստուած, քանզի որպէս աստուած[5] կերպարանի բարեաւն և գիտնականաւն և կարելեաւն[6], որպէս և քերթութիւնն յայտ առնէ վասն բարոյն, թէ աստուածք տուիչք բարեաց են. իսկ գիտնականաւն, թէ աստուածք զամենայն ինչ գիտեն. իսկ կարելեաւն, թէ աստուածք զամենայն ինչ կարեն առնել։

Ըստ նման օրինակի և կատարեալ իմաստասէրն երեքումբք այսոքիւք կերպարանի, բարեաւն ասեմ և գիտնականաւն և կարելեաւն։ Եւ բարեաւն, թէ որպէս աստուած խնամ տանի ամենեցունց, նոյնպէս և կատարեալ[7] իմաստասէրն խնամ տանի անկատար ոգւոց ի կատարեալ գիտութիւն ածելով զնոսա։ Իսկ գիտնականաւն, թէ որպէս աստուած զամենայն ինչ գիտէ, նոյնպէս և կատարեալ իմաստասէրն զամենայն ինչ խոստանայ գիտել, և գիտէ զօգտակարն։ Իսկ կարելեաւն, թէ որպէս աստուած զամենայն ինչ կարէ զպատշաճագոյնսն՝ և կամի, նոյնպէս և կատարեալ իմաստասէրն որչափ ինչ՝ կարող գոյ ըստ կարելոյն՝ և կամի. և ոչ երբէք կամի զոր ոչն կարէ։

Այլ սակայն ի վերայ աստուծոյ անդրադարձի. քանզի որչափ ինչ կամի՝ և կարող գոյ, և որչափ ինչ կարող գոյ՝ և կամի. իսկ ի վերայ իմաստասիրին ոչ անդրադարձի. քանզի որչափ ինչ կարող գոյ՝ կամի, այլ ոչ որչափ ինչ կամի՝ կարող գոյ։ Քանզի թէ կամի մատամբն հպիլ ի կորընթարդն երկնից, ոչ գոյ կարող։ Վասն այսորիկ տարակուսեն[8] ոմանք ասելով, թէ զի՞րդ ասացէք զիմաս-

[1] D *Պիթիայ։* [2] B *գԼիւկուրգիոս։* C *գԼիւկիորգոս։* D *գԼիկկիորգէն։* E *ցԼիւգոյերգէոս։* [3] EF *Լիկոյերգէ։* [4] AF *ասացից։* [5] D չիք *որպէս աստուած։* [6] ABF *կատարելեաւն։* [7] BDF չիք *կատարեալ։* [8] E *պատասխանեն։*

way philosophy also has a subject and a purpose. Its subject is all things which exist, and its purpose is to know them—that is to say, to have knowledge of them and through them to become similar to God. For a philosopher is similar to God, as the Pythian oracle declared, addressing the legislator and philosopher Lycurgus[13] (for the first philosophers were also legislators): "You have come to my smoke-filled temple, O Lycurgus. I hesitate—I do not know— should I call you a god or a man? But nonetheless, I shall call you a god, Lycurgus!" She said this not because she did not know what she should call him, but in order to show the affinity between the nature of a philsopher and that of a god. This is why she added: "But nonetheless I shall call you a god, Lycurgus!" And it is obvious that a perfect philosopher is similar to God, because he is endowed with the same attributes as God. Like God he is endowed with goodness, knowledge and might, as the poem[14] indicates: concerning goodness—the gods are givers of blessings; concerning knowledge—the gods know all things; and concerning might—the gods can do everything.

Thus the perfect philosopher is distinguished by these three: goodness, knowledge and might. He is endowed with goodness, for just as God has concern for everything, so the perfect philosopher shows his concern for imperfect souls by leading them to perfect knowledge. He is endowed with knowledge, for just as God knows all things so the perfect philosopher professes to know everything and he knows that which is useful.[15] He is endowed with might, for just as God can accomplish everything that is most seemly and that he desires, so the perfect philosopher can also do everything that is within his power and he desires, yet never desires anything which is beyond him.[16]

However, one should add that with regard to God the above statement is reversible, for God desires as much as he is able and is able to do as much as he desires. But the above is not reversible with regard to the philosopher, for while he desires as much as he is able, he is not able to do as much as he desires. For example, if he should want to touch the vault[17] of heaven with his finger it would be beyond his power. Therefore some express doubt on this subject: "Why do you say that a philosopher has it in his

տասէրն կարելեաւն կերպարանի նմանիլ աստուծոյ, որովհետև անդրադարձի ի վերայ աստուծոյ, իսկ ի վերայ փիլիսոփայի ոչ, որպէս ասացէք[1]: Վասն որոյ ասեմք, եթէ կատարեալ իմաստասէրն կամի ոչ տենչալ անհասանելեացն[2]. վասն զի և ի տոկոսին մեծ կարօտութիւն է տենչանացն անլիութիւն: Բայց պարտ է գիտել, եթէ յառաջելով ցուցանելի է, եթէ այլ ազգ է առ ի յաստուծոյ բարին և գիտնականն և կարելին, և այլ ազգ առ իմաստասիրին:

Բայց այժմ պարտ է գիտել, եթէ սահմանք յենթակայէ առնուն, կամ ի կատարմանէ, և կամ յերկոցունց, այսինքն յենթակայէ և ի կատարմանէ:

Եւ յենթակայէ՝ յորժամ ասեմք, եթէ բժշկութիւն է արհեստ յաղագս մարդկային մարմնոյ բնութեան[3] եղեալ: Իսկ ի կատարմանէ, յորժամ ասեմք, եթէ բժշկութիւն է առողջութեան արարիչ. քանզի կատարումն բժշկութեան է կամ զներկայ առողջութիւնն պահել, և կամ զմերժեալն վերստին ածել յուղղութիւն[4]: Իսկ յերկոցունց, որպէս յորժամ զերկոսին սահմանսդ շարակցեմք և ասեմք, եթէ բժշկութիւն է արհեստ յաղագս մարդկային մարմնոյ եղեալ, առողջութեան արարիչ:

Արդ այսպէս և զիմաստասիրութիւն սահմանելով յենթակայէ և ի կատարմանէ, և ասեմք՝ յենթակայէ[5], եթէ[6] իմաստասիրութիւն է գիտութիւն աստուածայնոց և մարդկայնոց իրողութեանց. իսկ ի կատարմանէ, եթէ իմաստասիրութիւն է նմանութիւն աստուծոյ ըստ կարողութեան մարդկան: Իսկ յերկոցունցն, որպէս յորժամ ասեմք, եթէ իմաստասիրութիւն է գիտութիւն աստուածայնոց և մարդկայնոց իրողութեանց և նմանութիւն աստուծոյ ըստ կարողութեան մարդկան: Եւ այսոքիկ այսպէս:

Բայց տարակուսեն ոմանք ասելով, եթէ զիա՞րդ ասէք, թէ ամենայն սահման կամ յենթակայէ առնու կամ ի կատարմանէ, կամ յերկոցունց, այսինքն յենթակայէ և ի կատարմանէ. ուր առ հասարակ ամենեքեան ասեմք, եթէ ամենայն սահման ի սեռէ առնու և ի բաղկացուցիչ զանազանութեանց. որգոն, մարդ է կենդանի բանաւոր մահկանացու, մտաց և մակացութեան ընդունակ: Քանզի ահա աստանօր զկենդանին սեռ ունի, իսկ զայլսն ի բաց՝ բաղկացուցիչ զանազանութիւնս: Եւ ոմանք պատասխանատրելով զայս

[1] C չիք որպէս ասացէք: [2] C անհասիցն: [3] C չիք բնութեան: [4] A յառողջութիւն: [5] ABE չիք և ի կատարմանէ և ասեմք յենթակայէ: [6] ABE ասեմք փխ եթէ:

power to become similar to God, since the above is reversible with regard to God but not with regard to a philosopher, as you say yourself?'' In reply we shall say that a perfect philosopher does not wish to desire what is out of his reach, since according to the Stoics[18] the greatest deficiency comes from the non-fulfillment of desires. But it should be known and it will be shown in due course that in God goodness, knowledge and might are of one kind, while in a philosopher they are of another.

But now let it be known that definitions are constructed either on the basis of a subject or of a purpose or on both at once—that is, on the basis of a subject and a purpose.

We have a definition based on a subject when we say that medicine is an art concerned with the nature of the human body; and on a purpose when we say that medicine is a creator of good health, for the purpose of medicine is either to maintain existing good health or to restore it when it has been lost; and we have one based on both when we combine both definitions and say that medicine is an art concerned with the nature of the human body and a creator of good health.

And for a definition of philosophy based on both subject and purpose, we must say that with regard to its subject, philosophy is knowledge of divine and human things, and with regard to its purpose philosophy is becoming similar to God as far as it is humanly possible. And it is based on both when we say that philosophy is knowledge of divine and human things and becoming similar to God as far as it is humanly possible. But enough said about that.

However, some people question this, asking: ''Why do you say that every definition is based on either a subject or a purpose or on both a subject and a purpose together? Because generally it is said that a definition is based on a genus and differentiae, as for example in ''man is a living creature who is rational, mortal, able to think and acquire knowledge''; here the genus is ''living creature'' and all the other words are differentiae.''[19] In reply there are some who introduce the following arguments: ''It is the

պատճառս տան, եթէ ի վերայ բնականացն ի սեռէ և ի բաղկացուցիչ զանազանութեանց առնուն սահմանք, որպէս ի վերայ մարդոյ, եթէ մարդ է կենդանի բանաւոր, մահկանացու, մտաց և հանճարոյ ընդունակ։ Իսկ ի վերայ արուեստականացն յենթակայէ առնու, կամ ի կատարմանէ, և կամ յերկոցունց՝ յենթակայէ և ի կատարմանէ, որպէս ի վերայ ասացելոց յառաջ օրինակաց։

Զայս նոքա բայց ոչ բարւոք ասեն։ Նախ և առաջին, զի զտարակուսանսն ոչ լուծին, քանզի տարակուսանք էին, եթէ ամենայն սահման ի սեռէ և ի բաղկացուցիչ զանազանութեանց առնու, իսկ դոքա զոմանս ի սահմանացն՝ ի սեռէ և ի բաղկացուցիչ զանազանութեանց առնուն[1], իսկ զոմանս յենթակայէ, և զոմանս ի կատարմանէ, և զոմանս յերկոցունց՝ յենթակայէ և ի կատարմանէ։ Իսկ երկրորդ, զի ոչ լուծին զտարակուսանսն բարւոք. քանզի[2] տարակուսանք էին՝ ոչ ամենայն սահման ի սեռէ և ի բաղկացուցիչ զանազանութեանց առնու. իսկ դուք զոմանս յենթակայէ և զոմանս ի կատարմանէ, և զոմանս յերկոցունց՝ յենթակայէ և ի կատարմանէ։ Իսկ երրորդ, ոչ բարւոք լուծին զտարակուսանսդ[3]. քանզի գտանեմք զսահման և ի վերայ բնականացն յենթակայէ և ի կատարմանէ առեալ, որպէս և ի վերայ բարկութեան, քանզի և բարկութիւն բնական ինչ է. և սակայն յենթակայէ և ի կատարմանէ սահմանեմք զնա, ասելով՝ եթէ բարկութիւն է եռանդն զսրտին արեանն առ ի տենչմանն փոխարէն տրտմեցուցանելոյ։ Եւ ահա եռանդն զսրտին արեանն յենթակայէ է, քանզի բարկութեանն ստորակայէ[4] զսրտին արիւն, իսկ առ ի տենչմանն փոխարէն տրտմեցուցանելոյ՝ ի կատարմանէ. քանզի կատարումն բարկութեան՝ է տենչալն[5], փոխարէն տրտմեցուցանելոյ զայն, որ տրտմեցոյցն։ Արդ այսոքիկ այսպէս։

Բայց պարտ է ասել, թէ բարւոք ասեմք զամենայն սահման ի սեռէ և ի բաղկացուցիչ զանազանութեանց առնուլ, քանզի որք յենթակայէ, և որք ի կատարմանէ, և որք յերկաքանչիւրոց, ունին և սեռ, ունին և զբաղկացուցիչ զանազանութիւնս։ Որգոն, բժշկութիւն է արհեստ յաղագս մարդկային մարմնոյ եղեալ։ Ահա աստանօր փոխանակ սեռի առաւ արհեստ, իսկ փոխանակ բաղկացուցիչ զանազանութեանց՝ այլ բառք։ Եւ դարձեալ, բժշկականութիւն է արհեստ, առողջութեան արարիչ։ Ահա աստանօր փոխանակ սեռի առաւ արհեստ. իսկ այլ բառք փոխանակ բաղկացուցիչ զանազա-

[1] B առէք առնուլ։ [2–3] BCDEF քանզի-ից սկսած մինչև զտարակուսանսդ չիք։ [4] DF ենթակայ է։ [5] AC տենչանք։

definitions of natural things which are based on a genus and differentiae, such as the definition of man, for example, which says that man is a living creature who is rational, mortal, able to think and acquire knowledge.[20] And it is the definitions of artificial things[21] which are based on a subject or on a purpose or on both a subject and a purpose together, as in the examples quoted above."

However these are mistaken. Firstly they do not resolve the doubts at all, for at the same time that they cast doubts over the fact that every definition is based on a genus and differentiae, they themselves base some definitions on a genus and differentiae, others on a subject, others on a purpose and others still on both a subject and a purpose. Secondly their attempt to resolve these doubts is incorrect, for being unsure whether every definition is based on a genus and differentiae or not, they[22] say that some are based on a subject and some on a purpose and some on both. Thirdly their actual resolution is incorrect,[23] for we can also find natural things whose definitions are composed of a subject and a purpose—for example, anger: anger is something natural, yet it is defined with regard to a subject and a purpose, as when we say "anger is the boiling of blood in the heart of a man who desires to inflict pain in return." "The boiling of blood in the heart" is a definition based on a subject, for the subject of anger is blood in the heart. "A man who desires to inflict pain in return" is a definition based on purpose, for the purpose of anger is the desire to inflict pain in return on the one who [first] caused it. Well, so much for that.

However it should be added that we are right in saying that every definition is based on a genus and differentiae. For definitions based on a subject, on a purpose or on both also contain a genus and differentiae. For example: "Medicine is an art concerned with the human body." The genus here is "art" and all the other words are differentiae. Or else: "Medicine

նութեանց: Եւ դարձեալ, բժշկականութիւն է արհեստ յաղագս մարդկային մարմնոյ եղեալ, առողջութեան արարիչ: Ահա աստանօր փոխանակ սեռի առաւ արհեստ, իսկ փոխանակ բաղկացուցիչ զանազանութեանց՝ այլ բառք: Եւ դարձեալ, իմաստասիրութիւն է գիտութիւն աստուածայնոց և մարդկայնոց իրողութեանց: Ահա աստանօր փոխանակ սեռի առաւ գիտութիւն, իսկ փոխանակ բաղկացուցիչ զանազանութեանց՝ այլ բառք: Զայսոսիկ և չորրորդ գլուխն:

Իսկ հինգերորդ գլուխն, յորում[1] խնդրէաք[2], եթէ ո՞ր է կատարեալ սահման և ո՞ր անկատար: Եւ պարտ է գիտել, եթէ կատարեալ սահման այն է, որ անդրադարձի առ սահմանելին: Որգոն, յորժամ ասեմք, եթէ զինչ որ միանգամ մարդ է՝ նա կենդանի բանաւոր, մահկանացու, մտաց և մակացութեան ընդունակ, և զինչ որ միանգամ կենդանի բանաւոր, մահկանացու, մտաց և մակացութեան[3] ընդունակ, նա մարդ է: Այս է կատարեալ սահման[4]: Իսկ անկատար սահման է, որ ոչ անդրադարձի, քանզի յոռութիւն սահմանի է ոչ անդրադարձիլ: Իսկ յոռութիւն սահմանի լինի յաւելութենէ և ի նուազութենէ սահմանի, քանզի ոչ կարող գոյ սահման անդրադարձիլ առ սահմանելին, յաւելուլն և ի նուազելն, որգոն, մարդ է կենդանի բանաւոր, մահկանացու, մտաց և մակացութեան ընդունակ, քերական: Քանզի սա աւելեալ՝ ոչ անդրադարձի, քանզի որ միանգամ[5] կենդանի բանաւոր, մահկանացու, մտաց և մակացութեան ընդունակ, քերական՝ նա մարդ է. այլ ոչ որ միանգամ կենդանի բանաւոր, մահկանացու, մտաց և մակացութեան ընդունակ՝ նա և քերական. վասն զի ոչ ամենայն մարդ քերական: Նաև ոչ ի նուազելն իւր անդրադարձի առ սահմանելին. որգոն, կենդանի բանաւորն նուազ գոլով՝ ոչ անդրադարձի, քանզի ոչ միայն մարդ է կենդանի բանաւոր, այլ և հրեշտակք և դևք: Եւ այսոքիկ այսպէս:

Բայց պարտ է խնդիր առնել՝ ո՞յք են ի նախասացելոց սահմանացս, որք կատարեալք գոն: Եւ պարտ է գիտել, թէ այնոքիկ են կատարեալք, որք յերկոցունց առնուն՝ յէնթակայէ և ի կատարմանէ. որգոն, հիւսնութիւն է արհեստ յաղագս փայտի եղեալ, աթոռոյ արարչական: Իսկ որք յէնթակայէ միայն են, կամ ի կատարմանէ միայնոյ, բազումք և յոլովք ի նոցանէ ոչ գոն կատարեալք: Որգոն, յորժամ ասեմք, եթէ բժշկականութիւն է արհեստ յաղագս մարդկային մարմնոյ եղեալ, ոչ անդրադարձի. քանզի որ միանգամ

[1] **C** յորժամ: [2] BD ի խնդիր էաք: F ի խնդիր ելաք: [3] ABF հանճարոյ: [4] BDEF չիք Այս է կատարեալ սահման: [5] ABD միանգամ մարդ:

is an art, a creator of good health." In this case "art" again acts as the genus and all the other words as differentiae. Or else: "Medicine is an art concerned with the human body, a creator of good health." The genus is yet again "art" and so all the other words are differentiae. In the same way: "Philosophy is knowledge of divine and human things." Here the genus is "knowledge" and all the rest are differentiae. This, then, is the fourth section.

In the fifth section we are to investigate what is meant by a perfect and an imperfect definition. It should be known that a perfect definition is one which is reversible with regard to whatever is being defined. For example we can say that a man is a living creature who is rational, mortal, able to think and acquire knowledge; and that a living creature who is rational, mortal, able to think and acquire knowledge is a man. This is a perfect definition. And an imperfect definition is one which is not reversible, for a definition's inadequacy lies in its inability to be reversed. It is the extent of the breadth or narrowness of a definition which leads to it being imperfect; for if there is either an excess of an insufficiency [of words] it will not be reversible with regard to what is being defined. For example, "man is a living creature who is rational, mortal, able to think and acquire knowledge and a grammarian." It is the addition which makes this definition irreversible, since a living creature who is rational, mortal, able to think and acquire knowledge and a grammarian is a man, but a living creature who is rational, mortal, able to think and acquire knowledge is not always a grammarian, for not every man is a grammarian. Similarly a reduction will also prevent the definition from being reversible with regard to what is being defined. For example, the definition "a living creature who is rational" has fewer [words] and so it is not reversible; for it is not only man who has a rational nature, but angels and demons as well. But enough said on this.

However we ought to consider which of the definitions we have already introduced are perfect. It should be known that perfect definitions are those which are reversible with regard to both the subject and the purpose, as for example "carpentry is a craft which deals with wood and makes chairs." Therefore the majority of definitions based on just a subject or just a purpose are imperfect. For example, when we say that medicine is an art concerned with the human body it is an irreversible definition; for

բժշկականութիւն է՝ յաղագս մարդկային մարմնոյ եղեալ. այլ ոչ որ ինչ միանգամ յաղագս մարդկային մարմնոյ եղեալ՝ նա բժշկականութիւն է, քանզի ոչ միայն բժշկականութիւն գոյ սակս մարդկային մարմնոյ եղեալ, այլ և սափրողականն և եղնգնահատականն[1]։

Դարձեալ, յորժամ ասեմք ի կատարմանէ, եթէ ճարտասանութիւն է հաւանութեան[2] արարչական, ոչ անդրադարձի. քանզի ամենայն, որ ճարտասանութիւն է[3], նա և հաւանութեան արարչական, այլ ոչ որ միանգամ հաւանութեան արարիչ՝ նա և ճարտասանական է, քանզի ոչ միայն ճարտասանութիւն է[4] հաւանութեան արարիչ[5], այլ և տրամաբանական[6] իմաստասիրութիւնն։ Եւ դարձեալ, բարկութիւն է եռանդն զսրտիւն արեան, որ ոչ անդրադարձի, վասն զի ամենայն բարկութիւն՝ եռանդն է զսրտիւն արեան, այլ ոչ որ միանգամ եռանդն է զսրտիւն արեան՝ նա բարկութիւն է, քանզի և ի ջերմութենէ[7] լինի եռանդն զսրտիւն արեան։

Բայց որպէս վերագոյն ասացաք, եթէ բազումք և յոլովք, որք յենթակայէ միայնոյ են, և կամ ի կատարմանէ, ոչ գոն կատարեալք, վասն այդորիկ առադրեցաք զբազումս և զյոլովս, վասն զի է արուեստ, որ կատարեալ է յենթակայէ միայնոյ, որպէս ապակեգործութիւն, քանզի դա միայն կատարեալ գոյ յենթակայէ միայնոյ. քանզի ամենայն, որ ապակեգործութիւն է, սակս ապակւոյ գոյ եղեալ, և ամենայն[8], որ սակս ապակւոյ գոյ եղեալ, ապակեգործութիւն է։

Իսկ իմաստասիրութեան սահման թէպէտ յենթակայէ միայնոյ առնու, և թէպէտ ի կատարմանէ՝ ամենեքեան կատարեալք գոն։ Եւ պատճառք, եթէ զի միայն իմաստասիրութեան սահմանք յենթակայէ միայնոյ և կամ ի կատարմանէ կատարեալք գոն, այսոքիկ են։ Վասն զի ենթակայն իմաստասիրութեան, այսինքն ընդհանուր[9] գոյք, ոչ կարող գոն այլ արհեստի ենթակայ լինել, վասն զի ոչ ոք յայլ արհեստից կարող գոյ զընդհանուր գոյսս քննել և գիտել. և կատարումն իմաստասիրութեան, այսինքն նմանիլ[10] աստուծոյ ըստ կարողութեան մարդկան, և ոչ գոյ այլ արհեստի[11] կատարումն, վասն զի ոչ ինչ կարող գոյ այլ արհեստ նմանեցուցանել զմարդ աստուծոյ ըստ կարողութեան մարդկան։

---

[1] ABF եղնգնահատողականն։ [2] ÀBF հաւանութիւն։ [3] BDF ճարտասանական է։ [4] ÂBDF ճարտասանական է։ [5] CDF տրարչական։ [6] B տրամաբանութեան։ [7] C ի ջերմանէ։ [8] DF չիք ամենայն։ [9] C ամենայն փխ ընդհանուր։ [10] B նմանութիւն։ E նմանող։ [11] AB արհեստի սահման։

while medicine is equivalent solely to a concern with the human body, a concern with the human body is not equivalent to medicine, because the needs of the human body are met by haircutting and manicure[24] besides medicine.

When we say that rhetoric is persuasion—basing our definition on purpose—we have here another irreversible definition; for although all that relates to rhetoric is equivalent to persuasion, not all persuasion is equivalent to rhetoric. For besides rhetoric logical philosophy is also persuasion. Let us look at another irreversible definition: "Anger is the boiling of blood in the heart." All anger is equivalent to the boiling of blood in the heart, but not all boiling of blood in the heart is equivalent to anger, for it may also be the result of a fever.[25]

Now, as we said earlier, the majority of definitions based on either just a subject or just a purpose are imperfect. We have added "majority" here because an art may be perfect with regard to a subject alone, as for instance the manufacturing of glass, which is perfect with regard to its subject alone. For everything connected with the manufacturing of glass deals with glass, and everything which deals with glass deals with the manufacturing of glass.

So, the definitions of philosophy are all perfect regardless of whether they are based on just a subject or just a purpose. And the reasons why only the definitions of philosophy are perfect, whether based on just a subject or just a purpose, are as follows: The subject of philosophy, which is existing things in general, cannot be the subject of any other art, for none of the other arts is capable of investigating and knowing existing things in general. And moreover the purpose of philosophy, which is to become similar to God as far as it is humanly possible, cannot be the purpose of any other art, as no other art is able to make man similar to God as far as it is humanly possible.[26]

Ընդ այսորիկ հանդերձ աստուծով և առաջիկայ պրակք[1]

ՊՐԱԿՔ Ե[2]

Ուսեալք զհինգերորդ գլուխն, խնդրեսցուք և զվեցերորդն, յորում ասեմք քանիք և որպիսիք են սահմանք իմաստասիրութեան։ Եւ պարտ է գիտել, թէ վեց են սահմանք իմաստասիրութեան, և են այսոքիկ։ Նախ և առաջին, որ ասեն՝ թէ իմաստասիրութիւն է գիտութիւն գոյից, ըստ որում գոյք են։ Երկրորդ, իմաստասիրութիւն է[3] գիտութիւն աստուածայնոց և մարդկայնոց իրողութեանց։ Երրորդ, որ ասէ՝ իմաստասիրութիւն է խոկումն մահու։ Չորրորդ, առ այսոքիւք է սահման, որ ասէ, թէ իմաստասիրութիւն է նմանութիւն աստուծոյ ըստ կարողութեան մարդկան։ Հինգերորդ, որ ասեն՝ թէ իմաստասիրութիւն է արհեստ արհեստից և մակացութիւն մակացութեանց։ Վեցերորդ ի վերայ այսոցիկ, որ ասեն՝ իմաստասիրութիւն է սիրելութիւն իմաստութեան։ Զայսոսիկ և վեցերորդ գլուխն։

Եւթներորդ գլուխն, յորում ասեմք, թէ վասն է՞ր այսքան[4] են սահմանք իմաստասիրութեան, և ոչ են յոլովք և ոչ նուազք։ Վասն որոյ ասեմք երկուս պատճառս, զմինն ի բաժանմանէ և զմիւսն[5] ի թուականութենէ։ Եւ ի բաժանմանէն այսպէս։ Են ոմանք որ ենթակայացեալք գոն և ոչ անուանեալք, որպէս այնոքիկ, որք ի խորսն գոն, քանզի են ոմանք ի խորսն, որք գոյութիւն[6] ունին և ոչ հանդիպին անուանադրութեան առ ի մէնջ վասն ոչ տեսանելոյ զնոսա։ Եւ դարձեալ, են ոմանք անուանեալք և ոչ ենթակայացեալք, որպէս արալէզն և եղջերուաքաղն, որք անուանին, բայց ոչ են ենթակայացեալք։ Եւ դարձեալ, են ոմանք, որ անուանեալք են և ենթակայացեալք, որպէս մարդ և արհեստ. քանզի մարդ և արհեստ՝ և անուանեալք են և ենթակայացեալք։ Իսկ իմաստասիրութիւն և անուանեալ է և ենթակայացեալ, և որպէս յեթէումն ուսաք՝ ընդ առաջինսն ունի զգոյութիւն, վասն զի իմաստասիրութիւն մայր է իմաստից և արհեստից և ընդհանուր մակացութեանց, քանզի ի նմանէն առնուն առաջս և սկզբունս[7] ամենայն արհեստք և մակացութիւնք. որպէս երկրաչափն առնու խոստովանաբար, եթէ նշանէ՝ որոյ մասն ոչ ինչ է, զորոյ զպատճառսն բնական իմաստասէրն գիտէ։ Եւ դարձեալ, բժիշկն առնու խոստովանաբար, եթէ

---

[1] AC *պրակք Ե։* [2] ACE Զ փխ *Ե։* [3] ABDEF չիք *իմաստասիրութիւն է։* [4] BDF *այսքանիք։* [5] F *զմին։* [6] DF *գոյացութիւն։* [7] E *կատարումն։*

Thus with God's help let us proceed.

Chapter Five[1]

Having studied the fifth section, we move on to an examination of the sixth, in which we shall say how many definitions philosophy has and what they are. It should be noted that there are six definitions of philosophy, as follows:

The first: Philosophy is knowledge of existence as such.
The second: Philosophy is knowledge of divine and human things.
The third: Philosophy is contemplation of death.
The fourth: Philosophy is becoming similar to God as far as it is humanly possible.
The fifth: Philosophy is the art of arts and the science of sciences.
The sixth: Philosophy is love of wisdom.

This, then, is the sixth section.

Let us now pass on to section seven, in which we shall say why philosophy has this number of definitions and no more and no less. We consider that there are two reasons for this: firstly—division, and secondly—number. Division is a reason because of the following: There are some things which have a concrete existence but do not have a name, like the things living in the depths[2] [of the sea]; for there are creatures in the depths which exist, but which have never received names from us, because we do not see them. But there are also things which have a name but not a concrete existence, such as an aralez and a goat-deer,[3] which have been named by us, although concretely they do not exist. And there are also things which have both a concrete existence and a name, such as man and art, for man and art have both a name and a concrete existence. Philosophy also has both a name and a concrete existence, and, as we discovered in the chapter dealing with the question "Does it exist?," its existence is on a par with the existence of the things mentioned above. For philosophy is the mother of wisdoms[4] and of the arts and the general sciences: all arts and sciences are both part of and derive from philosophy. Without a doubt, for example, a geometrician is basing himself on philosophy when he accepts that a point is indivisible; but the reason why this should be so the natural philosopher seeks to know. Without a doubt a doctor bases

ի չորից տարերցդ բաղկացեալ գոյ մարմին, զորոյ զպատճառսն բնական իմաստասէրն գիտէ: Եւ դարձեալ, քերթողն առնու խոստովանաբար, եթէ էն և ոմն բնութեամբ երկարք են, իսկ զպատճառսն երաժշտական իմաստասէրն գիտէ:

Արդ, իմաստասիրութիւն, որպէս ասացաք, և անուանի և գոյութիւն ունի, և ընդ առաջինսն ունի զգոյութիւն, և վասն զի անուանի[1] յանուանութենէ[2], այսինքն ի ստուգաբանութենէ, զսահմանն[3] զայն, որ ասէ՝ թէ իմաստասիրութիւն է սիրելութիւն իմաստութեան: Եւ վասն զի ընդ առաջինսն ունի զգոյութիւն, ունի և զսահմանն զայն, որ յառաւելութենէ[4], որ ասէ՝ իմաստասիրութիւն է արհեստ արհեստից և մակացութիւն մակացութեանց: Եւ վասն զի ենթակայացեալ է, ունի ենթակայ, ունի և կատարումն. քանզի ամենայն արհեստ և ամենայն մակացութիւն ունի ենթակայ, ունի և կատարումն: Եւ զիւրաքանչիւր ոք ի դոցանէ կրկնակի. քանզի ունի հուպ ենթակայ և հեռի, և հուպ կատարումն և հեռի:

Եւ զի հաւատի եղիցի մեզ ասացեալդ, փորձեցուք զբանդ ի վերայ նաւարարութեան: Եւ պարտ է գիտել, զի նաւարարութիւն ունի ենթակայ, ունի և կատարումն, և զիւրաքանչիւր ոք ի դոցանէ[5] կրկնակի, քանզի ունի հուպ ենթակայ և հեռի[6], և հուպ կատարումն և հեռի[7]: Եւ հուպ ենթակայ զընդհանուր փայտ, իսկ հեռի ենթակայ զայս անուն փայտ, և զպատշաճ առ ի լինել ողնափայտ և քեղի. քանզի նախ և առաջին նաւակառոյցն առնու զընդհանուր փայտ, և ապա ի խնդիր գայ, թէ ո՞ր փայտ պատշաճ գոյ ողնափայտ լինել և ո՞վ է որ քեղի գոյ պատշաճ:

Եւ դարձեալ, հուպ կատարումն ունի առնել նաւ. իսկ հեռի կատարումն ունի առնել այսպիսի ինչ նաւ. որգոն, այծեմնաձև կամ ճրագաձև: Նոյնպէս և իմաստասիրութիւն ունի ենթակայ, ունի և կատարումն, և զիւրաքանչիւր ոք կրկնակի. քանզի ունի և հուպ ենթակայ և հեռի, և հուպ կատարումն և հեռի: Արդ հուպ ենթակայ ունի զընդհանուր[8] գոյսս. իսկ հեռի ենթակայ ունի, որգոն, աստուածայինն և մարդկայինն իրողութիւնս:

Դարձեալ, հուպ կատարումն ունի զխոկումն մահու, այսինքն զմեռելութիւն ախտից, իսկ հեռի կատարումն ունի ի ձեռն մեռելութիւն առնելոյ ախտից՝ նմանիլ աստուծոյ ըստ կարողութեան մարդկան: Եւ արդ, վասն զի իմաստասիրութիւն[9] ունի ենթակայ,

[1] AD անուանի անուն: [2] C յանուանադրութենէ: [3] F ունելով զսահմանն: [4] A յարտունութենէ: [5] ACDF չիք ի դոցանէ: [6] BDF հեռի ենթակայ: [7] BDF հեռի կատարումն: [8] C զամենայն: [9] A իմաստութիւն:

himself on it in his assumption that the body consists of four elements, again the cause of which the natural philosopher seeks to know. In just exactly this way it is without a doubt on this that a grammarian[5] bases himself when he prescribes that 'ē' and 'ō' are inherently long vowels, the causes of which the musical philosopher knows as musical.

And so, as we have already said, philosophy has both a name and an existence and it exists on a par with the above mentioned. The name it has received comes from what it is called—that is, the definition it has received is based on its etymological meaning,[6] which says that philosophy is love of wisdom. And since it exists on a par with the things mentioned above, it also has a definition which follows from its priority[7] to them. This runs as follows: Philosophy is the art of arts and the science of sciences. And since it has a concrete existence it has a subject and a purpose, for every art and every science has a subject and a purpose; and, what is more, they have two of each—a near subject and a far subject, a near purpose and a far purpose.

In order to be convinced of what we have just said, let us test this proposition on an example—shipbuilding. It should be known that shipbuilding has a subject and a purpose and, moreover, two of each, for it has a near and a far subject and a near and a far purpose. Its near subject is wood in general and its far subject is the sort of wood which is suitable for the keel or rudder of a ship; because to build a ship one needs in the first place wood in general, and only then must one decide which wood is suitable for the keel and which sort for the rudder.

To continue: its near purpose is to build a ship, and its far purpose is to build a certain sort of ship—a ship like a gazelle or in the shape of a lamp,[8] for instance. Philosophy also has a subject and a purpose, and two of each, a near and a far subject and a near and a far purpose. Its near subject is existence in general, and its far subject is divine and human things.

Its near purpose is contemplation of death, that is, the extinction of the passions, and its far purpose, through extinguishing the passions, is to become similar to God as far as it is humanly possible. And so philosophy

ունի և կատարումն, և զհիւրաքանչիւր ոք կրկնակի[1], որպէս և ասացաք. վասն այսորիկ և այլ ևս չորս[2] սահմանս ունի: Երկուս յենթակայէ, մինն ի հուպ ենթակայէն, որ ասէ՝ թէ իմաստասիրութիւն է գիտութիւն էակացն, ըստ որում էակք են, և զմինն ի հեռի ենթակայէն, որ ասէ՝ իմաստասիրութիւն է գիտութիւն աստուածայնոց և մարդկայնոց իրողութեանց: Եւ երկուս դարձեալ ի կատարմանէ, զմինն ի հուպ կատարմանէն, որ ասէ՝ թէ իմաստասիրութիւն է խոկումն մահու, իսկ զմիւսն ի հեռի կատարմանէն, որ ասէ՝ թէ իմաստասիրութիւն է նմանութիւն աստուծոյ ըստ կարողութեան մարդկան: Արդ այս է պատճառ, որ ի բաժանմանէն է, թէ վասն Է՞ր վեց են սահմանք իմաստասիրութեան:

Իսկ ի թուականութենէն[3] այսպիսի ինչ է. ի թուոցն ոմանք կատարեալք գոն, և ոմանք անկատարք, և ոմանք գերակատարք: Եւ կատարեալ թիւ է, որոյ մասունքն շարադրեալք հաւասարք գոն բոլորին, որպէս վեցին, քանզի վեցին մասունքն շարադրեալք զվեցն ծնանին. քանզի ունի կէս՝ զերիսն, և երկեակ՝ զերկուսն, և վեցեակ՝ զմին, որ լինի վեց: Քանզի զչորրորդն ոչ առնու, զի եթէ զչորրորդն առնու[4], հարկաւորի հատանել զմիակն. քանզի չորրորդն վեցին՝ մի և կէս է: Իսկ թուականք ոչ հատանեն զմիակն, այլ մինչև ցմիակն վարին:

Իսկ գերակատարութիւն է թուոցն[5], որոյ մասունքն շարադրեալք, գերազանցեալք զբոլորիւն գտանին, որպէս երկոտասանին. քանզի երկոտասանին մասունքն շարադրեալք՝ զտասն և զվեց թիւն բացակատարեն. քանզի ունի կէս զվեցն և երրորդ զչորսն[6], և չորրորդ զերիսն, որ լինի տասն և երեք, և վեցերորդ՝ զերկուսն, և երկոտասաներորդ՝ զմին, որք լինին տասն և վեց:

Իսկ անկատարութիւն է, որոյ մասունքն շարադրեալք, պակասագոյն քան զբոլորն գտանին, որպէս ութն, քանզի ութին մասունքն շարադրեալք զեւթն թիւ բացակատարեն. քանզի ունի կէս զչորսն, և չորրորդ զերկուսն, և ութերորդ զմինն, որ լինի եւթն:

Արդ այսոքիկ այսպէս ունելով, վասն զի առաջին կատարեալ թիւ վեցն է, զի ոչ ոք է այլ յառաջ քան զսա կատարեալ թիւ, վասն այսորիկ վեց են սահմանք իմաստասիրութեան: Քանզի պարտ

---

[1] AD երկակի: [2] F և այլ քան զանունն և որոց յառաւելութենէն չորս ևս: [3] A թուականն փխ ի թուականութենէն: C իսկ որ ի թուականութեանն է: [4] C ոչ առնու: [5] A չիք թուոցն: [6] A չիք և երրորդ զչորսն:

has a subject and a purpose and, as we have already said, two of each. As a result it has four definitions. Two derive from the subject. The one derived from the near subject runs: "Philosophy is knowledge of existence as such"; and the other, derived from the far subject, runs: "Philosophy is knowledge of divine and human things." Two are based on purpose. The one based on the near purpose runs: "Philosophy is contemplation of death"; and the other, based on the far purpose, runs: "Philosophy is becoming similar to God as far as it is humanly possible." This is the reason, following from division, which explains why there are six definitions of philosophy.

The other reason is that of number, and this is because some numbers are perfect, some are deficient, and some are abundant.[9] A perfect number is one where the sum of its parts is equal to the whole, like six, for example; for the sum of the parts of six reach a total of six, since half of six is three, a third of six is two, and one-sixth of six is one, which in total equal six. Six does not have a quarter, because to arrive at a quarter one would have to divide the monad, since a quarter of six is one and a half.[10] And mathematicians do not divide the monad, employing division up to but not beyond it.

Abundant numbers are those whose sum is greater than the whole, like twelve, for example; for the sum of the parts of twelve equals sixteen. Half of twelve is six, a third of twelve is four, a quarter of twelve is three, giving thirteen; and one-sixth is two and one-twelfth is one, which makes sixteen.

Deficient numbers are those where the sum of the parts is less than the whole, like eight, for example; for the sum of the parts of eight equal seven. Half of eight is four, a quarter of eight is two and one-eighth of eight is one, making seven in total.

And given this, since six is the first perfect number, there being no other number before it which is perfect, the number of definitions in

է մօրն և պատճառին ամենայն արհեստից որպէս կատարելագունի՝ կատարելագունիւ զարդարել թուով։

Ընդ այսոսիկ հանդերձ աստուծով և առաջիկայ[1] պրակք[2]

Պ Ր Ա Կ Ք Զ[3]

Եկեսցուք և յութերորդ գլուխն և ասասցուք զկարգաւորութիւն սահմանաց իմաստասիրութեան։ Եւ պարտ է գիտել, եթէ վեց ելոց սահմանաց իմաստասիրութեան հուսկ վերջին է որ ի ստուգաբանութենէ է, որ ասէ՝ թէ իմաստասիրութիւն է սիրելութիւն իմաստութեան։ Իսկ այլոցն հնգից վերջին է, որ յարտունութենէ է սահման, որ ասեն՝ թէ իմաստասիրութիւն է արհեստ արհեստից և մակացութիւն մակացութեանց։ Իսկ այլոց չորից սահմանաց առաջինքն են, որք յենթակայէ, և վերջինք՝ որք ի կատարմանէ. և երկաքանչիւրոցս այսոցիկ, որ ի հուպ ենթակայէն է՝ առաջին է, և վերջին՝ որ ի հեռի ենթակայէ։ Նոյնպէս և որք ի կատարմանէ են. առաջին է, որ ի հուպ կատարմանէն է, և վերջին՝ որ ի հեռի կատարմանէ, որոց կարգաւորութիւն է այսպէս[4] և ըստ այսմ օրինակի։

Առաջին սահման իմաստասիրութեան է, որ ի հուպ ենթակայէն է, այն որ ասեն՝ թէ իմաստասիրութիւն է գիտութիւն էակացն, ըստ որում էակք են։ Երկրորդ սահման[5], որ ի հեռի ենթակայէն է, որ ասեն՝ թէ իմաստասիրութիւն է գիտութիւն աստուածայնոց և մարդկայնոց իրողութեանց։ Երրորդ սահման իմաստասիրութեան է, որ ի հուպ կատարմանէն է, որ ասեն՝ թէ իմաստասիրութիւն է խոկումն մահու։ Չորրորդ սահման[6] ի հեռի կատարմանէն, որ ասեն՝ իմաստասիրութիւն է նմանութիւն աստուծոյ ըստ կարողութեան մարդկան։ Հինգերորդ սահման, որ յարտունութենէ, որ ասեն՝ թէ իմաստասիրութիւն է արհեստ արհեստից և մակացութիւն մակացութեանց։ Վեցերորդ սահման իմաստասիրութեան ի ստուգաբանութենէ է, որ ասեն՝ իմաստասիրութիւն է սիրելութիւն իմաստութեան։ Զայս ասելով, եկեսցուք և ասասցուք զպատճառս կարգաւորութեան սահմանացս իմաստասիրութեան[7]։

---

[1] EF *առընթերակայ։* [2] A *պրակք Զ։* [3] A *Է* փխ *Զ։* [4] F *այսպիսի ինչ։* [5] C *սահման իմաստասիրութեան է։* [6] BC *սահման իմաստասիրութեան է։* [7] C *այսոցիկ* փխ *իմաստասիրութեան։*

philosophy is six. For it is fitting that the mother and cause of all the arts, and hence the most perfect, should be adorned with the most perfect number.

Thus, with God's help, let us proceed.

Chapter Six[1]

We come now to the eighth section where we shall discuss the order of the definitions of philosophy. It should be known that the last of the six definitions of philosophy is the definition based on etymology which runs: "Philosophy is love of wisdom." And the last of the five other definitions is the one based on priority which runs: "Philosophy is the art of arts and the science of sciences." Of the remaining four definitions those formed on the basis of subject come first and those on the basis of purpose come last. And in each pair, the definition based on the near subject comes first and the one based on the far subject comes last. It is the same with the definitions based on purpose: the one based on the near purpose comes first and the one on the far purpose comes last.[2] Thus they are arranged in the following order:

The first definition of philosophy, based on the near subject, runs: "Philosophy is knowledge of existence as such."

The second definition, based on the far subject, runs: "Philosophy is knowledge of divine and human things."

The third definition of philosophy, based on the near purpose, runs: "Philosophy is contemplation of death."

The fourth definition, based on the far purpose, runs: "Philosophy is becoming similar to God as far as it is humanly possible."

The fifth definition, resulting from priority, runs: "Philosophy is the art of arts and the science of sciences."

The sixth definition of philosophy, derived from its etymology, runs: "Philosophy is love of wisdom."[3]

Having said this, let us now say why the definitions of philosophy have this order.

Եւ պարտ է գիտել, եթէ սահմանն իմաստասիրութեան, որ ի ստուգաբանութենէ է, որ ասէ՝ թէ իմաստասիրութիւն է սիրելութիւն իմաստութեան, վերջին կարգաւորութեան հանդիպելով և յիրաւի: Վասն զի ամենայն իրի նախ պարտ է գոյանալ և ապա անուան հանդիպիլ. որգոն, նախ ծնանիլ և ապա ի վերջոյ գնի անուն: Նոյնպէս պարտ է նախ և առաջին գոյանալ իմաստասիրութեան և ապա անուան հանդիպիլ և կոչիլ իմաստասիրութիւն: Արդ, վասն զի անուն զվերջին դասումն բնաւորեցաւ ունել, վասն այսորիկ և որ ի ստուգաբանութենէ սահմանն է՝ զվերջին դասն ընկալաւ, որպէս զանուն իմաստասիրութեան:

Իսկ որ յարտունութենէ է սահմանն, որ ասէ՝ թէ իմաստասիրութիւն է արհեստ արհեստից և մակացութիւն մակացութեանց, որ ի վերջոյ այլոցն դասեցաւ վասն այսր պատճառանաց: Ամենայն իր, որ առհասարակ է, նախադասի յառաջ քան զյատուկն, որ յատկապէս ումեք գոյանայ: Որգոն, կենդանին առհասարակ իր գոլով, նախադասի բանականին և մահկանացուին[1]. վասն զի ի յոլովս է կենդանին քան զբանականն և զմահկանացուն:

Եւ դարձեալ, բանականն և մահկանացուն նախադասին[2] մտաց և մակացութեան ընդունակին. վասն զի բանականն և մահկանացուն ի յոլովագոյնս են քան զմտաց և զմակացութեան ընդունակն. վասն զի մտաց և մակացութեան ընդունակն մարդոյն միայն է յատուկ: Արդ, վասն զի որ առհասարակագոյնք են, նախադասին այնոցիկ, որք յատկապէս գոյանան ումեք, վասն այսորիկ և այնոքիկ սահմանք, որք յենթակայէ են և ի կատարմանէ, նախադասին յարտունութենէ սահմանին, վասն զի ենթակայ և կատարումն և այլոց արհեստից և մակացութեանց գոյանան: Իսկ արտունութիւն ոչ ումեք պատշաճի, բայց միայն իմաստասիրութեան. քանզի իմաստասիրութիւն միայն է գերադանցեալ: Եւ վասն այսորիկ, որ յարտունութենէ սահմանն է, ի վերջոյ դասեալ է, զի յատկապէս իմաստասիրութեան միայն պատշաճի: Իսկ որ յենթակայէ սահմանք են, առաջինք են քան զայնս որ ի կատարմանէ, վասն զի նախ ենթակայ գոյանայ և ապա կատարումն. զի եթէ ոչ ենթակայի հիւսնութեան նախ փայտն, ոչ կարէ առնել աթոռ, որ է կատարումն:

Դարձեալ, որ ի հուպ ենթակայէն է սահմանն, նախադասի այնմ, որ ի հեռի ենթակայէն է. վասն զի ընդհանուրն մասնակա-

[1] C նախադասի յառաջ քան զբանաւորն և զմահկանացուն: [2] A նախադասին առաջին:

It should be known that to place the definition derived from its etymology which runs "Philosophy is love of wisdom" at the end is correct, for everything must first exist before it can receive a name.[4] For example, a man must first be born before he can receive a name. Similarly philosophy must first exist before it can receive a name and be called philosophy. And hence since it is characteristic of a name to come last, the definition which is etymologically derived should also come last, being the name of philosophy.

The reason why the definition based on priority which runs "Philosophy is the art of arts and the science of sciences," is put at the end of the remaining five is as follows: Any existing thing which is something in general precedes that which is particular and attributed to something specific.[5] For example, "living creature," being something general, precedes "rational" and "mortal," for "living creature" has a broader scope than "rational" and "mortal."

In their turn "rational" and "mortal" precede "able to think and acquire knowledge," for "rational" and "mortal" cover a great deal more than "able to think and acquire knowledge," for being able to think and acquire knowledge is [only] characteristic of man.[6] And so, since the most general precedes that which constitutes an attribute of a separate thing, those definitions derived from subject and purpose precede the definition resulting from priority. For the other arts and sciences also have subjects and purposes, while nothing else besides philosophy is characterized by priority, for only philosophy is pre-eminent. This, then, is why the definition resulting from priority comes at the end: because it is unique to philosophy. The definitions based on subject come before those based on purpose, for subject is formed first, and purpose comes after it, since if there was no wood to begin with—the subject of carpentry—[carpentry] would not be able to manufacture a chair, which is its purpose.

And the definition based on the near subject precedes the one based on the far subject because the general precedes the particular. If wood

նին գոյ նախադասել։ Զի եթէ ոչ գոյ ընդհանուր փայտն, և ոչ մասնականն կարէ գոլ[1]. այսինքն ընկուզի կամ տօսախ։ Ըստ նմին օրինակի նախադասի սահմանն, որ ի հուպ ենթակայէն է, որ ասէ՝ իմաստասիրութիւն է գիտութիւն էակացն, ըստ որում էակք են։ Եւ երկրորդ սահմանն զկնի դասի[2], որ ի հեռի ենթակայէն է, որ ասէ՝ իմաստասիրութիւն է գիտութիւն աստուածայնոց և մարդկայնոց իրողութեանց. վասն զի ընդհանուր էակքն նախադասին մասնականում գոյացութեանց։

Նմանապէս և յետ այսոցիկ նախադասի սահմանն, որ ի հուպ կատարմանէն է, որ ասէ՝ իմաստասիրութիւն է խոկումն մահու. և յետ սորա ի հեռի կատարմանէն, որ ասէ՝ թէ իմաստասիրութիւն է նմանութիւն աստուծոյ ըստ կարողութեան մարդկան։ Վասն զի խոկումն մահու յառաջագոյն է քան զնմանիլն աստուծոյ. զի եթէ ոչ նախ խոկայ[3] զմահ և մեռելութիւն բացակատարէ ախտից, ոչ կարէ նմանիլ աստուծոյ։ Զայսոսիկ և ութերորդ գլուխն։

Եկեսցուք յիններորդ գլուխն և ասասցուք՝ ո՞րք են գտօղք սահմանացս այսոցիկ։ Եւ պարտ է գիտել, թէ երկուց սահմանացդ, որ յենթակայէ են, և միոյ, որ ի ստուգաբանութենէ, զՊիւթագորաս ասեմք գտօղ. թէպէտ և ոչ կարեմք ցուցանել ի Պիւթագորայ շարագրութեանցն։ Քանզի ոչ կամեցաւ թողուլ զշարագրածութիւնս Պիւթագորաս, ասելով՝ թէ ոչ կամիմ զիմ վարդապետութիւնս թողուլ յանշունչս[4], այլ ի շնչաւորս. անշունչ կոչելով[5] զգիրս, իսկ շնչաւոր՝ զաշակերտսն, որք եթէ ոք հարցանիցէ կամ տարակուսեսցի, կարողք գոն պատասխանատրել և լուծանել զտարակուսանս, իսկ գիրք միշտ զմի և զնոյն ասելով՝ ոչ կարեն լուծանել զարտաքոյ իւրեանց տարակուսանս։

Արդ, որպէս ասացաք, ի Պիւթագորայ շարագրութեանց ոչ կարեմք ցուցանել, բայց ի պիւթագորականացն ցուցանեմք։ Քանզի Նիկոմաքոս պիւթագորական, որ զթուականութեան տեսակսն եգիտ, ասէր՝ թէ Պիւթագորաս այսպէս սահմանեաց զիմաստասիրութիւն, թէ իմաստասիրութիւն է գիտութիւն էակացն, ըստ որում էակք են։ Եւ դարձեալ, թէ իմաստասիրութիւն է գիտութիւն աստուածայնոց և մարդկայնոց իրողութեանց։ Եւ դարձեալ, իմաստասիրութիւն է սիրելութիւն իմաստութեան[6]։

---

[1] C գոյանալ։ [2] AB նախադասի փխ զկնի դասի։ [3] A նա հոգայ փխ նախ խոկայ։ [4] B թողուլ յաշխարհս անշունչս։ [5] C ասելով։ [6] A իմաստասիրութեան։

in general did not exist, there would not be particular woods like walnut and boxwood.[7] Thus the definition based on the near subject which runs: "Philosophy is knowledge of existence as such," comes first, and next comes the second definition, based on the far subject, which runs: "Philosophy is knowledge of divine and human things," for the thing in general precedes particular existences.

In the same way the definition based on the near purpose comes next: "Philosophy is contemplation of death," and then the definition based on the far purpose: "Philosophy is becoming similar to God as far as it is humanly possible." Contemplation of death precedes becoming similar to God since if one[8] does not first think of death and extinguish the passions, it is impossible to become similar to God. This, then, is the eighth section.[9]

We now pass on to the ninth section to say who discovered these definitions. It should be known that it was Pythagoras who discovered the two definitions which follow from the subject and the one definition derived from etymology, although we cannot point to this in his works for Pythagoras had no desire to leave behind [written] works,[10] as he said: "I want to leave my teaching[11] not in something inanimate but in something animate," meaning by "inanimate" books, and by "animate" his pupils, who would be able to answer and resolve doubts, should anyone pose questions or any doubts arise; while books, which say always the same thing, cannot resolve any doubts which arise outside themselves.

As we have said, we cannot point to these definitions in Pythagoras' works; but we can draw them from the works of the Pythagoreans.[12] For example, Nicomachus,[13] the Pythagorean who discovered the species of mathematics says that Pythagoras defined philosophy in the following way: "Philosophy is knowledge of existence as such," and also "Philosophy is knowledge of divine and human things," and furthermore "Philosophy is love of wisdom."

Իսկ երկու սահմանքն վերաբերին ի Պղատոն, որք ի կատարմանէն են. այն որ ասէն, թէ իմաստասիրութիւն է խոկումն մահու և այն, որ ասէն, թէ իմաստասիրութիւն է նմանութիւն աստուծոյ ըստ կարողութեան մարդկան: Քանզի ի «Փեդոնի» տրամաբանութեանն երևի Պղատոնի ասել զիմաստասիրութիւն խոկումն մահու. որովք ասէ տագնապին, որք միանգամ հանդիպին ուղղորդաբար մերձեցեալ յիմաստասիրութիւն, մոռանալ զնոսին իսկ զինքեանս և զայլսն, ոչ այլ ինչ խոկալով, քան եթէ զմեռանելն և զմահանալն:

Իսկ ի «Թէետի» տրամաբանութեանն երևի ասել զիմաստասիրութենէ առ ոմն Թէոդորոս երկրաչափ, եթէ նմանութիւն աստուծոյ ըստ կարողութեան մարդկան. յորոյ ձեռն և ասէ, որովհետև, ով Թէոդորէ, ոչ գոյ կարողութիւն կորուսանել զչարն, քանզի հարկ է ամենայն իրօք ընդդէմ հակառակ ինչ գոլ և ոչ ի վերնագոյնսն զետեղիլ. բայց զայս մահկանացու բնութեամբ և զայս տեղեաւք պարագայիլ հարկ է, վասն որոյ պարտ է փախչել աստուստ անդր զվաղագոյնսն: Եւ զի՞նչ արդեօք իցէ փախուստն. նմանութիւն աստուծոյ ըստ կարողութեան մարդկան: Նմանութիւն աստուծոյ է բարեպաշտն և արդարն գոլ հանդերձ[1] խոհեմութեամբ:

Իսկ որ յարտունութենէ սահմանն է՝ վերաբերի յԱրիստոտէլ. քանզի այնպէս երևի զիմաստասիրութիւն սահմանել «Յետ ասացելոց բնականաց»[2], եթէ իմաստասիրութիւն է արհեստ արհեստից և մակացութիւն մակացութեանց: Զայսոսիկ և իններորդ գլուխն:

Ընդ այսոսիկ հանդերձ աստուծով և առաջիկայ պրակք[3]

ՊՐԱԿՔ Է[4]

Ուսեալք եթէ քանիք և որպիսիք են սահմանք իմաստասիրութեան, և զպատճառս քանիօնութեան նոցա և զկարգաւորութիւն և զգտօղս նոցին, եկեսցուք և հաւաստեսցուք զմի մի ի նոցանէ ի մէջ ածելով: Որոյ առաջին սահմանն էր ի նոցանէ, որ ասէր՝ թէ իմաստասիրութիւն է գիտութիւն էակացն, ըստ որում էակք են:

Եւ պարտ է գիտել, թէ փոխանակ սեռի առեալ է գիտութիւն, որպէս առհասարակ ինչ. իսկ էակացն՝ փոխանակ բաղկացուցիչ զա-

[1] CDE չիք հանդերձ: [2] BCEF բանականաց: [3] A պրակք Ը: [4] A Թ փխ Է:

The two definitions following on from purpose, "Philosophy is contemplation of death" and "Philosophy is becoming similar to God as far as it is humanly possible," belong to Plato, since it is clear in his dialogue *Phaedo* that Plato called philosophy contemplation of death.[14] He says that those who are genuinely devoted to philosophy are anxious to forget themselves and others and to contemplate one thing only—dying and death.

And in his dialogue *Theaetetus* he says to a certain geometrist Theodorus that philosophy is becoming similar to God as far as it is humanly possible. He says here: "It is impossible, Theodorus, for evil to disappear, because something must always exist which is opposed to good. And evil did not take root among the gods,[15] but by necessity wanders around this mortal nature and these [earthly] regions. Consequently we ought to flee from here as quickly as we can. And what is this flight? To make oneself similar to God as far as it is possible, for to become similar to God is to become holy and just with wisdom."[16]

And the definition which follows from priority belongs to Aristotle. For when he defines philosophy in the *Metaphysics*[17] he says that it is the art of arts and the science of sciences. This, then, is the ninth section.

Thus, with God's help, let us proceed.

Chapter Seven[1]

We have learnt how many definitions philosophy has, what they are, why there are this many, why they are arranged in this order and who discovered them. So now let us examine each one separately. The first of these definitions went: "Philosophy is knowledge of existence as such."

It should be realized that here "knowledge," being something general, is the genus, and "existence" is the differentia, which marks off philosophy

նազանութեանց, որք որոշեն զիմաստասիրութիւն[1] *յայլոց արհեստից, քանզի իմաստասիրութիւն ամենայն գոյից է գիտութիւն, իսկ այլ արհեստք և մակացութիւնք ոչ ամենայն գոյից, այլ մասնականաց ոմանց:*

Եւ տարակուսեն ոմանք, թէ վասն է՞ր ասաց արդեօք հանդերձ յօդիւն, թէ գիտութիւն էակացն, և ոչ ասաց առանց յօդի, թէ գիտութիւն էակաց: Եւ են ոմանք, որ ասեն, թէ զի ցուցցէ ի ձեռն յօդին զհաղորդութիւն էիցն, որ առ միմեանս. ի վերուստ արարչականաւն և ի ներքուստ նիւթականաւն:

Վասն որոյ ասեմք եթէ ոչ բարիոք ասէք, քանզի ոչ թէ զհաղորդութիւն էակացն նշանակէ յօդ, այլ զնախագիտութիւն. քանզի յօդ զվերբերութիւն և զվերստին յիշումն նշանակէ[2]*, զոր յառաջագոյն ոք գիտէր*[3]*: Քանզի յորժամ ասեմք առանց յօդի, թէ այր եկն, որպէս յաղագս անծանօթ իրի ասեմք. իսկ յորժամ ասեմք, թէ այրն եկն, զյառաջածանօթ իրս նշանակէ: Բայց և աստանօր յօդ ոչ ինչ յայսպիսեաց նշանակէ, բայց եդաւ վասն յայտնելոյ*[4] *զընդհանրութիւնս էակացն. քանզի ունիմք ուսանել և գիտել յառաջիկայդ, եթէ առանց յօդի առաջարկութիւնք համազօրք են մասնականացն. իսկ հանդերձ յօդիւն՝ համազօրք գոն հանրականաց առաջարկութեանց:*

Արդ, զի յայտ արասցէ, թէ ամենայն գոյից է գիտութիւն իմաստասիրութիւն, վասն այսորիկ հանդերձ յօդիւն ասաց, թէ գիտութիւն էակացն: Իսկ ըստ որում էակք են՝ յաւելու, զի յայտ արասցէ զգլխարդ գիտելն իմաստասիրութեան զգոյս, այսինքն՝ թէ ոչ գիտէ զնոսա ըստ քանակութեան, այլ ըստ բնութեան: Նա քանզի և ոչ կարողութիւն զքանիօնութիւն անհատիցն գիտել, այլ զբնութիւն. վասն այսորիկ զայս յայտ առնելով, եթէ ըստ բնութեան գիտել և ոչ ըստ քանակութեան, ասաց ըստ որում էակքն են: Արդ յաղագս հաւաստութեան առաջին սահմանին այսչափ:

Բայց եկեսցուք և յերկրորդ սահմանն և հաւաստեսցուք, որ ասէ, թէ իմաստասիրութիւն է գիտութիւն աստուածայնոց և մարդկայնոց իրողութեանց: Եւ պարտ է գիտել, թէ աստանօր զգիտութիւն, որպէս հասարակ ինչ, փոխանակ սեռի առնու, իսկ աստուածայնոց և մարդկայնոց իրողութեանց փոխանակ բաղկացուցիչ զանազանութեանց, որք բաղկացուցանեն զիմաստասիրութիւն. քանզի

---

[1] A *զիմաստասիրելի*: [2] ACDEF չիք *նշանակէ*: [3] A *նշանակէ* փխ *գիտէր*: CDEF *ոք գիտէր՝ նշանակէ*: [4] BDEF *յայտ առնելով*:

from the other arts. For philosophy is knowledge of all existence, whereas the other arts and sciences deal not with all existence, but only with parts of it.[2]

Some have doubts about this, asking: "Why then did [Pythagoras] say 'knowledge of [the] existence' with a definite article, rather than saying 'knowledge of existence' without it?" For there are people who maintain that he did this in order to indicate with the definite article the mutual connection between existing things, from above through the divine and from below through the material.[3]

In reply we say that they are wrong. For the definite article does not signify the connection of existing things to each other, but rather a previous knowledge of them, since the definite article marks the fact that something already known has been brought out and called to mind. For example when we say "a man has come" without a definite article we are speaking of someone unknown, but when we say "the man has come" [with the definite article] this means we are speaking of that which is already known. However, in the present case the definite article does not mean anything of the sort. It is put there to show the general nature of existence.[4] For we have already learned and we know that propositions without definite articles are equivalent to particular propositions, while those with definite articles are equivalent to general ones.[5]

Hence in order to show that philosophy is knowledge of all existence he said "knowledge of [the] existence" with a definite article. And he added "of existence as such" to show how philosophy knows existence— that it knows it not on the basis of quantity, but with regard to [its] nature, since although it is impossible to know the full number of separate things it is possible to know their nature. And for this very reason when he speaks of knowing things by their nature and not with regard to their quantity he says "existence as such." Well, on specifying the first definition we have said enough.

We come now to the second definition, to investigate what is meant by "Philosophy is knowledge of divine and human things." It should be known that here "knowledge," being general, acts as the genus, and "divine and human things," being what differentiate philosophy, act as the

միայն իմաստասիրութիւն է, որ յաղագս աստուածայնոց և մարդկայնոց իրողութեանց[1] *եղանի։ Եւ ոչ զաստուածայինսն արհամարհէ՝ լինելովն սակս մարդկայնոցն. և ոչ զմարդկայինսն առնէ անփոյթ՝ լինելովն սակս աստուածայնոցն. այլ աստուածայնոցն հետևի և աշակերտի, իսկ զմարդկայինսն յարդարէ*[2] *և ի կատարումն ածէ։*

Աստուստ տարակուսեն ոմանք ասելով, թէ զիմ՞րդ ասէք վասն իմաստասիրութեան, թէ գիտութիւն աստուածայնոց և մարդկայնոց իրողութեանց. վասն զի և այլ գոյից է գիտութիւն՝ երկնի և երկրի և ամենայն գոյից, և այնոցիկ՝ որ ոչ աստուածայինք և ոչ մարդկայինք են։ Նաև յաղագս բնութեան հոգւոյ ասի իմաստասիրութիւն, որ ոչ աստուածային է և ոչ մարդկային։

Զայս տարակուսանս լուծանելով ասեմք, թէ վասն զի յէակացն են ոմանք, որ իմանալիք են, և են՝ որ զգալիք։ Արդ, իմանալեացն ծայր աստուածայինքն են, և զգալեացն՝ մարդկայինք։ Արդ, զծայրս գոյիցն[3] *ասելով, հանդերձ նոքումբք յարառոցեաց զիմանալիսն և զզգալիսն։*

Ընդ այսոսիկ հանդերձ աստուածով և առաջիկայ պրակք[4]

ՊՐԱԿՔ Ը[5]

Երրորդ սահման է ի հուպ կատարմանէ, որ ասէ՝ իմաստասիրութիւն է խոկումն մահու, քանզի այսպէս սահմանէ զնա Պղատոն ի «Փեդոնի» տրամաբանութեանն, յորոյ ձեռն ասէ, թէ արդարև տագնապին այնոքիկ, որք միանգամ հանդիպին ուղղորդաբար մերձեցեալք յիմաստասիրութիւն, մեռանելով զնոսին իսկ զինքեանս և զայլսն ոչ այլ ինչ խոկալով, քան եթէ զմեռանելն և զէմեռանելն։ Եւ բարւոք առկայանան երկոքին մեռանելն և էմեռանելն. քանզի ի ձեռն մեռանելոյն զգործական իմաստասիրութիւնն մեկնեաց[6]*։ Քանզի իմաստասէրն ի մեռանելն իւրում ունի զգործականն. քանզի յայնժամ մեռելութիւն բացագործէ ախտից։*

Իսկ ասելովն էմեռանել՝ զտեսականն յայտնեաց. քանզի էմեռանելն զանցեալ ժամանակն նշանակեաց[7]*, և իմաստասիրի յետ մեռանելոյն է տեսականն։ Քանզի յետ մեռուցանելոյ զախտս և մաքրելոյ և սրբելոյ զհոգին վերաձգտի առ տեսութիւն և սկիզբն առնէ աստուածաբանելոյ։ Քանզի եթէ ոչ մեռելութիւն բացագործէ*

[1] C *իրաց*։ [2] C *զարդարէ*։ [3] CD *զծայրագոյնսն* փխ *զծայրս գոյիցն*։ [4] A *պրակք Թ*։ [5] A *Ժ* փխ *Ը*։ [6] C *կատարէ* փխ *մեկնեաց*։ [7] C *յայտնեաց*։

differentiae. For only philosophy is concerned with divine and human things. When applied to the human, philosophy does not neglect the divine and when applied to the divine it does not brush aside the human. It follows after the divine and learns from it, while it regulates the human and leads it to perfection.

Here some express doubt, saying: "Why do you call philosophy knowledge of divine and human things? For surely it is also knowledge of other things, of heavenly and earthly things, of all existence and also of things which are neither divine nor human? For philosophy is also concerned with the nature of the soul, which is neither divine nor human."[6]

To resolve this doubt we say that some existing things are spiritual, understood by the mind, and others are tangible, [perceived by the senses]. Hence at the extreme limit of the spiritual lie divine things and [at the extreme limit] of the tangible [lie] human things. Thus by talking about the limits of that which exists he can include things both spiritual and tangible.

Thus, with God's help, let us proceed.

Chapter Eight[1]

The third definition, the one based on the near purpose, goes: "Philosophy is contemplation of death." For this is how Plato defines it in the dialogue *Phaedo*,[2] where he says that those who sincerely devote themselves to philosophy are anxious to forget themselves and others and to contemplate only dying and death. And rightly do dying and death appear together, for it is through dying that [Plato] expounded practical philosophy, since it is through his dying that a philosopher gains control over the practical side, for this is when the passions are extinguished.

And by saying death [Plato] revealed the theoretical, for death refers to what has already taken place: the philosopher proceeds to the theoretical only after dying. For after he has extinguished the passions and purified his soul, the philosopher directs himself towards theory and begins to reflect upon God. If he has not extinguished the passions nor purified

ախտից և սրբիցէ զհոգին, ոչ կարէ աստուածաբանել, վասն զի ըստ Պղատոնի անսուրբն ի սուրբ հպիլ ոչ բարւոք և իրաւ: Եւ այսոքիկ այսպէս:

Բայց տարակուսեն ոմանք ասելով, թէ զիա՞րդ Պղատոն զիմաստասիրութիւն խոկումն մահու ասէ գոլ ասելով, թէ ով Պղատոն, զիարդ իմաստասէրն հմտասէր զինքն արտահանէ[1], այսինքն ի բաց բառնայ, և հարստահարութիւն խոկայ ընդդէմ արարչին. կամելով զկապն լուծանել, զոր նա կապեաց, այսինքն զմիաւորութիւն հոգւոյ և մարմնոյ: Եւ որպէս զի ոչ է պարտ ումեք զինքն արտահանել, այսինքն ի բաց բառնալ, ցուցանի ի բազում ձեռնարկութենէ. նախ ի նմին իսկ ի Պղատոնէ. քանզի և ասէր իսկ Պղատոն ի նոյնում տրամաբանութեանն, թէ՝ որպէս անա յումեմն պահարանում եմք, և ոչ է պարտ յայսմանէ զինքն արտահանել և տարափախչիլ: Իսկ յերկրորդ ձեռնարկութենէ ցուցանի, թէ արդարև իմաստասէրն նման է աստուծոյ, որպէս յառաջագոյն ցուցաք. ցուցեալք զնա այնոքիւք կերպարանեալ, որովք և զաստուածայինն: Իսկ նմանն աստուծոյ ոչ արտահանէ զինքն՝ այսինքն ի բաց բառնայ. յայտ է, թէ ոչ իմաստասէր է, որ զինքն ի բաց բառնայ, թէպէտ և խոկայ զմահ: Եւ զի նմանն աստուծոյ ոչ ի բաց բառնայ զինքն, և յայտ է, թէ ամենայն, որ ի բաց բառնայ զինքն, ոչ միայն ոչ նմանի աստուծոյ, այլ և հակառակ նմին է, կամելով ի բաց բառնալ զինքն և լուծանել[2] զկապն, զոր նայն կապեաց, և անջատէ զհոգին ի մարմնոյն: Իսկ յերրորդ ձեռնարկութենէ յայսմանէ, թէ աստուածային բնութիւնն ոչ երբէք որոշէ զինքն յերկրորդէն, այսինքն ի մարդոյ, բայց եթէ յանպատկանաւորութենէ մարդոյն. քանզի յայնժամ թուի որոշել զինքն ի նմանէ:

Եւ արդ որպիսի ինչ է, զոր ասեմքս. որպէս արեգակնային լոյս առ հասարակ[3] զամենեսեան լուսաւորէ. բայց թէ յանպատկանաւորութենէ[4] տեսարանացն թուի զոմանս առաւել լուսաւորել և զոմանս նուազ: Քանզի են ոմանք, որ առողջ ունին զտեսարանն, և են որ տկար, և յայսմանէ թուի զոմանս առաւել լուսաւորել և զոմանս նուազ[5]: Նոյնպէս և աստուածայինն ոչ երբեք որոշէ զինքն

[1] B արտահանէ, սահմանէ խոկալ զմահ, այսինքն: E ի բաց արտահանէ: [2] A չիք զինքն և լուծանել: [3] F առ հաւասար: [4—5] B յանպատկանաւորութենէ մարդոյ, քանզի յայնժամ թուի որոշել զինքն ի նմանէ արեգակնային լոյսն, և զի ոմանս առաւել լուսաւորէ վասն տեսարանացն պատկանաւորութեան և զոմանս նուազ վասն տկարութեան տեսարանացն:

his soul he will not be able to reflect upon God for, as Plato said, the impure are not permitted to approach the pure.[3] Enough said on that.

However, there are some who have doubts about this, asking: "Why did Plato call philosophy contemplation of death?" They say: "Plato, why does a learned philosopher kill himself, that is destroy himself, and in his desire to sever the knot tied by the creator which binds the soul and the body, why does he contemplate an act of violence against the creator?" There are many places which indicate that one should not commit suicide and destroy oneself—in the first place in the works of Plato himself. For in the same dialogue he says that we are, as it were, in a prison[4] from which we have no right to extricate ourselves[5] and run away. And in a second place he indicates that a philosopher is indeed similar to God, as we demonstrated above,[6] and points to those attributes of his character which also belong to God. And he who is similar to God does not kill himself, that is, destroy himself. It is well known that a man who commits suicide is not a philosopher, even though he contemplates death. And since he who is similar to God does not kill himself it is clear that any man who lays hands on himself is not only not similar to God but directly opposed to him in his desire to commit suicide and thus separate the soul from the body and break the bond which he established. The third indication in favour of this says that the divine nature is never separated from the second nature, that is from man, with the one exception of when a man is clearly unworthy, for then it does seem that it separates itself from him.

But what is the meaning of this? Just as sunlight illuminates everyone with equal strength, but because of the weakness of a man's vision, it may seem to him that it illuminates some more and others less—for some people have good eyes while others have bad eyes, and to some the light seems stronger while to others weaker—just so the divine nature is never separated

ի մարդոյ[1], *այլ ամենեցուն հաւասարապէս խնամէ. այլ վասն տկարութեան ընդունողին և վասն ոչ սուրբն գոլոյ յախտից, թուի զինքն որոշել ի նմանէ: Արդ այսպէս և իմաստասէրս ոչ այնպէս խոկայ զմահ, որպէս թէ անջատել զհոգին յերկրորդէն, այսինքն ի մարմնոյն. քանզի մարմին որպէս ապականելի՝ երկրորդ կոչի հոգւոյն:*

Իսկ ի չորրորդ ձեռնարկութենէ յայսմանէ, թէ արդարև առաքինութիւն բարերջանկութիւն է, և մայր իմաստասիրութեան առաքինութիւն է. վասն զի ի ձեռն առաքինութեան ստանամք զիմաստասիրութիւն: Իսկ բարերջանիկն և այն, որ ըստ առաքինութեան կեայ, ոչ տրտմի, ոչ ի վերայ մարմնականաց փորձութեանց և ոչ ի վերայ արտաքնոցն[2], *այսինքն ընչից. իսկ որ ոչն տրտմի ի վերայ մարմնականացն փորձութեանց և ոչ ի վերայ արտաքնոցն*[3], *այնպիսին և ոչ արտահանէ զինքն: Նոյնպէս և իմաստասէրն ըստ առաքինութեան կենցաղավարելով՝ ոչ տրտմի. ոչ վասն մարմնականաց փորձութեանց և ոչ վասն արտաքնոցն*[4]: *Իսկ որ տրտմին և ախտին ի վերայ մարմնականացն փորձութեանց*[5] *և ի վերայ*[6] *արտաքնոցն, լսեն զասացեալսն առ ի Հիպոկրատայ, վասն օտար փորձութեանց իւրական ստանան զտրտմութիւնն:*

Զայսոսիկ յայտ առնէ և Պղատոն, թէ՝ որ ըստ առաքինութեան կենցաղավարի՝ ոչ տրտմի, ոչ վասն մարմնականաց փորձութեանց և ոչ վասն արտաքնոցն[7]: *Քանզի և նա հարցեալ յումեմնէ, եթէ՝ աղէ ասա ինձ, ով Պղատոն, թէ այնպիսին որ յիւրում կենդանութեան ի պրիամիականսն անկաւ փորձութիւնս և զնոյն ևս չարեօք ըմբռնեալ, և յետ վախճանելոյ գտաւ անթաղ ընկեցեալ*[8], *բարերջանիկ գո՞յ թէ ոչ: Պատասխանեաց ասելով՝ ի բաց տար ի քումմէ կարճամտութենէդ*[9], *քանզի ոչ ինչ եղծանէ*[10] *զհոգեկան առաքինութիւնս:*

Արդ այսոցիկ այսպէս գոլով, զինչ ունիմք ասել վասն Պղատոնի, որ երբեմն ասէր՝ պարտ է խոկալ զմահ, և երբեմն՝ թէ ոչ է պարտ զինքն արտահանել. ընդդիմանի՞յր արդեօք ինքեան[11] *թէ ոչ: Եւ ասեմք, թէ ոչ: Այլ զի զայս ցուցցուք, եթէ ոչ ընդդիմանայր ինքեան, ասասցուք դուզնաքեայ ինչ:*

Պարտ է գիտել, եթէ կենդանութիւն է ունակութիւն և պատ-

---

[1] C *զինքն յերկրորդէն, այսինքն ի մարդոյ:* [2] C *արտաքոյց:* [3] C *արտաքոյց:* [4] C *այտաքոյցն:* [5] DF չիք *փորձութեանց:* [6] F չիք *ի վերայ:* D չիք *և ի վերայ:* [7] C *արտաքոյցն:* [8] C չիք *ընկեցեալ:* [9] F *կարճատեսութենէդ:* [10] E *լուծանէ:* [11] DE չիք *ինքեան:*

from man, being concerned equally with every one, but because of the weakness of the recipient and because he is not purified of the passions it may seem to him that [the divine nature] has separated itself from him.[7] Similarly a philosopher does not contemplate death in order to separate his soul from the second—that is, from the body—for the body, being liable to decay, is called second in relation to the soul.

The fourth place which indicates this says that virtue is true happiness; virtue is the mother of wisdom, for it is through virtue that we acquire philosophy.[8] A happy man is one who lives virtuously, never letting himself mourn over physical trials or external things—that is, material goods. And a man who does not let himself mourn over physical trials and external things will never kill himself. Similarly with a philosopher, who lives virtuously and does not grieve over physical trials or external things. As for those who do let themselves mourn or be sad over physical and external things, let them hear what Hippocrates[9] says: "People inflict sorrow on themselves as a result of extraneous trials."

Plotinus[10] also speaks of this: "A man who lives virtuously will not let himself mourn because of physical trials or external things." For when someone once asked him: "Tell me, Plotinus, a man who during his lifetime had gone through the misfortunes of Priam, had seen the calamities which befell Troy, and then after his death was abandoned without even a burial—would he be happy or not?" Plotinus replied: "Have done with your shortsightedness—nothing can destroy the virtue of the soul!"

But, if this is so, what are we to think of Plato, who says one should contemplate death, but also says one should not commit suicide? Is he contradicting himself or not? We say that he is not. And in order to show that he is not contradicting himself we shall dwell on this point for a while.

It is essential to realize that life is the possession and the cause of

ճառք գոլոյ, իսկ մահ՝ պակասութիւն և պատճառք ոչ գոլոյ. և իւրաքանչիւր ոք[1] ի սոցանէ երկակի ասի գոլ. քանզի և է իսկ երկակի կենդանութիւն. է՝ որ բնական, և է՝ որ յօժարական: Արդ, բնական ասի շաղամերձութիւն հոգւոյ և մարմնոյ, ըստ որում զգայութիւն ասի տալ հոգի մարմնոյ և շարժումն. ըստ որում ամենեքեան ասիմք կեալ, ըստ որում մարմինն կրիլ ասի[2] զհոգին. ուստի և կապարան զմարմինն բացայայտէ Հոմերոս, վասն որոյ մարմին կոչի, այսինքն ընդարմ. վասն զի ընդարմացուցանէ զհոգին և ընդարմանայ ի գերեզմանի: Իսկ յօժարական կենդանութիւն է, յորժամ յոռեգոյնն յաղթէ լաւագունին, այսինքն յորժամ հոգին յաղթի ի մարմնականաց հեշտախտութեանց, ընդ որս և անառակ կեանք կոչեցան, այսինքն ոչ ողջախոհ: Իսկ բնական մահ է անջատումն հոգւոյ ի մարմնոյ, ըստ որում ամենեքեան վախճանիմք: Իսկ յօժարական մահ է ըստ առաքինութեան կենցաղավարութիւն, այսինքն ապրիլ կենդանւոյն, յորժամ խոկումն լինի մահու վասն մեռելութիւն գործելոյ ախտից:

Արդ, այսոցիկ այսպէս գոլով, չորքս այսոքիկ յայտնին՝ գոլն, ոչ գոլն, բարի գոլն, չարն գոլ: Արդ, գոլն է բնաւորական կենդանութիւն. իսկ ոչ գոլն՝ բնաւորական մահ, և բարի գոլն՝ յօժարական[3] մահ. իսկ չար գոլն՝ ախորժական կենցաղավարութիւն: Արդ, յորժամ ասէ Պղատոն, թէ պարտ է խոկալ[4] զմահ[5], զախորժական մահուանէն ասէ, այսինքն թէ պարտ է ըստ առաքինութեան կեալ[6] և մեռելութիւն գործել ախտիցն: Իսկ յորժամ ասէ, թէ ոչ է պարտ արտահանել զինքն, զբնաւորական մահն[7] նշանակէ, ըստ որում ամենեքեան մեռանիմք: Եւ այսոքիկ այսպէս:

Եւ պարտ է գիտել, թէ ոմն Կլէոմբրոտոս ամբրակիացի կարծելով, թէ Պղատոն զբնաւորական մահուանէն հրամայէ խոկալ իմաստասիրին, ընկեցեալ զինքն ի պարսպէն վախճանեցաւ. վասն որոյ ասէ Կալիմաքոս՝ ուրախացիր, ով արեգակն, Կլէոմբրոտոս ամբրակիացի վազեալ ի բարձրաբերձ պարսպաց ի դժոխս, արժանի ինչ ոչ ունեալ մահու, այլ չար զՊղատոնի զյաղագս հոգւոյ գիրն ընթերցեալ[8]: Առ այսոսիկ ասաց Ոլոմպիադորոս փիլիսոփայ, թէ ոչ պղատոնական գիրն զնա նահանջէր զյարձակումն, այն ինչ անհատաժանաբար լուծանէր զյօդնաթախանձ կապ կենցաղոյս: Արդ, զի

[1] CDF *երկաքանչիւրոք:* [2] B *մարմին կապիլ և կրել ասէ:* [3] C *ախորժական* [4] A *հոգալ:* [5] ADEF չիք *զմահ:* [6] C *կենցաղաւարել:* [7] B *մահուանէն ասէ:* [8] BCDEF *ընթերեալ:*

existence, while death is deprivation and the cause of nonexistence. There exist two of each: for example there are two kinds of life, one is natural and the other is voluntary. The one which is called natural is the adherence of the soul and the body; for it is the soul which imparts sensation and movement to the body, due to which all of us live; and it is the body which binds and holds the soul, which is the reason Homer[11] calls the body its prison. For this is why a body is called a body—that is, benumbed,[12] for it numbs the soul and is benumbed in a tomb. The life which is called voluntary is the life where the inferior prevails over the superior, that is, when the desires of the flesh conquer the soul; such a life is called dissolute, that is, an injudicious life. And a natural death is the separation of the soul from the body, in consequence of which all of us die. While a voluntary death is living virtuously, which means that while still alive one contemplates death, since dying extinguishes the passions.

And so in all there are four: existence, nonexistence, virtuous existence and depraved existence. And besides: existence is natural life and nonexistence is natural death; virtuous existence is voluntary death and depraved existence is pleasurable[13] life. Thus when Plato says that one should contemplate death he means voluntary death—that is, one should live virtuously and be concerned with extinguishing the passions. And when he says that one should not commit suicide he means natural death, from which all of us die. This is the meaning of these propositions.

May it be known that a certain Cleombrotus of Ambracia, who thought that Plato was suggesting that philosophers should contemplate natural death, threw himself off a wall and was killed. Callimachus speaks of this: "Rejoice, O sun! Cleombrotus of Ambracia cast himself from a high wall into hell; he had learnt no evil, worthy of death;[14] but he had read Plato's writing on the soul."[15] Olympiodorus the philosopher also spoke on this subject: "If the writing of Plato had not cut short my impulse, I would have long ago in weariness severed the sorrowful knot which binds my life."[16] Thus, so that the number of Cleombroti does

մի եղիցին բազում կէտմբռնտուք՝ առադրեսցուք ի սահմանն, զնոյնն նշանակութիւն պահելով, ասասցուք այսպէս։ Իմաստասիրութիւն է խոկումն մահու յապրիլ կենդանոյն, որով հնարիցի զխոկումն մահու։ Բայց մահ պարտ է աստանօր իմանալ ոչ զբնաւորական մահն, այլ զախորժականն, որով մեռելութիւն գործէ ախտից։

Ընդ այսոսիկ հանդերձ աստուծով և առաջիկայ պրակք[1]

ՊՐԱԿՔ Թ[2]

Եւ արդ, վասն զի Պղատոն զիմաստասիրութիւն խոկումն մահու սահմանեաց[3], կարծեցեալ ստոյիկեանքն՝ թէ վասն բնաւորական մահուն ասէ. զան և յարադրեն յեղանակս ոմանս, ըստ որոց յիրաւի ոք զինքն ի բաց բառնայ։ Եւ ասեն, եթէ վասն զի առաջիկայ կենցաղս այս մեծի երախանի նմանեալ գոյ, յայտ է, թէ ըստ որչափից յեղանակաց երախան լուծանի, ըստ այնքանեաց[4] յիրաւի ոք զինքն արտահանէ։

Նա քանզի և ասեն իսկ, եթէ ըստ վեց յեղանակաց լուծանի երախանն. կամ վասն կարօտութեան կերակրոց, զի կարօտութիւն ելոյ կերակրոց, յիրաւի յառնեն կոչեցեալքն և լուծանի երախանն։ Այսպէս և վասն կարօտութեան ընչից՝ յիրաւի ոք զինքն արտահանէ, այսինքն ի բաց բառնայ, ոչ կամելով ծախիլ ի սովոյ, որպէս և Թէոգնիս յայտ առնէ առ ոմն Կիւռնոս[5] ասելով, թէ պարտ է[6] յաղքատութենէ փախչել և ի մեծակիտեղն անկանել ի ծով և ի վիմաց, ով Կիւռնէ[7], հոսիլ յարեգակնակոխս։ Եւ արդ պարտ է գիտել. եթէ ոչ դայն ասէ, թէ պարտ է տնանկին զինքն ի բաց բառնալ, այլ զայն ասէ, թէ պարտ է տնանկին ամենայն ուրեք սերմանել՝ և ի վիհս անկոխս, եթէ հնար ինչ իցէ և ի ծովս, որպէս զի ազատեսցի ի սովոյ։

Ըստ երկրորդ յեղանակի դարձեալ լուծանի երախանն վասն լինելոյ չարահամ զկերակուրսն և գեղս մակարդիցեալս. քանզի այսպիսեաց ելոց կերակրոց յիրաւի յառնեն կոչեցեալքն և լուծանի երախանն։ Արդ, այսպէս և մարմնոյ ուրուք չարահամելոյ և անպատկանաւորելոյ առ ի յընդունելոյ զանձնաւորական ազդումն, յիրաւի արտահանէ՝ ի բաց քեցելով[8] զինքն ի ցաւոյն, որպէս և ոմն

---

[1] A պրակք Ժ: [2] A ԺԱ փ|ն Թ: [3] C ասաց: [4] B այսքանեաց յեղանակաց: [5] DC ցոմն Սկիւռնոս: [6] C արժան է: [7] F Սկիւռնէ: [8] F քերելով:

not multiply, we shall add an appendix to this definition, keeping the same meaning and expressing it in the following way: Philosophy is contemplation of death during the life of a living [man], which allows him to realize this contemplation of death. However one should understand by death not natural death, but the voluntary death which brings about the extinguishing of the passions.[17]

Thus, with God's help, let us proceed.

Chapter Nine[1]

And so, since Plato defines philosophy as contemplation of death, the Stoics think he is speaking of natural death and put forward certain arguments according to which every man has the right to commit suicide. They say: "Since this life is like a great feast, anyone who lays hands on himself can find as many reasons to justify his act as he can to justify bringing a feast to an end."

To this they add that a feast may be brought to an end for six reasons: first, because there is not enough food; for when there is not enough food the guests are right to rise, and so the feast ends. Similarly a man who lacks possessions is right to kill and destroy himself, not wishing to become the victim of hunger—as Theognis explains to one Cyrnus when he says: "One should flee from poverty, casting oneself into the monster-filled sea, and from the rocks, O Cyrnus, fall into the region trodden by the sun."[2] But it should be realised that in this case he is not saying that a poor man must lay hands on himself, but that a man in need ought to sow his seeds everywhere to escape starvation—on steep and untrodden slopes and even, if possible, in the sea.

The second reason for ending a feast is when the food is spoilt and poisonous. For with such food the assembled company is right to rise and so end the feast. Similarly, if a man's body is in some place spoilt or incapable of using the faculties, he is right to kill himself to escape pain. This, for

շնական փիլիսոփոս, կիսագոս գոլով, մատեաւ առ Յուլիանոս թագաւոր ասելով՝ կէս մարմնոյ[1] *իմոյ մեռաւ և կէս տեսանէ զտիւ, գթայ, ով թագաւոր, ի կիսակտոր*[2] *շնականս. այսինքն թէ հրամայեայ կամ բժշկել կամ սպանանել. առ որս ասաց՝ թէ զերկոսեան զրկես, և զՊղուտոն*[3] *և զՓայիթոն. յամենմէ պակասեալ և զոմն տակաւին ես տեսանելով:*

Ըստ երրորդ յեղանակի դարձեալ լուծանի երախանն, յորժամ է վասն առանձնական տագնապի կոչնատեառն. քանզի կոչնատեառն կամ յանկարծակի հիւանդանալ և կամ լսել զկորուստ սիրելւոյ՝ յառնեն կոչեցեալքն և լուծանի երախանն: Եւ արդ, այսպէս եթէ առանձնական ումեք տագնապ հասանիցէ, յիրաւի ի բաց բառնայ զինքն, որպէս արար պիթագորուհին Տիմիքայ, որ կոչեցաւ Թէանոյն: Քանզի նա անկեալ ի բուռն սկիւթացւոց բռնաւորին և հարցեալ, թէ ընդէ՞ր ոչ ուտեն պիթագորականքն զմեծ ոլոռունս, ասէր՝ կերայց քան թէ ասացից: Եւ յասել բռնաւորին, թէ կեր, ասէր՝ ասացից քան թէ կերայց: Եւ այնպէս ծամելով զլեզուն վախճանեցաւ:

Ըստ չորրորդ յեղանակի դարձեալ լուծանի երախանն վասն աղքատութեան. քանզի յաղքատութիւն անկելոց կոչեցելոցն, յիրաւի լուծանի երախանն: Այսպէս յիրաւի ոք զինքն ի բաց բառնայ, յորժամ ի վերջինն հասանիցէ ծերութիւն և զառանցիցէ, և սկիզբն առնէ աղճատելոյ և բարբանջելոյ:

Իսկ ըստ հինգերորդ յեղանակի դարձեալ լուծանի երախանն, յորժամ սկիզբն առնեն կոչեցեալքն կռուելոյ[4] *և անիրաւս առ միմեանս առնել: Նոյնպէս յիրաւի ոք ի բաց բառնայ զինքն, յորժամ ըմբռնեալ ի թշնամեաց հրամայի առնել անիրաւ ինչ, կամ ընդ մօր անկանել, կամ անպատեհս ինչ ուտել:*

Իսկ ըստ վեցերորդ յեղանակի ասի լուծանել երախանն վասն հասարակական տագնապի. քանզի հասարակական տագնապի հասելոյ, կամ հրայրեցութեան, կամ շարժման, կամ արշաւանաց բարբարոսաց, յառնեն կոչեցեալքն և լուծանի երախանն: Այսպէս յիրաւի ոք զինքն ի բաց բառնայ ի հասարակական տագնապէ հա-

---

[1] F *մարդոյ* փխ *մարմնոյ:* [2] ABCDF *կիսակտուր:* [3] ADF *զՊղատին:* B *զՊղատոն:* C *զՊաւղատոն:* E *զՊղատին* [լուսանցքում՝ *Լուծմունք. զՊղատին—զերեզման, զՓայիթոն—արեգակն.* համաձայն այս ճիշտ բացատրության ուղղում ենք՝ *զՊղուտոն*—ստորերկրյա գերեզմանային աշխարհի աստված]: [4] F չիք *կռուելոյ:*

example, was how a certain half-paralysed Cynic philosopher appealed to the Emperor Julian when he said: "Half my body is dead and the other half sees daylight; Emperor, take pity on a Cynic split in half—command either that I be cured or that I be killed." To which the Emperor replied: "You give offense to both Pluto and Phaethon; having been deprived of one, you still see the other."[3]

The third reason for ending a feast is when some personal disaster befalls the host—in other words, if the host is suddenly taken ill or learns of the death of someone dear to him, the guests should leave the table and end the feast. And so similarly, when some misfortune befalls a man, he is right to commit suicide, as did the Pythagorean woman Timicta, who was also called Theano.[4] She fell into the hands of the tyrant of Sicily and when he asked her why the Pythagoreans did not eat beans she answered: "I would rather eat them than tell you why." And when the tyrant told her to eat them she answered: "I would rather tell you than eat them." And thus she died, having chewed up her own tongue.

The fourth reason for ending a feast is drunkenness; for the guests are right to end the feast when they get drunk. Similarly a man is right to commit suicide when he has reached a great age and wanders in his mind, and has begun to get confused and talk nonsense.

The fifth reason for ending a feast is when the guests begin to quarrel and insult each other. Similarly a man is right to commit suicide when, captured by the enemy, he is forced to do something dishonourable such as having intercourse with his mother or eating something disgusting.

The sixth reason for ending a feast is a general catastrophe. For if some general catastrophe should happen, be it a fire, an earthquake[5] or an invasion of barbarians, the guests leave the table and the feast is ended. Similarly a man is right to commit suicide if a universal catastrophe occurs

սելոյ և Թշնամեացն այն ինչ զքաղաքն առնուլ հուպ եղելոյ, և նորա յերկիւղէ անտի յաղթահարելոյ։ Արդ զայսոսիկ ստոյիկեանքն։

Իսկ այլք երկուս միայն յեղանակս յարադրեն, ըստ որոց յիրաւի ոք զինքն ի բաց բառնայ. քանզի ասեն, թէ առ ի կեալ՝ կենցաղս է կամ լաւ, կամ չար, կամ միջակ։ Արդ, յորժամ ոք ի լաւումն կամ ի միջակումն գոլով տեսանէ զինքն ի յաւին արտամիտեալ, յիրաւի ի բաց բառնայ զինքն։ Եւ դարձեալ, յորժամ ոք ի յոռեգունումն[1] գոլով՝ և տեսանէ զինքն ոչ երբէք[2] ի լաւագոյնսն վերաթևեալ, յիրաւի ի բաց բառնայ զինքն[3]։ Եւ արդ այսոքիկ այսպէս։

Վասն որոյ ասեմք, եթէ ոչ ըստ իրաւանց և ոչ ըստ անիրաւութեան պարտ է զինքն ի բաց բառնալ ումեք, քանզի որք զայսպէսն կամին կամ խորհին, ընդդիմանան արարչին, հարստահարութեամբ կամելով լուծանել զկապն, զոր նայն կապեաց։ Եւ պարտ է հաւանել Պղատոնի, որ ասէ, թէ անա որպէս յումեմն պահարանում եմք. և ոչ է պարտ յայսմանէ զինքն արտահանել և տարափախչել, այլ կալ մնալ կապողին մինչև նա լուծցէ[4]։ Իսկ փորձութիւնք, թէ ուրեք պատահիցեն՝ ոչ վասն այնորիկ, որպէս թէ ումեք պարտ է զինքն ի բաց բառնալ, այլ վասն փորձելոյ զհոգին։ Քանզի որպէս լաւ նաւապետ ոչ ի հանդարտութեան ծովուն, այլ ի յուզման ալեացն փորձի, նոյնպէս և վեհագոյն հոգի ի փորձութեան նահատակի։ Ուստի և ճեմականքն, կամելով զժուժկալութիւն հոգւոյ ցուցանել՝ աղօթէին ասելով, Զև՛ս[5], տեղեա՛յ ի մեզ փորձութիւն։

Ընդ այսոսիկ հանդերձ աստուծով և առաջիկայ պրակք

ՊՐԱԿՔ Ժ

Համբառնայ այսուհետև[6] ասացեալ Պղատոն ի հեռի կատարումն, և ոչ պարզաբար ի հեռի, այլ ևս ի հեռագոյնն, որ ոչ ինչ ևս է, քան զնա անդր. քանզի սահմանէ զփիլիսոփայութիւն՝ նմանութիւն աստուծոյ ըստ կարողութեան մարդկան։ Քանզի զինչ[7] այնպէս երանելի և վայելուչ կատարումն, որպէս զնմանիլ աստուծոյ ըստ կարողութեան մարդկան։ Վասն որոյ ասեն ոմանք, եթէ ոչ

[1] C ի յոռեգոյնսն։ [2] C չիք երբէք։ [3] ACDEF չիք զինքն։ [4] C արձակեսցէ փխ լուծցէ։ [5] BC ևս փխ Զևս։ [6] ABCE չիք այսուհետև։ [7] E ոչ ինչ փխ զինչ։

and he is overcome with dread, be it, for example, not long before a city is taken by enemies. This, then, is what the Stoics say.

Others put forward only two[6] reasons according to which a man is right to commit suicide. They say that for someone who is alive life is either good, medium or bad. And hence if a man whose life is good or medium sees that it is tending towards the bad, he is right to lay hands on himself. Likewise a man whose life is bad and who realizes that he will never reach a better life is right to kill himself. This, then, is what they say.

On this subject we say that no one ought to kill themselves, whether they have the right to or not. For those who think this and aim to do so go against the creator, desiring forcibly to sever the knot which he has tied. One must agree with Plato who said that we are, as it were, in a prison and have no right to leave it and flee from it ourselves, but should remain by him who binds us until he chooses to release us. For trials, wheresoever they may be, do not exist to lead us to suicide but to test the soul. For just as a good captain does not show his worth on a calm sea but when the waves are turbulent, so will a sublime soul go bravely forth to meet a trial. This is why the Peripatetics would pray: "Zeus, rain[8] down a trial on us!" wishing to prove the endurance of the soul.

Thus, with God's help, let us proceed.

Chapter Ten[1]

Following this Plato ascends to the far purpose, and not simply to the far but to the farthest purpose, beyond which there is nothing else; for he defines philosophy as becoming similar to God as far as it is humanly possible. And what purpose could be more blessed and worthy than to become similar to God as far as it is humanly possible? But there are some

կարէ իմաստասէրն, որպէս մարդ գոլով, նմանիլ աստուծոյ, զոր նիւթեն այսպէս։

Էութիւն աստուծոյ և մարդոյ զանազան է, որպէս և քերթողն յայտ առնէ ասելով. վասն զի ոչ ինչ ցեղ նման է աստուածոց[1] անմահից և մահկանացուաց[2] գետնակոխաց[3] մարդկան. իսկ որոց էութիւնքն զանազանք են, այսոցիկ և կատարելութիւնք զանազանք գոն. որգոն, այլ է էութիւն մարդոյ և այլ՝ ձիոյ, և այլ կատարելութիւն մարդոյ և այլ՝ ձիոյ։ Արդ, եթէ զանազան է էութիւն աստուծոյ և մարդոյ, և որոց էութիւնքն զանազանք են, զանազանք են և կատարելութիւնքն։ Եւ յայտ է, թէ այլ կատարելութիւն է աստուծոյ և այլ մարդոյ. վասն որոյ ոչ կարէ իմաստասէրն նմանիլ[4] աստուծոյ։

Արդ, զի զտարակուսանս զայս լուծանել փութամք, ասասցուք, թէ ըստ ո՞րում նշանակութեան ասեմք աստանօր նման։ Այլ նախ ասասցուք, թէ ըստ քանի յեղանակաց ասի նմանն։ Եւ պարտ է գիտել, թէ ըստ չորից յեղանակաց ասի նման[5]. քանզի նման ասի այն, յորժամ նոյն որակութիւն ի բոլորումն տեսակում տեսանի. որգոն, յորժամ զբոլոր եթովպացիսն նման միմեանց ասեմք գոլ ըստ սևոյն, և զամենայն կարապս նման միմեանց ըստ սպիտակին։

Դարձեալ ասի նման, յորժամ նոյն որակութիւն ի զանազան տեսակս տեսանի՝ ըստ առաւելութեան և ըստ նուազութեան, որպէս զսպիտակ պղպեղ և զսեաւ նմանս միմեանց ասեմք գոլ ըստ ջերմայնոյն, քանզի երկոքին ջերմայինք գոն[6], այլ ըստ առաւելութեան և ըստ նուազութեան սեաւն[7] առաւել ջերմային է, իսկ սպիտակն[8] նուազ[9]։

Դարձեալ ասի նման և այն, յորժամ զանազան որակութիւնք ի զանազան տեսակս[10] տեսանին[11], որպէս զհաւփալն և զաղաւնին նման միմեանց ասեմք գոլ զնոյն որակութիւնս ունելով[12]. քանզի որպէս հաւփալն զանազան որակութիւնս[13] ունի՝ զսպիտակն և զխարտեաշն և զսեաւն, նոյնպէս և աղաւնոյն ասեմք զնոյն որակութիւնս ունել։

---

[1] ABF չիք աստուածոց։ [2] ABE չիք մահկանացուաց։ [3] F չիք գետնակոխաց։ [4] CDF նման գոլ։ [5] C չիք յեղանակաց ասի նման։ [6] ABDF ջերմինք են։ [7] BCDF քանզի սեաւն։ [8] C քան զսպիտակն։ [9] C չիք նուազ։ [10] E որակս։ [11] AF տեսանին։ [12] ABCE չիք զնոյն որակութիւնս ունելով։ [13] C զանազանութիւնս փխ զանազան որակութիւնս։

who say with regard to this that a philosopher cannot become similar to God because he is a man, and they argue in the following way:

The essence of God and the essence of man are different. This is indicated by the poet[2] when he says that there is no similarity between the race of immortal gods and that of mortal earthly men. And those who have essences which differ must also have perfections which differ; for example, the essence of a man and that of a horse differ, and the perfection of a man and that of a horse also differ. And so, the essence of God and that of man are different and those who have essences which differ must also have perfections which differ. It is clear that the perfection of God is one thing and the perfection of man is another. Consequently a philosopher cannot become similar to God.

In order to dispel this doubt as quickly as possible we shall say in what sense we are using "similar" here. But first we must say how many meanings the term "similar" has, and it should be known that "similar" can have four meanings. For we call things similar when the same quality appears in the whole species. Thus we consider that all Ethiopians are similar to each other because of their black colour, and all swans are similar to each other because of their whiteness.

Things are also called similar when the same quality is found to a greater or lesser degree in differing species. Thus, for example, we say that white pepper is similar to black pepper in its hotness; for both of them are hot but they differ in degree, since black pepper is hotter than white pepper.

One can also say "similar" when different qualities are found in different species. Thus, for example, a wood-pigeon and a dove are similar in so far as they possess the same qualities. For just as a wood-pigeon has various qualities—a white, a reddish or a black colour—so a dove possesses the same qualities.

Դարձեալ ասի նման միմեանց, որպէս պատկերն և յարացոյցն, քանզի ասեմք զպատկերն Սոկրատայ նման գոլ Սոկրատում։ Եւ պարտ է գիտել, թէ յարացոյց ասի նախատիպն, ըստ որում պատկերն եղև. որպէս, յորժամ զՍոկրատէս յարացոյց ունելով, զպատկերն Սոկրատայ ասեմք նման գոլ Սոկրատում։

Արդ ըստ այսմ նշանակութեան[1] ասեմք զիմաստասէրն նման գոլ աստուծոյ, որպէս զպատկերն Սոկրատայ՝ Սոկրատում թէպէտ և այլ է պատկերն Սոկրատայ՝ և այլ Սոկրատէս. քանզի ոմն շնչաւոր և ոմն անշունչ։ Ըստ նմին օրինակի և նշանակութեան ասեմք զիմաստասէրն նման գոլ աստուծոյ, թէպէտ և այլ է էութիւն աստուծոյ՝ և այլ մարդոյ։ Եւ զի իմաստասէրն նման է աստուծոյ՝ աստուստ յայտ եղիցի. քանզի որովք կերպարանի աստուածայինն, նոքիմք կերպարանի և [կատարեալ իմաստասէրն։ Քանզի երիւքս այսոքիւք աստուածայինն կերպարանի՝ բարեաւն և գիտութեամբ և կարողութեամբ. որպէս և քերթողութիւնն յայտ առնէ ասելովն վասն բարոյն, թէ աստուածք տուողք բարեաց են, իսկ վասն գիտականին՝ թէ աստուածք զամենայն ինչ գիտեն. իսկ վասն կարողութեան, թէ աստուածք յամենայնի կարողք գոն։

Նոյնպէս և կատարեալ իմաստասէրն երիւքս այսոքիւք կերպարանի՝ բարեաւն և գիտնականաւն և կարելեաւն[2]։ Եւ բարեաւն, զի որպէս աստուածայինն ամենեցուն խնամ ածէ, նոյնպէս և կատարեալ իմաստասէրն անկատար հոգոց խնամ տանի և ի ձեռն գիտութեան զանկատար և զտգէտ հոգի[3] ի կատարեալ գիտութիւն փոփոխելով։ Իսկ գիտականաւն կերպարանի, զի որպէս աստուածայինն զամենայն ինչ գիտէ, նոյնպէս և կատարեալ իմաստասէրն զամենայն ինչ խոստանայ գիտել։ Իսկ կարելեաւն, զի որպէս աստուած[4] զամենայն ինչ կարէ և կամի, նոյնպէս և կատարեալ փիլիսոփոս՝ որչափ ինչ կարող գոյ և կամի։ Արդ այսոքիկ այսպէս։

Վասն որոյ և ասեն ոմանք, թէ զիա՞րդ ասէք զիմաստասէրն նման գոլ աստուծոյ բարեաւն և գիտականաւն և կարողութեամբն, որ ըստ քերթողին ոչ է նման ցեղ անմահից աստուծոց և գետնակոխաց մարդկան։ Առ որս ասեմք, թէ վասն այսորիկ առկայացաւ ի սահմանին ըստ կարողութեան մարդկան. քանզի որչափ ինչ կարողութիւն է և հասումն մարդոյ՝ թուի նմանիլ իմաստասէրն աստուծոյ։ Վասն զի և ոչ նոյնպէս է՝ ոչ բարին և ոչ գիտականն և

---

[1] C նմանութեան։ [2] CD կարողութեամբ։ [3] B զտգէտոն փխ զտգէտ հոգի։ [4] ACDF աստուածայինն։

The similarity between objects can also be like the similarity between an image and the original. Thus we say that an image of Socrates is similar to Socrates. It should be known that the prototype is called the original in accordance with which an image is created. Thus when an image of Socrates has Socrates as its original we say that it is similar to Socrates.

And so we consider that a philosopher is similar to God in the same sense that an image of Socrates is similar to Socrates, even though the image of Socrates is one thing and Socrates himself is another, for one is animate and the other inanimate. In the same way and in the same sense we say that a philosopher is similar to God, even though the essence of God is one thing and the essence of man is another. For a philosopher is similar to God because the attributes by which God is distinguished are also the attributes of a perfect philosopher. For the three distinguishing attributes of the divine are as follows: goodness, knowledge and might. For it is said in the poem concerning goodness that the gods are givers of blessings, and concerning knowledge that the gods know everything, and about might that the gods can do everything.[3]

A perfect philosopher is likewise distinguished by these three attributes: goodness, knowledge and might. He is distinguished by goodness, for just as God watches over everything, so the perfect philosopher shows his concern for imperfect souls by using knowledge to lead imperfect and ignorant souls to perfect knowledge. He is distinguished by knowledge, for just as God knows everything, so the perfect philosopher claims to know everything. He is distinguished by might, for just as God has the power to accomplish everything he desires, so the perfect philosopher desires as much as is in his power to accomplish. This, then, is how it is.

On this subject some say: "Why do you say a philosopher is similar to God in goodness, knowledge and might if, according to the poet, there is no similarity between the race of immortal gods and earthly men?" In reply we say that it is for this very purpose that the words "as far as it is humanly possible" were included in the definition; for a philosopher becomes similar to God to the extent that it is possible and within man's reach; because they are not the same, goodness, knowledge and might differ in God and in man.

ոչ կարողն առ աստուծոյ և առ մարդոյ. քանզի այլաբար է առ ի յաստուծոյ բարին, և այլ առ ի մարդոյ. վասն զի բարին էակացեալ է առ աստուծոյ, և էութիւն աստուծոյ է բարին, ուստի և անկարութիւն է ընդունակ լինել չարին վասն առաւելութեան բարւոյն. որպէս արեգակն անընդունակ ասի լինել խաւարի վասն առաւելութեան լուսոյն։ Իսկ մարդ ունակութեամբ ունի զբարին, ուստի և ընդունակ է չարութեան. որպէս և օդդ ըստ ունակութեան ասի ունել զլոյս, վասն զի ի ծագել արեգականն լուսաւորի, ուստի և ընդունակ ասի գոլ խաւարի. քանզի ի մտանել արեգականն խաւարի։

Եւ դարձեալ այլաբար է գիտականն առ ի յաստուծոյ, և այլաբար առ ի մարդոյ. քանզի աստուած միշտ և միաբան զամենայն գիտէ, և ոչ է ժամանակ յորում ոչ գիտէ, այլ միշտ և միաբան զամենայն գիտէ։ Իսկ մարդ ոչ միշտ և ոչ միաբան զամենայն գիտէ. քանզի և ոչ տակաւին ես ծնեալն գիտէ ինչ ազդմամբ[1], այլ զօրութեամբ ասի գիտել։ Եւ դարձեալ, մարթ է, եթէ դէպ լիցի ումեք, այսօր գիտել ինչ և այգուցն մոռանալ. և ոչ զամենայն ինչ միաբան գիտել, այլ ըստ մասին. քանզի յայսմ ժամանակի զայլ ինչ գիտէ, և յայլ ժամանակի՝ զայլ ինչ. որպէս յայտ առնէ և Պղատոն, ասելով՝ թէ ախորժելի է, որում գէթ ի ծերութեանն իմաստասիրութիւն և խոհեմութիւն առընթեր է։

Եւ դարձեալ, այլաբար է կարողութիւն աստուծոյ՝ և այլաբար առ ի մարդոյ. քանզի անդրադարձի առ ի յաստուծոյ, վասն զի որչափ ինչ կամի և կարէ, և որչափ ինչ կարէ և կամի. և ոչ ինչ պատշաճիցի անկարութիւն[2] առ ի յաստուծոյ։ Իսկ առ իմաստասիրին ոչ անդրադարձի. քանզի որչափ ինչ կարէ և կամի, այլ ոչ որչափ ինչ կամի և կարէ, վասն զի թէ կամիցի ձեռամբ բուռն հարկանել զարեգականէ և կամ ստեղծանել երկին, ոչ կարէ։ Ապա թէ ոք ասիցէ, թէ[3] ոչ կամի անկարելի ինչ իրի[4] կատարեալ իմաստասէրն ցանկալ, այլ այնոցիկ տենչայ որոց և հասանել կարող գոյ. քանզի ըստ ստոյիկեանցն մեծ կարօտութիւն է ի վաշխս տենչանացն անլիութիւն։ Ասեմք, եթէ որպէս գիտելով զիւր զտկարութիւն բնութեան՝ ոչ տենչայ անհասիցն, այլ այնոցիկ տենչայ, որոց և հասանել կարող գոյ։ Արդ այսոքիկ այսպէս։

Բայց տարակուսեն ոմանք, ասելով՝ թէ ո՞ւր սահմանեաց Պղատոն զիմաստասիրութիւն նմանութիւն աստուծոյ ըստ կարողու-

---

[1] E ներգործութեամբ։ [2] E անկարօտութիւն։ [3] B թէ ընդէր։ [4] AB չիք իրի։

For the goodness of God is different from that of man. Goodness exists in and is the essence of God; consequently he is unable to take in evil because there is so much goodness, just as the sun is unable to be dark because there is so much light. While a man acquires goodness by practice, and consequently he is also capable of evil, just as the air can both partake of light when it is illuminated at dawn, and absorb darkness since at sunset it becomes dark.

Thus God's knowledge is different from that of man. For God always knows everything all at once;[4] there is never a moment when he does not know, as he knows everything at all times and at once. While man does not always know, nor does he know everything all at once; for when he is born he does not yet know anything actually, but is said to know potentially. Moreover it is possible that if someone happens to know something one day he may well have forgotten it the following morning. And he does not know everything all at once, but only in part, for at one time he knows one thing and at another time another—as Plato[5] says: "Happy is the man in whom wisdom and prudence coexist, even if only in his old age."

Similarly the power of God is different from that of man. For God this is reversible, since he is able to do as much as he desires and he desires as much as he is able: there is nothing which is impossible for God [to do].[6] While for a philosopher this is not reversible, for although he desires as much as he is able, he is not able to do as much as he desires; since if, for example, he should desire to touch the sun[7] with his hand or create the heaven, he would not be able to do this. If, however, someone should say that a perfect philosopher never desires the impossible, striving only for those things which are in his reach—for, according to the Stoics, the greatest deficiency comes from the non-fulfillment of desires compounded—then we say that he never strives for the unattainable, knowing the weakness of his nature: he reaches only for what he can attain.[8] Well, so much for that.

However some doubt this and ask: "Where is it that Plato defines philosophy as becoming similar to God as far as it is humanly possible?"

թեան մարդկան: Եւ ասեմք, թէ ի «Թետիայ» տրամաբանութեանն, քանզի անդ, առ Թէոդորոս ումն երկրաչափ առնելով զխօսս[1], ասէ այսպէս. այլ վասն զի, ով Թէոդորէ, ոչ կորնչիլ չարեաց կարողութիւն գոյ, քանզի հակառակ իմն բարւոյ գոլ հարկաւոր, և ոչ առ աստուած[2] զնոսա զետեղիլ. բայց զայս զմահկանացու բնութեամբ և զայս տեղեաւ շրջաբերիլ[3] հարկ է[4]. վասն որոյ պարտ է ջանալ փախչել աստուստ անդր զվաղագոյնսն: Արդ, զի՞նչ է փախուստն՝ նմանութիւն աստուծոյ ըստ կարողութեան մարդկան: Իսկ նմանութիւն աստուծոյ է սուրբն և արդարն գոլ հանդերձ խոհեմութեամբ:

Դարձեալ ասեն, թէ ոչ սահմանեաց զիմաստասիրութիւն, այլ զփախուստն ի չարեաց: Առ որս ասասցուք, թէ և փախուստն ի չարեաց ոչ այլ ինչ է, եթէ ոչ իմաստասիրութիւն. վասն զի իմաստասիրութիւն է, որ զմեռելութիւն ախտիցն բացագործէ, որպէս բազում անգամ ի վերագոյնն սահմանեցաք զնա խոկումն մահու: Իսկ մեռելութիւն ախտից ոչ այլ ինչ է, եթէ ոչ փախուստ ի չարեաց. և յայտ է, թէ զիմաստասիրութիւն սահմանեաց:

Եւ դարձեալ, եթէ արդարև արդարութիւն և խոհեմութիւն առաքինութիւնք են. իսկ տեղի իմաստասիրութեան առաքինութիւն է[5], վասն զի ի ձեռն առաքինութեան ստանամք զիմաստասիրութիւն[6], յայտ է, թէ ի ձեռն ասելոյն՝ լինել արդար հանդերձ խոհեմութեամբ, զիմաստասիրութիւն սահմանեաց: Եւ ես վասն ասելոյն՝ հանդերձ խոհեմութեամբ, զտեսականն սահմանեաց. վասն զի խոհեմութիւն կատարումն բանի է, իսկ կատարումն տեսականին կատարելութիւն բանի է, այսինքն բանի գիտութիւն: Եւ յայտ է, թէ ասելովն՝ հանդերձ խոհեմութեամբ, զտեսականն նշանակեաց, իսկ ասելովն՝ սուրբն և արդարն գոլ, զգործականն սահմանեաց. վասն զի սուրբն և արդարն առաքինութիւնք բարուց են, իսկ կատարումն գործականին առաքինութիւնք՝ զարդարումն[7] բարուց: Արդ այսոքիկ այսպէս:

Բայց խնդրեն ոմանք, թէ վասն է՞ր առկայացան երկոքինն՝ սուրբն և արդարն: Եւ ոմանք ասեն, թէ սուրբն առաւելութիւն է արդարոյն, ուստի և զանչափ անիրաւն անսուրբ ասեմք գոլ: Բայց լաւագոյն է ասելն, թէ զանազանին ի միմեանց[8] սուրբն և արդարն,

---

[1] C զբանն: [2] A աստուածայինսն: [3] C շրջագայիլ: [4] DEF ի հարկէ: [5] AB տեղի առաքինութեան իմաստասիրութիւն է: [6] A իմաստասիրութեան ստանամք զառաքինութիւն: [7] CD զարդարունս: F զարդարունք: [8] AB չիք ի միմեանց:

We reply: It is in the dialogue *Theaetetus,*[9] where he addresses one Theodorus, a geometrician, saying: "It is impossible, Theodorus, for evil to disappear, because something must always exist which is opposed to good. And evil did not take root among the gods,[10] but by necessity wanders around this mortal nature and this [earthly] place. Consequently we ought to try to flee from here as quickly as we can. But what does flight mean here? It is making oneself similar to God as far as man is able, and to become similar to God means to become holy and just, with wisdom."

They continue by saying that he defined not philosophy but flight from evil. But in reply we say that flight from evil is nothing other than philosophy. For it is philosophy that extinguishes the passions, just as above we have several times defined it as contemplation of death. And the extinguishing of the passions is nothing other than flight from evil. Hence it is clear that he was defining philosophy.

They say besides that justice and wisdom are indeed virtues. But the seat of virtue is philosophy because through virtue we acquire philosophy.[11] So it follows that it is through the words "to become just, with wisdom" that he defined philosophy. With the words "with wisdom" he defined the theoretical part, for wisdom is the perfection of reason, and to perfect reason—that is, to know reason—is the purpose of theoretical philosophy. Hence it follows that with the words "with wisdom" he designated the theoretical and with the words "to become holy and just" he defined the practical; for holiness and justice are moral virtues, and the virtues which adorn our moral conduct constitute the purpose of practical philosophy. Well, so much for that.

However, some peoole ask: "Why do you put holiness and justice together?" There are some who say that holiness is the superlative degree of justice, which is why an extremely unjust man is called unholy. But one should rather say that a just and a holy man are different. Thus a just

վասն զի արդար այն ասի, որ զզուգաւորութիւն համեմատ էակացն[1] պահէ, իսկ սուրբ է, որ յաստուածայնոցն ունի փոյթ յանձին։ Եւ զի այսոքիկ ի միմեանց զանազանին՝ յայտ առնէ Պղատոն, գրելով երկուս տրամաբանութիւնս. և ի միումն մակագրեաց «Յաղագս արդարոյ, կամ քաղաքավարութեան», և ի միւսումն՝ «Եւթիփռոն, յաղագս սրբոյ»[2], յորում վասն աստուածային իրաց ծանուցանէ։ Եւ այսոքիկ այսպէս։

Բայց տարակուսեն ոմանք ասելով, թէ վասն զի չորք առաքինութիւնք են հոգւոյ. արիութիւն, արդարութիւն, ողջախոհութիւն, խոհեմութիւն. զի զմինն միայն յիշեաց աստանօր՝ զարդարութիւն։

Առ որս ասեմք, նախ և առաջին, եթէ զխոհեմութիւն յիշեաց, քանզի ասաց՝ եթէ արդարն և սուրբն գոլ հանդերձ խոհականութեամբ։

Երկրորդ՝ թէ և զարդարութիւն միայն յիշեաց, ոչ ինչ անտեղի լինին, որպէս ցուցանեմք։ Եւ պարտ է գիտել, թէ եռամասնեայ գոյ հոգի, քանզի ունի բան, ցասումն և ցանկութիւն. չորք են առաքինութիւնք հոգւոյ. արիութիւն, արդարութիւն, խոհականութիւն, ողջախոհութիւն։ Եւ այսոքիկ յիրաւի, վասն զի պարտ է զիւրաքանչիւր մասն հոգւոյ իւրականաւ զարդարիլ առաքինութեամբ, ուստի բան խոհականութեամբ զարդարեալ գոյ, իսկ բարկութիւն՝ արիութեամբ, իսկ ցանկութիւն՝ ողջախոհութեամբ։ Եւ վասն զի ոչ միայն պարտ է իւրաքանչիւր մասին առանձնականաւ[3] զարդարիլ առաքինութեամբ, այլ և յարմարումն առ միմեանս և բարեկարգութիւն պահել. վասն այսորիկ և արդարութիւն ընդ ամենեսեան անցեալ երեւի, զի մի միայն ի միում մասին, այլ և յամենեսեան ի մասունս տեսանեմք, զի յարմարութիւն և բարեկարգութիւն պահեսցի։

Եւ որպէս յամենայնումն տեսանեմք զոմանս իշխան միայն գոլ, որպէս զաստուածայինն, և զոմանս իշխան և ընդ իշխանութեամբ, որպէս զմարդկայինս. քանզի մարդկայինքս ընդ իշխանութեամբ են աստուածայնոցն, և իշխեն[4] անասուն կենդանեաց. իսկ այլքն ընդ իշխանութեամբ միայն, որպէս նոքին իսկ անասուն կենդանիքն։ Ըստ նմին օրինակի և ի մարդում իբր ի փոքր աշխարհում ըստ Դիմոկրիտոսի՝ այսոքիկ տեսանին։ Ոմանք իշխեն[5] միայն, որպէս բան, և ոմանք իշխեն և իշխին, որպէս բարկութիւն.

[1] C հոմահաւասակացն։ [2] C Եւթիփրոն , վասն սրբոց։ [3] D առանձնականութեամբ։ [4] DEF իշխան։ [5] ADF իշխան։

man is one who maintains equality with regard to comparable things, while a holy man is one who strives towards the divine. And the fact that they differ from each other is noted by Plato in two[12] dialogues. One is entitled *On Justice, or on the State*, and the other *Euthyphro, or on Holiness*, where he speaks of the divine. This, then, is how it is.

However, some doubt this and say: "But does not the soul have four virtues—courage, justice, prudence and wisdom? Why have you here only mentioned justice?"

With regard to this we say that, first, he also referred to wisdom where he said: "holy and just, with wisdom."

Second, even if he had only mentioned justice it would not have been inappropriate, as we shall show. It is essential to realise that although the soul is made up of three parts—reason, passion and desire—it also has four virtues—courage, justice, wisdom and prudence. And this is right because each part of the soul must be adorned with its own virtue. Thus the rational part is adorned with wisdom; the passionate part with courage; and the desiring part with prudence. For not only should each part be adorned separately with its own virtue, there should also be preserved among them harmony and good order, and it is precisely with this aim that justice pervades them all, so that not only in one but in all the parts harmony and good order may be maintained.

Everywhere one can observe that some, like the divine, for example, only rule; while others, like man, both rule and submit to another's rule, for man is subordinate to divine [beings], yet rules over irrational creatures; and the rest, like the irrational creatures referred to above, submit only to the rule of others. The same thing can be observed in man, in a "miniature" world, as Democritus[13] say. Some things, like reason, only rule; others, like passion, both rule and submit to the rule of others, for passion submits

քանզի բարկութիւն իշխէ ի բանէ և իշխէ ցանկութեան: Իսկ ոմանք միայն իշխեն, որպէս ինքն ցանկութիւն: Արդ այսոցիկ այսպէս եղոց, վասն զի արդարութիւն առաւելագոյն է, քան զայլ առաքինութիւնս, որպէս թափանցեալ ընդ այլսն և զբարեկարգութիւն նոցա պահեալ. վասն այսորիկ որպէս կարևոր ինչ զնա միայն յիշեաց:

Երրորդ, առ այսոքիւք զարդարութիւն յիշելով, զայլ առաքինութիւնսն միանգամայն առեալ եցոյց: Քանզի մակստացական առաքինութիւնքն հանդերձ[1] պատճառաւ միմեանց հետևին. քանզի որ պատճառաւ է ողջախոհ, այսինքն գիտէ զպատճառն, թէ վասն է՞ր է ողջախոհ, թէ վասն զի յանառակութենէ ժլատութիւնք և անիրաւութիւնք լինին, այնպիսին ի հարկէ և արի գոյ, զախտսն ստորադասելով. այնպիսին և խոհեմ գոյ, վասն զի գիտէ զպատճառն, թէ վասն է՞ր պարտ է լինել խոհեմ. այնպիսին և արդար գոյ, վասն զի ի մարմնականաց հեշտախտութեանց լինին անիրաւութիւնք:

Իսկ մակստացական[2] առաքինութիւնք ասացան վասն բնականացն. իսկ բնականք ասին, որք միանգամ ըստ խառնուածոյ մարմնոյ գոն, որք ոչ հետևին միմեանց. քանզի որ ի խառնուածոյ մարմնոյ է ողջախոհ, ոչ ամենայն իրօք և արի, և խոհեմ, և արդար գոյ, որք և ծառայականք կոչին և անբանք: Եւ ծառայականք կոչին՝ որպէս ի հարկէ հետևեալք խառնուածոյ մարմնոյն. քանզի որ ի ցուրտ խառնուածոյն է, նա ի հարկէ ողջախոհ գոյ: Իսկ անբանք կոչին՝ վասն ոչ գիտելոյ զպատճառն, թէ վասն է՞ր պարտ է ողջախոհ լինել: Եւ դարձեալ, անբանք կոչին, վասն զի և յանբան կենդանիսն բնաւորեցաւ այսպիսի առաքինութիւն տեսանել[3], որպէս յորժամ ասեմք զտատրակ ի բնութենէ ողջախոհ, և զուղտ խոհեմ, և զառիւծ արի, և զարագիլ արդար, վասն զի զծերացեալ հայրն կերակրէ:

Եւ դարձեալ, մակստացական[4] առաքինութիւնք ասացան վասն բարոյականաց առաքինութեանց, որք յուսանդութենէ և ի պատուիրելոյ, որպէս յորժամ ոք ի պատուիրելոյ գոյ ողջախոհ, ոչ գիտելով զպատճառն, որք ոչ հետևին միմեանց[5], վասն զի մարթ գոյ ողջախոհ լինել յուսանդութենէ և ոչ իմաստուն:

---

[1] A այսինքն հանդերձ: [2] AD մակացական: [3] AB լինել: [4] D մակացական: [5] E մարմնոյ փխ միմեանց:

to reason, yet rules over desire; and some, like desire, submit only to the rule of others. And if this is so, then justice is superior to the other virtues, for it pervades them and preserves harmony among them. This is why he mentions it alone, as the most important.

Third, in mentioning justice he points to the other virtues taken together; for the acquired virtues follow on from each other by way of cause. For if a man is prudent with cause, that is if he knows why he is prudent and knows that avarice and injustice result from dissipation, such a man is bound to be courageous and to subordinate the passions; he will be intelligent, knowing why he must be intelligent; and he will be just, for injustice results from the desires of the flesh.

[These] virtues are called acquired[14] because of the innate[15] ones. Those which are called innate depend on the constitution[16] of the body and are not bound one to another. For a man who is prudent due to the constitution of his body will not in every case be courageous, wise and just. These are called servile and irrational. They are called servile because they are bound to comply with the constitution of the body. If, for example, a man's constitution is dominated by coldness, he will perforce be prudent. And they are called irrational because a man does not know the reason why one should be prudent. And they are called irrational besides, because similar virtues are also found in irrational animals, as when we say that by nature a turtle dove is prudent, a camel[17] is wise, a lion is courageous and a stork is just, because it feeds its aged father.

Moreover acquired virtues are also [so] called because of the moral virtues which are the result of tradition and instruction; for example, when someone has become prudent through instruction, without knowing the cause.[18] They are not connected; for although by tradition one can be prudent, one cannot be wise.

Ընդ այնուհետև հանդերձ աստուծով և առաջիկա պրակք[1]

ՊՐԱԿՔ ԺԱ[2]

Յետ Պղատոնի և Պիւթագորի երկակի սահմանելոյ զիմաստասիրութիւն, զոմն յենթակայէ և զոմն ի կատարմանէ, գայ Ստագիրացին, այսինքն Արիստոտէլ, և սահմանէ զիմաստասիրութիւն՝ ոչ փոքր ինչ խորհելով, թէպէտ և մենատեսակ[3] զնա սահմանէ, նոցա երկակի երկաքանչիւրոցն զնա սահմանելով, այլ մեծ և բարձրագոյն իմն խորհելով: Վասն զի յառաւելութենէ զնա սահմանէ ասելով, թէ իմաստասիրութիւն է արհեստ արհեստից և մակացութիւն մակացութեանց:

Այլ պարտ է խնդրել, թէ զի՞նչ կամիցի երկաքանչիւրոցդ վերակրկնակութիւն, այսինքն արհեստ արհեստից և մակացութիւն մակացութեանց. քանզի շատ է ասելն՝ իմաստասիրութիւն է արհեստ և մակացութիւն: Արդ խնդրելի է, թէ վասն է՞ր առադրեաց[4] արհեստից և մակացութեանց:

Եւ պարտ է ասել, թէ ի ձեռն առաջին կրկնապատկութեանն, այսինքն արհեստ արհեստից, թագաւորի նմանեցոյց զիմաստասիրութիւն. իսկ ի ձեռն երկրորդ կրկնապատկութեանն, այսինքն մակացութիւն մակացութեանց, աստուծոյ նմանեցոյց զիմաստասիրութիւնն: Քանզի յորժամ իշխանաց իշխան ասեմք, յայտ առնեմք զթագաւոր: Ըստ նմին օրինակի և արհեստ արհեստից յորժամ ասեմք, թագաւորի նմանեցուցանեմք զիմաստասիրութիւն: Իսկ յորժամ թագաւոր թագաւորաց ասեմք, զաստուած յայտ առնեմք: Ըստ նմին օրինակի և մակացութիւն մակացութեանց ասելով՝ զիմաստասիրութիւնն աստուծոյ նմանեցուցանեմք. քանզի լաւագոյն է մակացութիւն, քան զարհեստ. վասն զի մակացութիւն տայ սկզբունս[5] արհեստի:

Նա քանզի և քերթողն գիտէ, թէ էն և ոմն բնութեամբ երկարք են. թէպէտ և զպատճառսն ոչ գիտէ, այլ վերաձգէ յերաժշտական իմաստասէրն: Եւ որպէս յորժամ թագաւոր ոչ արտեղացուցանէ զինքն, որ ոչ անմիջակաբար խօսի ընդ ամբոխի, այլ կացուցանէ իշխանս ի վերայ, յորոց ձեռն վերջագունիցն և տրպագունիցն[6] խնամ ածէ, ըստ նմին օրինակի և իմաստասիրութիւն յառաջ ածէ զարհեստս, յորոց ձեռն զենթակայս նոցա գիտէ:

---

[1] A *պրակք ԺԲ:* [2] A *պրակք ԺԳ:* [3] B *մի տեսակ:* [4] C *առաց:* [5] F *անընդհատ սկզբունս:* [6] AB չիք *և տրպագունիցն:*

Thus, with God's help, let us proceed.

Chapter Eleven[1]

After Plato and Pythagoras, who [each] gave two definitions of philosophy, one based on its subject and one on its purpose, there comes the Stagirite—that is, Aristotle.[2] He devotes quite a number of discussions to the definition of philosophy, and although he gives a single definition, in contrast to their two definitions, he invests it with great and high significance, for his definition of philosophy is based on priority, saying that philosophy is the art of arts and the science of sciences.

However it is essential to realise what he is aiming at with the duplication of these words: "the art of arts" and "the science of sciences" for it would have been sufficient to say that philosophy is art and science. Thus the reason why he added the words "of arts" and "of sciences" must be investigated.

It should be noted that with the first duplication "the art of arts" he likens philosophy to a king; and with the help of the second duplication "the science of sciences" he likens philosophy to God. For when we say "the prince of princes" we mean a king. Similarly, by saying "the art of arts" we liken philosophy to a king. And when we say "the king of kings" we mean God. Similarly, by saying "the science of sciences" we liken philosophy to God, since science stands higher than art, for science is the origin of art.

For example a grammarian[3] knows that ē and ō[4] are inherently[5] long [sounds], even though he does not know the reason why, leaving this to a philosopher of music. And just as a king does not sully himself by conversing directly with a crowd, leaving this to the princes through whom he watches over the most ignoble and the most low—likewise philosophy sets forth the arts, through which it knows their subjects.

Եւ դարձեալ, որպէս աստուածայինն աներեւոյթ զօրութիւնս ոմանս ունի, յորոց ձեռն աստեացս խնամ ածէ, նոյնպէս և իմաստասիրութիւն յառաջ ածէ զմակացութիւնս, որպէս զի ի ձեռն սոցա գիտասցէ զենթակայս նոցա:

Եւ դարձեալ, վասն այսորիկ սահմանեաց զիմաստասիրութիւն արհեստ արհեստից և մակացութիւն մակացութեանց, որպէս զի ցուցցէ, թէ զնոյն բան ունին արհեստք և մակացութիւնք առ իմաստասիրութիւն, զոր բան և նոցա ենթակայն առ նոսա: Քանզի բժշկականութեան ենթակայ գոյ մարդկային մարմին. իսկ իմաստասիրութեան նոյն ինքն բժշկականութիւն է ենթակայ:

Եւ դարձեալ, աստեղաբաշխութեան ենթակայ գոյ երկնային մարմինն, իսկ իմաստասիրութեան նոյն ինքն աստեղաբաշխութիւն է ենթակայ: Եւ դարձեալ, վասն այսորիկ ասաց զիմաստասիրութիւն արհեստ արհեստից և մակացութիւն մակացութեանց, վասն զի իմաստասիրութիւն զբնութիւն էիցն[1] գիտէ, իսկ զարտաքոյս բնութեանց և զհետեւմունս[2] ետ գիտել արհեստից և մակացութեանց. քանզի ինքն առնլով զըստ գիտութեան զնիւթ և զտեսակ, զսկզբունս ամենայնի բացակատարէ՝ զչորս տարերս. և ի նոցանէ բացակատարէ զնմանամասնեայսն, իսկ ի նմանամասնեայցն՝ զգործիկանսն, և ի գործիկանացն՝ զմարդկային մարմինս: Եւ զայլսն ամենայն պատահմունս, որ ի մարմնի, բժշկականութեան ետ դիտել, այսինքն զցաւս և զառողջութիւնս. ոչ որպէս թէ ինքն ոչ գիտելով՝ գիտէ և զայնոսիկ, այլ որպէս ոչ կամելով զինքն աղտեղացուցանել մինչև ի հուսկ վերջինսն հասանել:

Եւ դարձեալ, իմաստասիրութիւն գիտէ զբնութիւնս ձայնից, իսկ զհետեւմունս[3] ձայնի ետ գիտել քերթողին, այսինքն զոլորակս և զհագագս: Եւ դարձեալ, իմաստասիրութիւն գիտէ զբնութիւն գծի, իսկ զայլսն թոյլ ետ գիտել երկրաչափութեան: Եւ դարձեալ, վասն այսորիկ ասաց զիմաստասիրութիւն արհեստ արհեստից և մակացութիւն մակացութեանց, վասն զի նա է, որ տայ ամենայն արհեստից և մակացութեանց սկզբունս. վասն զի քերականութիւն ի նմանէ առնու[4] զէն և զովն[5] բնութեամբ երկար գոլ[6], զորոյ զպատճառսն իմաստասիրութիւն գիտէ. իսկ նա խոստովանաբար առնլով յիմաստասիրութենէ՝ յարդարէ զիւր արհեստ:

Դարձեալ, բժշկականութիւն գիտէ, թէ ի չորից տարերց է[7]

---

[1] CD գոյիցն: [2] A զհետեւողս: [3] AF զհետեւողս: [4] ACD առնլով: [5] CD զօն: [6] D երկարս գոլով: [7] C բաղկացեալ գոյ:

And just as God possesses hidden[6] powers, through which he can watch over things here [on earth], likewise philosophy sets forth the sciences, so that through them it may know their subjects.

He defined philosophy as the art of arts and the science of sciences to show that the arts and the sciences relate to philosophy in exactly the same way that their subjects relate to them. Thus the human body is the subject of medicine, and medicine is itself the subject of philosophy.

Similarly the heavenly body[7] is the subject of astronomy, while astronomy is itself the subject of philosophy. He also defines philosophy as the art of arts and the science of sciences because philosophy knows the nature of existence, while external natures and their consequences are left to the arts and the sciences. For philosophy takes matter and form and reveals the basis of all things according to knowledge—that is, the four elements. From these it singles out similar parts and from the similar parts it isolates the organic, and from the organic the human bodies. But it leaves knowing all the attendant characteristics of the body—that is, illness and good health—to medicine; not because it cannot know everything itself—it knows such things as well—but so that it should not become sullied by coming down to the level of the lowest things.

Philosophy knows the nature of sounds, but it leaves knowing its separate characteristics, like the accents and the aspirates, to the grammarian. Philosophy also knows the nature of lines, but it leaves knowing all the other things which relate to lines to geometry.[8] Another reason why he calls philosophy the art of arts and the science of sciences is because it is philosophy which provides the basis for all the arts and sciences. Thus grammar takes from philosophy the fact that ē and ō are inherently[9] long sounds, for philosophy knows the reason for this, and there is no doubt but that grammar takes this from philosophy to embellish its own art.[10]

Medicine also knows that the human body is made up of four

մարդկային մարմին, ոչ գիտելով զպատճառս, թէ վասն է՞ր են չորք տարերք. այլ խոստովանաբար առնլով յիմաստասիրութենէ, յարդարէ զիւր արհեստն։

Եւ դարձեալ, ճարտասանութիւն պիտանանայ արդարոյ, այսինքն քաղաքականութեան[1], անգիտանալով զբնութիւն արդարոյն, այլ խոստովանաբար առնլով յիմաստասիրութենէ, յարդարէ զիւր արհեստն։ Վասն այսորիկ անգիտանալով ճարտասանք զբնութիւն արդարոյն՝ ընտրեն զզրկելն առաւել, քան թէ զզրկիլն. իսկ իմաստասէրն[2] որպէս գիտելով զբնութիւն արդարոյ, ոչ ընտրէ և ոչ զոք ի դոցանէ. իսկ եթէ դէպ լինիցի ընտրել, ընտրէ զզրկիլն առաւել քան եթէ զզրկելն. քանզի և ասեն իսկ, թէ ոչ ոք կարէ զհոգի ուրուք վնասել, եթէ ոչ նախ[3] զիւրն վնասիցէ, անիրաւս և անպատեհս գործելով։ Քանզի թէ վնասէ ոք զոք, կամ զմարմինն վնասէ, կամ զարտաքոյսն, զինչսն յափշտակելով. իսկ զհոգին ոչ կարէ վնասել, այլ զգործարան նորա, այսինքն զմարմինն. որպէս և ասեն պիթագորականքն, թէ՝ եմ ես, և իմն, և իմոյն։ Եւ ես ասէին զհոգին, վասն զի ի հոգւոյն ունիմք զգոյութիւն. և իմ ասէին զմարմինն, որպէս զգործի հոգւոյ. իսկ իմոյ ասէին զարտաքոյսն, այսինքն՝ զստացուածս։ Արդ որ վնասեն, ոչ զոք[4], բայց եթէ զիւրն վնասէ. այլ զայլոցն ոչ կարէ[5]։

Եւ պարտ է գիտել, եթէ ոչ միայն բանական[6] արհեստից և մակացութեանց տայ զսկզբունս իմաստասիրութիւն, այլ և անբանից. որպէս զլարն՝ հիւսան և զհուրն՝ դարբնութեան։ Իսկ անբան արհեստք լսին, այսինքն ոչ անպատճառք, քանզի ոչ ինչ է արհեստ, որ ոչ ունի պատճառս, թէպէտ և արուեստաւորն անգիտանայ. այլ անբանք կոչին՝ վասն զի կարողք գոն որք ուսանին՝ ոչինչ բարբառել և ուսանիլ. քանզի կարող գոյ հիւսն առանց բարբառելոյ աթոռ բացակատարել։

Եւ դարձեալ, պարտ է գիտել, թէ ոչ միայն սկզբունս կարող գոյ տալ իմաստասիրութիւն ամենայն արհեստից և մակացութեանց, այլ և վերստին ուղղել զսխալեալսն ի նոսա. քանզի քերթողք ի սահմանելն զձայն՝ վիրաւորութիւն օդոյ ասացին, զորս վերստին ուղղէ իմաստասէրն, ասելով՝ թէ յոռի է սահմանդ, վասն զի ոչ զուգադարձի. վասն զի որ ձայն է՝ նա և վիրաւորութիւն օդոյ, այլ

[1] A քաղաքականումն։ CD քաղաքականին։ [2] C իմաստասիրութիւն։ [3] BDEF եթէ ոչ ոք։ [4] BCDEF չիք ոչ զոք։ [5] C զիւրն, զայլոց ոչ կարէ վնասել։ [6] B բնական։

elements, but it does not know the reason why there are four; no doubt it borrows this fact from philosophy to embellish it art.[11]

Likewise rhetoric uses justice—that is, politics—without knowing the nature of justice; no doubt taking it from philosophy to embellish its art.[12] This is the reason why rhetoricians, ignorant as they are of the nature of justice, prefer to commit a crime rather than to suffer from one; while a philosopher, knowing the nature of justice, never chooses either of these. If, however, he had the occasion to choose, he would prefer to suffer from a crime rather than to commit one himself. It is precisely with this in mind that they say: "No man can harm another's soul unless he first harms himself by acting unjustly and improperly." For if a man harms someone, he harms either the body or, when he steals belongings, something external; but he cannot cause harm to the soul, he can only harm its instrument—that is, the body. As the Pythagoreans say:[13] "I am I, what is mine and what belongs to me." "I" is what they call the soul, since it is in the soul that we have our existence. "What is mine" is what they call the body, being the instrument of the soul. "What belongs to me" is what they call external things—that is, belongings. And he who harms, harms only himself, for he cannot cause harm to another.

Furthermore it is essential to realize that philosophy provides the basis not only for the rational arts and sciences, but also for the irrational,[14] since, for example, it provides the line for a carpenter and fire for forging metal.[15] However, we say "the irrational arts" and not "the causeless," for an art is nothing if it has no causes, even though a craftsman does not have to know them. They are called "irrational" [arts] only because one can learn them without uttering a word. Thus a carpenter can make a chair without using any words.[16]

One must also realize that philosophy not only provides the basis for all the arts and sciences, but also corrects any mistakes which occur in them. Thus, for example, when grammarians define sound they say that it is disturbance[17] of the air. But a philosopher will correct this by saying: Your definition is a bad one since it is not reversible, for although that which is sound is disturbance of the air, not everything which is disturbance

ոչ որ ինչ վերավորութիւն օդոյ, այն ինչ և ձայն. վասն զի և ասերբ ոք, եթէ հարկանէ զօդ, ոչ բացակատարէ ձայն: Իսկ կատարեալ սահմանք այնոքիկ են, որ զուգադարձին առ սահմանելիսն. որ գոն, ինչ որ միանգամ կենդանի բանաւոր, մահկանացու, մտաց և հանճարոյ ընդունակ՝ նա մարդ, և որ միանգամ մարդ՝ նա կենդանի բանաւոր մահկանացու մտաց և հանճարոյ ընդունակ է: Վասն որոյ սահմանեն զձայն այսպէս, ձայն է բացակատարումն գանչեցելոյ ի մեզ հագագի և երիւրեցելոյ ընդ խոշորութեան շնչափողն և տեսակարարեցելոյ լեզուաւ և մակալեզուաւ:

Դարձեալ, պարտ է գիտել, թէ վասն այնորիկ ասաց զիմաստասիրութիւն արհեստ արհեստից և մակացութիւն մակացութեանց, վասն զի ամենայն բանաւոր արհեստք պէտս ունին բաժանմանց և սահմանաց և ապացուցից, որոց մայր[1] իմաստասիրութիւնն ճանաչի:

Ընդ այսոսիկ հանդերձ աստուծով և առաջիկայ պրակք

ՊՐԱԿՔ ԺԲ[2]

Եւ վասն զի ի վեր անդ զբոլոր սահմանն որպէս բոլոր ուսաք, եկեսցուք այսուհետև ի մասունս նորա և քննեսցուք զմի մի ի նոցանէ ի մէջ ածելով[3]: Վասն որոյ և ասեն ոմանք, եթէ յոյժ տխմարաբար զիմաստասիրութիւն արհեստ արհեստից ասացէք գոլ. քանզի թէ արհեստ արհեստից է՝ յայտ է, եթէ և արհեստ է. իսկ եթէ արհեստ է՝ յայտ է, թէ և սխալական է, որ է անպատեհ:

Առ որս պարտ է ասել, թէ ոչ ամենայն իրօք որք միանգամ[4] միաբանաբար[5] ասին, նոքին և առանձնաբար ասին, քանզի ահա ասեմք մեռեալ մարդ, և ոչ կարեմք առանձնաբար ասել, թէ մարդ է, վասն զի ոչ ունի զյատկութիւնս մարդոյ, քանզի ոչ շնչաւոր է և ոչ զգայական: Եւ դարձեալ, ասեմք քարէ նաւ, և ոչ ասի նաւ, վասն զի ոչ վերաբերի ի ջուրց որպէս նաւ:

Եւ դարձեալ, որպէս առասպելն ասէ, թէ մարդ և ոչ մարդ, բայց սակայն մարդ, զհաւս և ոչ զհաւս, բայց սակայն զհաւս ի վերայ փայտի և ոչ ի փայտի, այլ ի փայտի, քարիւ և ոչ քարիւ, այլ քարիւ հարեալ սատակեաց զչղջիկան ի վերայ կանջոխոյ նըս-

---

[1] A *մայր ի մայր:* [2] A *ԺԴ* փխ *ԺԲ:* [3] A չիք *ի մէջ ածելով:* C *առնելով* փխ *ածելով,* [4] C *որ միաբանք:* [5] A *միաբանք:*

of the air is also sound; for if someone strikes the air with wool no sound will result. Perfect definitions are those which are reversible with regard to what is being defined, as for example:[18] "Every living creature who is rational, mortal, able to think and acquire knowledge is a man; and every man is a living creature who is rational, mortal, able to think and acquire knowledge." For this reason one should define sound in the following way: "Sound[19] is the issue of our breath in the larynx, articulated by the windpipe and given specific [shape] by the tongue and the epiglottis."

And so it should be known that [Aristotle] called philosophy the art of arts and the science of sciences because all the rational arts need divisions, definitions and proofs, the mother of which is said to be philosophy.

Thus, with God's help, let us proceed.

Chapter Twelve[1]

Since we have so far examined the definition of philosophy as a whole, let us now turn to its parts and study each one separately. Some say that to call philosophy the art of arts suggests a great lack of erudition; for if it is the art of arts then it is itself an art, and if it is an art then it is clear that it will be fallible, yet this is inappropriate.

In response to them it should be said that things cannot always receive the same name separately which they once received when taken together. For example, we say "a dead man," but we cannot just call him a man since he does not possess the characteristics of man, such as being animate and capable of sensation. Likewise we say "a stone vessel," but it cannot be called a vessel since it is not held up by water in the same way as a [sailing] vessel.

As the riddle goes: "A man who was neither a man nor not a man threw a stone which was neither a stone nor not a stone and killed a bird which was neither a bird nor not a bird, who was sitting in a tree which was

տեալ։ Արդ, որպէս յառաջագոյն ասացաք, ոչ ամենայն իրօք միաբանար ասացեալքն և առանձնաբար ասին, որպէս և յընդդիմէն[1], ոչ ամենևին[2] առանձնաբար ասացեալքն և միաբանաբար ասիլ կարող գոն։

Արդ, ստորակայեսցի ոմն Սիմոն՝ արուեստիւ կարուակ, իսկ բարուք բարի, արուեստիւ յոռի։ Արդ, ի վերայ սորա առանձնաբար ասացեալքն ոչ կարող գոն միաբանաբար ասիլ. որգոն, յորժամ ասեմք Սիմոն կարուակ է, և Սիմոն բարի է։ Արդ, զայսոսիկ զառանձնաբար ասացեալսս ոչ կարող գոյ[3] միանգամայն յարելաբար ասել, թէ Սիմոն կարուակ բարի. վասն զի ըստ արուեստին փցուն զնա ստորագրեցաք[4]։

Արդ այսպէս և ի վերայ իմաստասիրութեան. քանզի արհեստ արհեստից զնա ասել մարթ գոյ. իսկ արհեստ միայն ասել ոչ գոյ մարթ, որպէս յառաջագոյն ցուցաք, թէ ոչ կարողք գոն միաբանաբար ասացեալքն և առանձնաբար ասիլ։ Բայց սակայն թէ և արհեստ ասեմք զիմաստասիրութիւն գոլ, ոչ ինչ է անտեղի. քանզի բազում անգամ զանուն արհեստից և ի վերայ մակացութեան առնուն. քանզի և Պղատոն ի «Գորգիայ» տրամաբանութեանն զմակացութիւն արհեստ կոչէր. քանզի առ նա ասէր, թէ որ՞յ զքեզ ասասցուք արհեստի մակացու, այսինքն մակացութեան, քանզի մակացու՝ մակացութեան է մակացու։ Այլ և ի «Սոփեստեայ» տրամաբանութեանն զարարիչն արուեստաւոր կոչեաց՝ զանսխալաբար գիտողն ամենայնի։

Եւ դարձեալ, թէ արդարև այս սահման, որ ասէ զիմաստասիրութիւն արհեստ արհեստից[5]՝ յաւառաւելութենէ է, իսկ առաւելութիւն այլ է այնմ, առ որ զառաւելութիւնն ունի, ապա և իմաստասիրութիւն ոչ է արհեստ, այլ առաւել քան զարհեստ։ Արդ այսոքիկ այսպէս։

Դարձեալ ասեն ոմանք, թէ զի՞ ասաց զիմաստասիրութիւն մակացութիւն մակացութեանց։ Միթէ ա՞յլ մակացութիւն է աւելի քան զիմաստասիրութիւն։ Առ որս պարտ է ասել, թէ երկակի է մակացութիւն. մին ներստորադրական և միւսն աններստորադրական։ Եւ ներստորադրական է, որ առնու սկզբունս, որք պէտս ունին ապացուցութեան և որոց զպատճառսն անգիտանայ. որպէս յորժամ երկրաչափն առնու խոստովանաբար, եթէ նշանէ անմասն

[1] AC յանդիմանէն։ [2] C ամենեքեան։ [3] C ոչ գոյ կարողութիւն։ [4] C գրեցաք. D ստորագրեցաք։ [5] C արհեստ արհեստից և մակացութիւն մակացութեանց։

neither a tree nor not a tree." That is, [a eunuch] killed a bat which was sitting on a pole [with a piece of pumice].[2] And so, as we have already said, things cannot always receive the same name separately which they once received in the aggregate, and, conversely, not all things can receive the same name in the aggregate which they once received when taken separately.

Thus let us imagine a certain Simon, by trade a shoemaker. Judging him by his conduct he is good, but as a craftsman he is bad. And here it is impossible to apply to the whole what is said of a separate thing. For example we say "Simon is a shoemaker" and "Simon is good," but these sentences uttered separately cannot be combined to say that Simon is a good shoemaker, for we have already postulated that he is hopeless at his trade.

The same thing applies to philosophy. One can call it the art of arts, but to call it simply art is impossible, for as has been shown above that which has received one name as a whole cannot receive the same name when taken separately. However, even if we were to call philosophy art it would not be inappropriate, for frequently the name "art" is also applied to science. For example in the dialogue *Gorgias* Plato calls science art, since addressing [Gorgias] he says:[3] "In which art should we call you erudite?"—that is, in which science, for an erudite person is erudite in [some] science. And in the dialogue *The Sophist*[4] he calls the creator artistic, the one who knows everything without error.

Nevertheless, if the definition which calls philosophy the art of arts is based on priority, then as priority differs from the thing with regard to which there is priority,[5] so philosophy is not an art but something more than an art. Well, enough said on this.

Some also ask: "Why does [Aristotle] call philosophy the science of sciences? Does there really exist some other science which would stand higher than philosophy?" In reply it must be said that there are two kinds of scientific knowledge: one is hypothetical and the other is unconditional.[6] Hypothetical knowledge is that which derives from propositions which need to be proved and whose causes are unknown, as for example when a geometrician takes on faith that a point is indivisible without

ինչ, զորոյ զպատճառսն ոչ գիտէ, այլ զայն բնական իմաստասիրին է։ Իսկ աններստորադրական մակացութիւն է, որ առնու սկզբունս զհասարակաց մտածութիւնս, որք ոչ ունին պէտս ապացուցութեան. որպէս յորժամ ասեմք, թէ աստուած բարի է, որ է հասարակաց մտածութիւն. վասն զի ամենայն ոք խոստովանի, թէ աստուած բարի է, և ոչ ինչ ունի պէտս ապացուցութեան։ Արդ այսոքիկ այսպէս։

Եւ վասն զի յիշումն արարաք արհեստի և մակացութեան, և վասն սոցա ասասցուք դուզնաքեայ ինչ։ Բայց նախ քան զսոցայն յաղագս գիտութեան ասասցուք։ Արդ, պարտ է գիտել, եթէ գիտութիւն կամ ընդհանուր է կամ մասնական, կամ հանդերձ պատճառաւ կամ առանց պատճառի, յորոց լինին չորքս այսոքիկ. հմտութիւն, ներհմտութիւն, արհեստ, մակացութիւն։

Արդ, հմտութիւն է միոյ իրի անպատճառ գիտութիւն. որպէս յորժամ մի դեղ գիտելով, այնմ միայն պիտանանալ[1]*, ոչ գիտելով զպատճառսն*[2]*, թէ որպէս պարտ է պիտանանալ նմա։*

Իսկ ներհմտութիւն է ընդհանուր անպատճառ գիտութիւն. որպէս այնք, որք ի ներհմտականաց բժշկաց են, որք բազում դեղս գիտելով՝ անգիտանան զպատճառս ներգործութեան դեղոցն։ Եւ դարձեալ, ներհմտութիւն է յիշումն և անբան պահպանութիւն մարդկային բազմաբար և նոյնաբար երևեցելոցն, քանզի ներհմտական բժիշկն, յիշելով և պահելով բազում անգամ զնոյնաբար երևեալսն ի դեղոցն, պիտանանայ այնոցիկ։

Իսկ արհեստ է ընդհանուր գիտութիւն հանդերձ պատճառաւ, կամ արուեստ է[3] *ունակութիւն ճանապարհորդեալ հանդերձ երևակայութեամբ. քանզի արուեստ ունակութիւն ոմն է և գիտութիւն, այլ և ճանապարհորդէ. այսինքն զամենայն ինչ ըստ կարգի առնէ։ Իսկ հանդերձ երևակայութեամբ ասացաւ վասն բնութեան. քանզի և բնութիւն ունակութիւն է, քանզի ունի զգոյն յայնոսիկ, որք ունին զնա. այսինքն ի մարդում և ի քարում և յայլսն, և ըստ կարգի յառաջագայի, բայց ոչ ըստ երևակայութեան, որպէս և արհեստ. քանզի արուեստաւորն պիտանանալով բանի, յորժամ կամի ինչ առնել, այսինքն պատճառին, նախ և առաջին տպաւորէ յինքեան և այնպէս բացակատարէ զբանն։ Իսկ բնութիւն ոչ երբէք յառաջագոյն տպաւորէ յինքեան։*

[1] A չիք *այնմ միայն պիտանանայ։* [2] A *զպատճառսն անգիտանայ այնմ* փխ *ոչ գիտելով զպատճառսն։* [3] A *որպէս* փխ *կամ արուեստ է։*

knowing the reason why—for this is the concern of the natural philosopher. Unconditional knowledge is that which derives from general assumptions which do not need to be proved, as when we say that God is good. This is a general assumption, for everyone admits that God is good, and so it does not need to be proved. This, then, is how it is.

As we have already mentioned art and scientific knowledge, we shall say something more about them; but before we speak about this, let us first say something about knowledge. It should be known that knowledge can be either general or particular, either based on knowledge of the causes or not based on this knowledge. There are four in all: particular experience, general experience,[7] art and scientific knowledge.

Particular experience is knowledge of a single thing which is not based on knowledge of the causes, as for example when a man knows a certain medicine and uses it without knowing the reason why it should be used.[8]

General experience is general knowledge which is not based on knowledge of the causes, as for example when experienced doctors who know a great number of medicines do not know the cause of their effectiveness. General experience is also when identical and repeatedly recurring phenomena are remembered and unconsciously registered in a man, as when an experienced doctor uses medicines whose repeated and identical effect he remembers and registers.

Art is general knowledge which is based on knowledge of the causes, or else art is capacity plus imagination, for art is capacity and knowledge but "plus [imagination]." Because art puts everything in an orderly state, [but] we say "plus imagination" on account of nature, since nature is also capacity, for it possesses the capacity to give existence to those things in which it is contained, such as man, stone and other things; but it creates in accordance with an established order and not—as does art—with imagination. For while a master of an art, wishing to create something, first forms an image of the thing in himself and only then executes it, nature never creates an idea of the thing in itself beforehand.

Եւ դարձեալ, արուեստ է բաղկացութիւն ի հասողութենէ, ներհմտութեամբ նախակրթեալ առ պիտանացու ինչ կատարումն, որ ի կենցաղումս: Իսկ հաւաստութիւն սահմանիդ այս է՝ արհեստ է բաղկացութիւն, այսինքն գումարութիւն յարադրութենէ[1]. քանզի ոմանց զայս ինչ գիտելոց և ոմանց զայն ինչ՝ բացակատարեցաւ արհեստ: Ներհմտութեամբ նախակրթեալ, այսինքն փորձեալ բազում հմտութեամբ. քանզի բազում հմտութեամբ փորձեալ զտեսակս արհեստին, այսպէս ձօնէին զնոսա նորին արհեստի: Իսկ առ ինչ պիտանի կատարումն, որ ի կենցաղումս ասացաւ, վասն ընդունայն արուեստութեանց և չարարուեստութեանց[2], որք ոչ ունին պիտանի կատարումն[3] ի կենցաղումս: Եւ են ընդունայն արհեստութիւնք՝ լարախաղացութիւն, ձողախաղացութիւն, որք ոչ օգտեցուցանեն զկենցաղս և ոչ վնասեն: Իսկ չարարուեստութիւն է կախարդութիւն և դիւթութիւն, որ ոչ միայն ոչ օգտեցուցանեն զկենցաղս, այլ և վնասեն:

Իսկ մակացութիւն է ընդհանուր անսխալ և անփոփոխելի[4] գիտութիւն, քանզի անսխալաբար գիտէ զգիտելիսն: Եւ դարձեալ, մակացութիւն է գիտութիւն[5] անսխալ իւրոց ենթակայից[6] իրողութեանց, ըստ որում ունին զբնութիւն, քանզի որպէս ունին զբնութիւն իրողութեանց ենթակայ իրք, այնպէս գիտէ: Արդ այսոքիկ այսպէս:

Բայց տարակուսեն ոմանք ասելով, թէ մինչ արհեստ հանդերձ պատճառաւ գիտէ, և մակացութիւն հանդերձ պատճառաւ, ըստ որո՞ւմ իրաց զանազանին ի միմեանց: Եւ ասեն ոմանք, թէ վասն զի մակացութիւն անսխալաբար գիտէ և անսխալ է. իսկ արհեստ սխալ է: Առ որս ասեմք, եթէ ոչ բարիոք ասէք. քանզի և արհեստ ըստ իւրում բանին[7] անսխալ է, իսկ վասն[8] ենթակային անպատկանութեան թուի սխալական գոլ:

Արդ զանազանին ի միմեանց արհեստ և մակացութիւն[9], վասն զի մակացութիւն և ենթակայն իւր[10] անսխալք են, որպէս երկիր և երկրաչափութիւն, աստեղագիտութիւն և աստեղք. քանզի և աստեղագիտութիւն անսխալ է, և ենթակայն նորին, այսինքն աստեղք: Իսկ արհեստ ըստ իւրում բանին անսխալ է. իսկ ըստ ենթակային,

---

[1] BCE յարտադրութենէ: [2] B ընդունայն արհեստից և չար արհեստից: [3] D չիք կատարումն: [4] ADF անփոփոխելի: [5] C անսխալաբար գիտութիւն: [6] EF իւրոյ ենթակային: [7] AB բանից: [8] C բայց ըստ: [9] F մակացութիւն այսու: [10] ADF չիք իւր:

Art is also composition, elaborated by experience, aimed at achieving something useful in life. Let us make this definition more specific: "Art is composition," this means the totality in combination, for art is based on various types of knowledge acquired by different people. "Elaborated by experience" means that it is tested by much experience, for the [different] forms of the art are verified by numerous experiences and only then considered worthy of ascription to that art. "Aimed at achieving something useful in life" is included to distinguish it from the arts which are futile and depraved, and who do not have a useful purpose in life. The futile arts are those like tightrope-walking and acrobatics which bring neither benefit nor harm to life. And the depraved arts are witchcraft and magic which not only bring no benefit to life but also harm it.

Scientific knowledge is universal, unerring and invariable knowledge, for science comprehends the object of knowledge without error. Scientific knowledge is also the unerring knowledge of the things which are its subject in so far as they have the nature of facts, for since science is concerned with the nature of its subject, it is thus that it knows them. This, then, is how it is.

But some who doubt this ask: "If art and science are both based on knowledge of the causes, what is the difference between them?" And some reply that science is never in error and knows unerringly, while art can be in error. In reply we say that these claims are not true, for art cannot in itself be in error, and only seems so because of some inadequacy in its subject.

Thus art and scientific knowledge differ from each other in that scientific knowledge and its subject are characterized by accuracy, like for example geometry and the earth, and astronomy and the stars; for both astronomy and its subject—that is, the stars—are characterized by accuracy. While art cannot in itself be in error, but seem to be in error with regard

վասն զի հոմանուն է, թուի սխալական գոլ. որպէս հիսնութիւն և փայտ՝ նորին ենթակայ։ Արդ հիւսնութիւն ըստ իւրում բանին անսխալ է. իսկ փայտն[1], վասն զի ապականացու է և հոմանուն[2], յառնել հիւսան աթոռ կամ այլ ինչ յանկարծօրէն բեկանի և սխալեցուցանէ զարուեստն։

Արդ, որպէս յառաջագոյն ասացաք, այսոքիւք զանազանին ի միմեանց արհեստ և մակացութիւն[3]. վասն զի մակացութիւն և ըստ իւրում բանին անսխալ է և ըստ ենթակային. իսկ արհեստ ըստ իւրում բանին անսխալ է, իսկ ըստ ենթակային թուի սխալական գոլ։

Ընդ այսոսիկ[4] հանդերձ աստուծով և առաջիկայ պրակք[5]

ՊՐԱԿՔ ԺԳ[6]

Սկիզբն և կատարումն մեզ եղիցի Պիթագորաս, քանզի և սիրելի իսկ երևի այսպիսում առն զսկիզբն և զկատարումն ի նա անկել[7], որպէս ի բոլորում. քանզի ի բոլորում շարակցեալ[8] գոյ սկիզբն կատարման[9]։ Արդ այսպէս և սա սկիզբն և կատարումն եղև մեզ. և սկիզբն, վասն զի նորա են սահմանք, որ ի սկզբանն ասացան, այսինքն՝ թէ իմաստասիրութիւն է ծանօթութիւն էակացն ըստ որում էակք են։ Եւ դարձեալ, իմաստասիրութիւն է գիտութիւն աստուածայնոց և մարդկայնոց իրողութեանց։ Իսկ կատարումն է, վասն զի նորին առն սահման բացատրեցաւ ի կատարմանս, որ ասէ՝ թէ իմաստասիրութիւն է սիրելութիւն իմաստութեան[10]։

Եւ պարտ է գիտել, թէ ոմանք պախարակեն զբացատրութիւն սահմանիս, ասելով՝ թէ ամենայն սահման զուգադարձի յիւր սահմանելին. իսկ առաջիկայ սահմանս ոչ զուգադարձի. քանզի որ ինչ[11] իմաստասիրութիւն է՝ սիրելութիւն իմաստութեան[12], այլ ոչ որ ինչ սիրելութիւն իմաստութեան՝ նա և իմաստասիրութիւն։ Քանզի ամենայն արհեստ սիրէ և տենչայ իւրում ենթակային. վասն որոյ պարտ է ասել, թէ բարիոք է առաջիկայ սահմանդ, քանզի Պիթագորի է. վասն զի նախ և առաջին Պիթագորաս զիմաստասիրութեան սահման եդիտ, որ վայրապար բերիւր և ի վերայ ձեռականաց ար-

---

[1] C ըստ ենթակային փխ փայտն։ [2] C չիք և հոմանուն։ [3] A արհեստք և մակացութիւնք։ [4] A Ընդ որս։ [5] A պրակք ԺԴ։ [6] A ԺԵ։ [7] AD յանգել։ F անգել։ [8] E շարակացեալ։ [9] AC և կատարումն։ [10] AC իմաստասիրութեան։ [11] C ինչ միանգամ։ [12] ABCE իմաստասիրութեան։

to its subject, because the latter is changeable, as for example carpentry and its subject—wood. Carpentry cannot itself be in error, but when a carpenter has made a chair or something else, the wood, because it decomposes and changes, may suddenly split and distort the work of art.

And so, as we have already said, art and scientific knowledge differ from each other in that scientific knowledge cannot be in error either in itself or with regard to its subject, whereas art, though never in error in itself, may seem to be in error with regard to its subject.[9]

Thus, with God's help, let us proceed.

Chapter Thirteen[1]

Let Pythagoras serve us as a beginning and an end. It seems desirable that such a man should provide the beginning and the end, [bringing us] full circle; for in a whole circle the beginning and the end are linked. Thus he has served for us as a beginning and an end. He has served as a beginning because the definitions placed at the beginning belong to him—that philosophy is knowledge of existence as such, and also that philosophy is knowledge of divine and human things. And he has served as an end, for this same man also gave the definition based on purpose which says that philosophy is love of wisdom.

It is essential to realize that some censure this definition as false, saying: "Every definition should be reversible with regard to what is being defined, and this definition is not reversible; for philosophy is love of wisdom, but not every love of wisdom is philosophy, since every art loves and strives towards its subject. Concerning this it must be said that the definition quoted above is correct, for it belongs to Pythagoras, and Pythagoras was the first to give a definition to philosophy, which then without any foundation was also extended to the applied arts. Since the poet[2] said:

հեստից, որպէս և քերթողն յայտ առնէ։ Վասն զի իմաստութիւնն, ասէ, յարմարեաց[1] զանօթն. իմաստութիւն անուանեաց[2] զհիւսն։ Իսկ Պիթագորաս, զիմաստութիւնն[3] ի բաց որոշելով[4], ի վերայ ճշմարիտ գիտութեան գոյին[5] եդ, քանզի նա առաջին անուանեաց իմաստութիւն զգիտութիւն ճշմարիտ գոյին, այսինքն աստուծոյ։

Եւ պարտ է գիտել, թէ իմաստասիրութիւն բազում աստիճանաց պիտանանայ. քանզի և բազում իսկ աստիճանք են իմաստասիրութեան։ Քանզի պարտ է գիտել զհինգ գիտական զօրութիւնս՝ զզգայութիւն, զերևակայութիւն, զկարծիս, զտրամախոհութիւն, զմիտս։

Եւ զգայութիւն է առաջիկայ իրի մասնական գիտութիւն, վասն զի ամենայն զգայութիւն զմասնական[6] գիտութիւն գիտէ[7]։

Իսկ երևակայութիւն է բացագոյիցն[8] մասնական գիտութիւն։ Եւ զանազանի երևակայութիւն ի սոսկ մտածութենէ այսուիկ. վասն զի երևակայութիւն, որպէս ասացաք, բացագոյիցն է յիշողութիւն։ Իսկ սոսկ մտածութիւն է ոչ գոյիցն տրամատպաւորութիւն, որպէս յորժամ ոք զեղջերուաքաղն ստեղծանիցէ յիւրում մտածութեանն, որ ոչ է գոյ։

Իսկ կարծիք երկակի ասին, է որ պատճառաւ և է որ առանց պատճառի։ Եւ առանց պատճառի՝ որպէս յորժամ ոք զբանական հոգի կարծիցէ անմահ, ոչ գիտելով զպատճառն, իսկ պատճառաւ՝ յորժամ և զպատճառսն գիտէ զանմահութեանն։ Եւ պարտ է գիտել, զի կարծիք հանդերձ պատճառաւ եզրակացութիւն է առաջարկութեանց. որգոն, հոգի ինքնաշարժ, ինքնաշարժն մշտաշարժ, մշտաշարժն անմահ է։ Ահա եզրակացութիւն առաջարկութեանց, այսինքն հոգի անմահ, որ կոչեցաւ կարծիք հանդերձ պատճառաւն։

Իսկ տրամախոհութիւն է ընդհանրականացն հանդերձ պատճառաւ գիտութիւն։ Վասն որոյ և տարակուսեն ոմանք ասելով, թէ յորժամ հանդերձ[9] պատճառաւ կարծիք՝ գիտութիւն է ընդհանրական, և տրամախոհութիւն հանդերձ պատճառաւ՝ գիտութիւն ընդհանուր, զինչ զանազանին ի միմեանց[10]։ Առ որս պարտ է ասել, եթէ կարծիք հանդերձ պատճառաւ, եզրակացութիւն առաջարկութեանց է, իսկ տրամախոհութիւն[11] գտօղ զառաջարկութեանց՝ ի հասարակաց խոստովանութեանց է, և հիւսող և եզրացուցիչ[12]։

---

[1] A յարդարեայ։ [2] C անուանեալ։ [3] B զիմաստութիւնն։ [4] AF որոշեալ։ [5] B գոյիցս։ [6] A մասնաւորական։ [7] AB է փխ գիտէ։ [8] E բացակայիցն։ [9] CD չիք հանդերձ։ [10] B առ միմեանս։ [11] B տրամախոհութիւն հանդերձ պատճառաւ։ [12] ABD եզրակացուցիչ։

"The wise [man] fashioned the vessel," he called the carpenter wise. And Pythagoras in defining a wise man predicated it of true knowledge of existence, for he was the first to call knowledge of true existence—that is, of God—wisdom.[3]

One should realize that philosophy is required on many levels [of knowledge] because there are many levels of philosophy. For there are five capacities for acquiring knowledge: sensation, imagination, opinion, reflection and reason.

Sensation is partial knowledge of a thing which is present; for any sensation is only partial knowledge.[4]

Imagination is partial knowledge of a thing which is absent.[5] Imagination differs from pure reflection because imagination, as we have already said, is when one remembers things which are absent, whereas pure reflection is when one pictures things which do not exist, as for example when a man creates in his thought a goat-deer,[6] which does not really exist.

There are two kinds of opinion: that which is based on knowledge of the causes and that which is not based on this. Opinion which is not based on knowledge of the causes occurs, for example, when someone maintains that a rational soul is immortal without knowing the causes of this. And opinion based on knowledge of the causes occurs when the causes of immortality are known. It should be noted that opinion based on knowledge of the causes is a conclusion derived from propositions, as for example: "the soul is self-moved; that which is self-moved is in perpetual motion; that which is in perpetual motion is immortal."[7] The conclusions from these propositions—that is, "the soul is immortal"—is called opinion based on knowledge of the causes.

Reflection is knowledge of general things based on knowledge of the causes. Some raise queries here and say that if opinion is general knowledge based on knowledge of the causes, and reflection is also general knowledge based on knowledge of the causes, how do they differ from one another? In reply it should be said that opinion based on knowledge of the causes is a conclusion derived from propositions, whereas reflection constructs propositions from generally acknowledged claims, joins them together and draws conclusions from them.[8]

Արդ այսոցիկ այսպէս եղելոց, պարտ է գիտել, թէ ի զգայութեանց ծնանի հմտութիւն, և յառանց պատճառի կարծեաց՝ ներհմտութիւն. այլ և ի զգայութենէ և յերևակայութենէ ծնանի ներհմտութիւն: Իսկ ի տրամախոհութենէ և ի հանդերձ պատճառաւ[1] կարծեաց ծնանի արհեստ, իսկ ի տրամախոհութենէ և ի մտաց՝ մակացութիւն:

Քանզի յորժամ առնուն սկզբունս, որ պէտս ունին[2] ապացուցութեանց, այն ինչ ի տրամախոհութենէ ծնանի[3] մակացութիւն: Իսկ յորժամ առնուն սկզբունս, որք ոչ պիտանանան[4] ապացուցութեան, այն ինչ ի մտաց ասեմք[5] ծնանիլ զմակացութիւն: Եւ արդ ահա, որպէս ասացաք, բազում աստիճանօք ցուցաւ իմաստասիրութիւն պիտանացեալ. և եթէ լաւագոյն ամենայն արհեստից և մակացութեանց է իմաստասիրութիւն, որպէս և Պղատոն առ ոմն Թէոդորոս երկրաչափ յայտ առնէ ասելով, եթէ այսպիսի ինչ, ով Թէոդորէ, ոչ եկն երբէք առ ի մարդիկ և ոչ եկեսցէ երբէք պարգևեալ առ ի յաստուծոյ:

Արդ, այսոցիկ այսպէս ելոց, ծանեաք, թէ վեց են սահմանք իմաստասիրութեան, և զպատճառսն գիտացաք. և ոչ միայն զսահմանսն, այլ և եթէ չորք են զանազանութիւնք սահմանաց իմաստասիրութեան: Քանզի ոմանք յենթակայէ առնուն[6], որպէս գիտութիւն էակացն, ըստ որում էակք են, և գիտութիւն աստուածայնոց և մարդկայնոց իրողութեանց, և ոմանք ի կատարմանէ, որպէս իմաստասիրութիւն՝ խոկումն մահու և նմանիլ[7] աստուծոյ ըստ կարողութեան մարդկան. և յառաւելութենէ, որպէս արհեստ արհեստից և մակացութիւն մակացութեանց. իսկ ի ստուգաբանութենէ, որպէս սիրելութիւն իմաստութեան:

Եւ վասն այսորիկ չորք են զանազանութիւնք սահմանաց իմաստասիրութեան. վասն զի չորքդ մեծապատիւք էին առ պիթագորեանսն, որպէս և ինքեանք, երդմունս կատարելով ի Պիթագորաս, ասէին՝ Երդուեալ յաւանդողն մեզ զքառեակն՝ զմշտաբուխ[8] աղբիւրն բնութեան: Մշտաբուխ կոչէին զչորս թիւսդ՝ վասն չորից տարերցդ. և վասն այսորիկ մեծապատիւ էր առ պիթագորեանսն չորրեակդ, կամ վասն չորից տարերցդ[9], և կամ վասն չորից առա-

[1] A յառանց պատճառի. D յառանց հանդերձ պատճառաւ: [2] ABF ունի: [3] C լինի: [4] F ոչ պիտոյանան: [5] A ասեմք ապացուցի: [6] DF յենթակայէ առնուն: [7] B նմանութիւն փխ նմանիլ: [8] EF և զմշտաբուխ: [9] D չիք կամ վասն չորից տարերցդ:

Proceeding from here[9] it should be said that the sensations give rise to particular experience, while opinion which is not based on knowledge of the causes gives rise to general experience.[10] Sensation and imagination also give rise to general experience.[11] Reflection and opinion which is based on knowledge of the causes give rise to art, and reflection and reason give rise to scientific knowledge.

For when one takes as the origin that which needs to be proved, scientific knowledge originates from reflection; and when one takes as the origin that which does not need to be proved, then one says that scientific knowledge originates from reason.[12] Hence, as we have said, it has been shown that philosophy is used on many levels [of knowledge] and philosophy is the very best of all the arts and sciences, as Plato said,[13] addressing one Theodorus, a geometrician: "There has never been a greater good for mankind than this, O Theodorus, nor will there ever be conferred as a gift by God."

And so, we have learnt that in all there are six definitions of philosophy. We have also been shown their causes, so that we know not only the definitions but also that these definitions differ in four ways, since some of them derive from the subject, such as "knowledge of existence as such," and "knowledge of divine and human things"; and some derive from the purpose, as for example "philosophy is contemplation of death" and "becoming similar to God as far as is humanly possible"; and also from priority, as "the art of arts and the science of sciences"; and from etymology, as in "love of wisdom."

Thus, the definitions of philosophy differ in four ways. And the number four is held in high esteem by the Pythagoreans, who vowed to Pythagoras: "We vow to him who passed on to us the number four, the inexhaustible spring of nature!" They call it inexhaustible because of the four elements.[14] Therefore the number four is held in high esteem by the Pythagoreans either because of the four elements,[15] or because of the four

քննութեանց հոգւոյ, և կամ վասն զի չորք թիւք հանդերձ շարադրելով նախադունիւք իւրեանց՝ բացակատարեն զտասն թիւ։ Քանզի առնլով երիս՝ բացակատարէ եւթն. և դարձեալ, առնլով երկուս՝ բացակատարէ ինն, և առնլով մին՝ բացակատարէ տասն։ Իսկ տասն թիւդ կատարուն է, վասն զի ամենայն միակ առանձնական անուամբ մինչև ի տասն գոյանայ և յետ այնորիկ ի նոյն շրջապատի։

Ընդ այսոսիկ հանդերձ աստուծով և առաջիկայ պրակք

ՊՐԱԿՔ ԺԴ[1]

Եւ վասն զի ի յառաջագոյն ասացեալսն թուական պատճառս ասացաք, թէ վասն է՞ր վեց են սահմանք իմաստասիրութեան, պարտ է գիտել, եթէ թուականութեան երկուս տեսակք են՝ դար և կոճատ։ Եւ դար է, որ կարող գոյ յերկուս զոյգս բաժանիլ. որպէս չորք, որպէս վեց, որպէս ութ, որպէս տասն։ Իսկ կոճատ, որ ոչ կարող գոյ յերկուս զոյգս բաժանիլ. որպէս երեք, որպէս հինգ, որպէս եւթն, որպէս ինն։ Արդ ընդհանուր սկիզբն[2] դարիցն[3] և կոճատացն միակն է, իսկ[4] դարին երկեակն[5]։

Եւ տարակուսեն ոմանք, թէ երկեակն, թիւ գոլով, զիա՞րդ է սկիզբն[6]։ Առ որս ասեմք, եթէ ոչ գոյ թիւ երկակն[7]. վասն զի ոչ ունի զկատարութիւն թուոյ յինքեան, վասն զի ամենայն թիւ բազմապատկելով մեծ թիւ բացակատարէ, քան շարադրելով. որգոն, երիցս երեք՝ ինն, և երկու երեք՝ վեց։ Ահաւադիկ բազմապատկելով մեծ թիւ արար՝ ինն[8], քան թէ շարադրելով, որ է վեց։ Իսկ երկակդ ոչ այդպէս. քանզի բազմապատկելով և շարադրելով զնոյն թիւ բացակատարէ՝ զչորսն. երկիցս երկու՝ չորս. և երկու երկու՝ չորք։ Ուստի յայտ է, թէ երկակդ ոչ է թիւ. այլ լոկ սկիզբն թուոյ։

Այսոցիկ այսպէս ելոց, պարտ է գիտել, եթէ եւթն թիւդ կոյս լսի, որպէս Աթենայ և ժամանակ։ Եւ կոյս՝ վասն զի ամենայն թիւ ի ներքոյ[9] տասնեկիդ կամ ծնանի զոք կամ ծնանի յումեքէ[10]. իսկ եւթն ոչ ծնանի զոք ի ներքոյ տասնեկիդ և ոչ ծնանի յումեքէ. որգոն, երկուք ծնանի զչորս ի ձեռն բազմապատկութեան[11], և երեք՝

---

[1] A ԺԶ։ [2] E սահման փխ սկիզբն։ [3] AE դարուցն։ [4] C չիք միակն է, իսկ։ [5] F դարի երկակն։ [6] E սահման փխ սկիզբն։ [7] ACDEF չիք երկակն։ [8] C թիւք արարին փխ թիւ արար ինն։ [9] A չիք ներքոյ։ [10] B և կամ ծնեալ լինի յումեքէ ի ներքոյ տասնեկիդ։ [11] B կրկնապատկութեանց։

virtues of the soul,[16] or because it gives the number ten when one adds to it the numbers which precede it. For when one adds three [to four] the result is seven, and when one adds two the result is nine, and when one adds one the result is ten. And the number ten is perfect, since before it there are all the single units with separate names and after it they come full circle and are repeated.[17]

Thus, with God's help, let us proceed.

Chapter Fourteen[1]

And so, since when speaking of numerical causes in the previous discussions we said why there are in all six definitions of philosophy, now it should also be known that there are two kinds of numbers—even numbers and odd numbers. An even number is one which can be divided into two equal parts, such as for example four, six, eight and ten. An odd number is one which cannot be divided into two equal parts, such as three, five, seven and nine. The common origin for even and odd numbers is one, and for even numbers [alone] it is two.[2]

But some doubt this: "How can two be the origin when it is itself a number?" We reply that it is not a number, for it does not itself possess the characteristics of numbers; for when a number is multiplied [by itself] it produces a higher number than when it is added [to itself]. For example, thrice three is nine, while three plus three is six. Hence it makes a higher number—nine—when it is multiplied than the number—six—when it is added. But two is not like this, since the same number—four—results when one performs multiplication and addition; for twice two is four, and two plus two is four. Therefore it is clear that two is not a number but only the origin of [even] numbers.[3]

In addition one should know that the number seven is called virginal, like Athena and time.[4] It is called virginal because all the numbers which are less than the number ten either generate a number or are themselves generated by some number; but seven neither generates any number which is below the number ten, nor is generated by any number. For example, through multiplication two generates four and three generates nine. Four

զինն[1]։ Իսկ չորք ծնանի յերկուց, և ծնանին զութ ըստ երկուց բազմապատկութեանց[2]։ Նոյնպէս և հինգ ծնանի զտասն ի ձեռն երկուց բազմապատկութեանց։ Իսկ վեց ծնանի յերից ըստ նորին բազմապատկութեանց։ Իսկ ութն՝ ի չորից ըստ նորին բազմապատկութեանց։ Իսկ ինն՝ յերից ըստ երից բազմապատկութեանց։ Իսկ տասն ի հնգէ ըստ[3] երկուց բազմապատկութեանց։ Իսկ եւթն միւդ, որպէս յառաջագոյն ասացաք, ոչ ծնանի զոք և ոչ ծնանի յումեքէ ի ներքոյ տասնեկիդ։

Արդ այսպէս և Աթենայ կոյս լսի, վասն զի ասեն[4] արտաքինքն զԱթենայէ, թէ ի գլխոյն Արամազդայ ծնաւ։ Իսկ ժամանակ կոչի, վասն զի և տղայք, ծնանելով վեցամսեայք և ութամսեայք, ոչ ապրին. իսկ եւթնամսեայքն ապրին։ Եւ դարձեալ, վասն զի տղայքն բնաւորեցան յեւթներորդ ամսեանն[5] հանել ատամունս և յեւթն ամին փոփոխել[6]։

Ընդ այսոսիկ[7] հանդերձ աստուծով և առաջիկայ պրակք

ՊՐԱԿՔ ԺԵ[8]

Եւ վասն զի ի ձեռն սահմանաց որպէս մի ինչ գոյացեալ զիմաստասիրութիւն ուսաք, եկեսցուք այսուհետև և որպէս բազմամասն ինչ զնա գոլով ընդ բաժանմամբ ստորարկեսցուք։ Վասն զի ի ձեռն բաժանման[9] ստուգաբար զմասունս նորա իմանամք, իսկ ի ձեռն մասանցն ստուգաբար զբոլորն գիտեմք։ Եւ դարձեալ, գիտելով ստուգաբար զմասունս նորա, կարող լինիմք ստուգաբար գիտել, թէ որպիսի՞ շարադրութիւնք իմաստասիրութեան յորպիսի՞ մասունս վերաբերին, զի մի որք ի տեսականն վերաբերին առ ազգիտութեան կարծեսցուք ի գործականն վերաբերիլ, և որք ի գործականն՝ ի տեսականն։

Եւ արդ, վասն զի բաժանման յիշատակ արարաք, նախ թէ զի՞նչ է բաժանումն և մակաբաժանումն և ստորաբաժանումն՝ ուսցուք։ Եւ պարտ է գիտել, թէ բաժանումն է առաջին հատումն ենթակայ[10] իրողութեան, որգոն, յորժամ ասեմք, եթէ ի կենդանեացն ոմանք բանականք են և ոմանք անբանք։

---

[1] B *զինն ի ձեռն բազմապատկութեան*։ [2] B *կրկնապատկութեանց*։ [3] B *ի ձեռն* փխ *ըստ*։ [4] F *ասէին*։ [5] AB *յեւթնամսեանն բնաւորեցան*։ [6] A *փոխին*։ БC *փոխել*։ [7] A չիք *ընդ այսոսիկ*։ [8] A չիք *ԺԵ*։ [9] BD *բաժանմանց*։ [10] ADF *ենթակայի*։

is generated by two and, when it is doubled, itself generates eight. Five generates ten when it is doubled, and six is generated by three when the latter is doubled. Eight is generated when four is doubled, and nine is generated by tripling three, and ten is generated when five is doubled. But seven, as we have said, neither generates nor is generated by any of the numbers below ten.

Athena is also called virginal for the heathens[5] say that Athena was born from the head of Aramazd;[6] and time is called virginal because children born at the sixth or the eighth month do not survive, while at seven months they live, and also because in their seventh month children cut their teeth and in their seventh year they replace them.[7]

Thus, with God's help, let us proceed.

Chapter Fifteen[1]

Since we have examined philosophy as one thing, through its definitions, let us now examine it as something of many parts, on the basis of division. For by division we can accurately know its parts, and through the parts we can accurately know the whole. And when we accurately know its parts we can accurately identify which philosophical compositions correspond to which parts, so that we should not in ignorance take it into our head to attribute to the practical part what in fact belongs to the theoretical, nor attribute to the theoretical what in fact belongs to the practical.

And since we have mentioned division, let us first learn what is meant by division, redivision and subdivision. It is important to know that division is the initial partition of a given thing, as for example when we say that some creatures are rational and some are irrational.

Իսկ մակաբաժանումն է երկրորդ հատումն նորին ենթակայ իրողութեան ըստ այլ յեղանակի եղեալ, որպէս յորժամ[1] զկենդանին վերստին բաժանելով ասեմք, եթէ ի կենդանեացն ոմանք մահկանացուք են և ոմանք անմահք։

Իսկ ստորաբաժանումն է բաժանեցելոյ մասինն հատումն, որպէս յորժամ բաժանեցելոյ զկենդանին ի բանականն և յանբանն, դարձեալ զբանականն ստորաբաժանեմք ի մահկանացու և յանմահ. և դարձեալ զմահկանացուն բաժանեմք ի մարդ և ի ձի և յայսպիսիս[2]։ Նոյնպէս և իմաստասիրութիւն բաժանի ի տեսականն և ի գործականն, զի ի ձեռն տեսականին գիտասցուք զամենայն գոյս. իսկ ի ձեռն գործականին ուղղութիւն արասցուք բարուց[3] մերոց։

Եւ արժան է խնդրել, թէ վասն է՞ր յերկուս բաժանի իմաստասիրութիւն, ի տեսականն ասեմ և ի գործականն, և ոչ ի մի կամ ի բազումս։ Եւ պարտ է ասել, եթէ ի մի[4] ոչ կարող գոյ լինել բաժանումն. վասն զի ոչ երբէք բաժանումն վասն միոյ ուրուք բնաւորեցաւ լինել, այլ և ոչ[5] ի բազումս, քանզի բաժանումն[6] լսի երկատութիւն, այսինքն յերկուս որոշել զայս ինչ յայսմանէ ընտրողաբար, և ոչ[7] կտորել ի բազումս շփոթաբար[8]։

Բայց բաժանեցաւ յերկուս իմաստասիրութիւն վասն երից պատճառաց։ Նախ և առաջին այս. եթէ վասն այնորիկ իմաստասիրութիւն ի տեսականն և ի գործականն բաժանեցաւ, վասն զի էակացեալ է ի մեզ տեսականն և գործականն։ Եւ տեսականն այսպէս, որպէս յայտ առնեն մանկունք ամենեքեան, հարցասէրք գոլով ի[9] զրոյցս, այսինքն հետաքրքիրք գոլով. քանզի իւրաքանչիւր ոք ի մէնջ ախորժէ լսել ինչ։ Իսկ և գործականն նոյնպէս էակացեալ է ընդ մեզ, որպէս յայտ առնէ հոգի՝ ոչ երբէք դադարելով. քանզի ի ննջելն ոչ երբէք դադարէ յածելով ընդ երազս, այլ և յորժամ ոչ ննջեմք և ոչ ունիմք գործել ինչ, կամ մազ ի հերոյ ճողեմք, և կամ շիւղ ինչ շարժեմք։ Արդ վասն զի էակացեալ է ի մեզ տեսականն և գործականն, վասն այսորիկ իմաստասիրութիւն յայսոսիկ բաժանի։

Իսկ երկրորդ պատճառ այս է յերկուս բաժանելոյ, որպէս յառաջագոյն ասաք[10], իմաստասիրութիւն ի նմանութիւն աստուծոյ, որ ունի երկուս զօրութիւնս՝ զտեսականն և զգործականն։ Տեսական

---

[1] ABE չիք *յորժամ*։ [2] B *յանասունն* փխ *ձի և յայսպիսիս*։ [3] AF *բարոյից*։ [4] AF *թէ մի* փխ *եթէ ի մի*։ [5] AB չիք *և ոչ*։ [6] A *բաղումն*։ [7] B չիք *ոչ*։ [8] F *շփոթմամբ*։ [9] ABCF *և* փխ *ի*։ [10] C *ասացաք*։

Redivision is the secondary partition of the thing in question, but in another way, as for example when we divide creatures again and say that some creatures are mortal and others immortal.

Subdivision is the partition of one part of what has already been divided, as for example when, having divided creatures into rational and irrational, we again divide rational into mortal and immortal, and again mortal into man, horse, and so on. Similarly philosophy is divided into the theoretical and the practical, since through the theoretical we know all that which exists, and with the help of the practical we create morality in our conduct.

As for why philosophy divides into two parts, the theoretical and the practical, and not into one or into many—this is a question truly worthy of study. One should note that division into one cannot even be considered, for division into one never takes place, nor even division into many, since to divide means dichotomy—that is, split in two by separating one thing off from another deliberately, and not by splitting it up into many things in a disorderly fashion.[2]

Philosophy divides into two parts for three reasons. Firstly philosophy divides into the theoretical and the practical since a theoretical and a practical [principle] exist in us as well. The theoretical principle is revealed in all children who love to interrupt stories[3] with questions—that is, they reveal their curiosity, for each of us delights in hearing something [new]. The practical also exists in us: it is revealed in the continuous activity of the soul which does not cease even when we sleep, but continues its activity which is revealed in our dreams. And when we do not sleep but have nothing to do we tug at our hair, for example, or play with a piece of straw. Hence because the theoretical and the practical exist in us, they are what philosophy is divided into.

The second reason why it is division into two parts is because philosophy, as we learnt earlier, is becoming similar to God, whose power is twofold: theoretical and practical. Theoretical in that he knows all that which

է՝ ըստ որում զամենայն գոյս ճանաչէ. իսկ գործական է՝ ըստ որում արարիչ գոյ։ Վասն այսորիկ և իմաստասիրութիւն յերկուս բաժանի՝ ի տեսականն և ի գործականն, զի ի ձեռն տեսականին տպաւորեսցէ[1] յինքեան զտեսական զօրութիւն աստուածութեանն. Իսկ ի ձեռն գործականին՝ զգործական զօրութիւնն, խնամ տանելով հոգւոց մարդկան և ի տգիտութենէ ի ճշմարիտ[2] գիտութիւն ածելով։

Երրորդ պատճառ այս է. իմաստասիրութիւն դիտաւորութիւն ունի զհոգիս մարդկան զարդարել։ Իսկ հոգիք մարդկան երկուս զօրութիւնս բնաւորեցան ունել՝ տեսական և կենդանական։ Եւ տեսական է այս՝ միտք[3], տրամախոհութիւն, կարծիք, զգայութիւն, երևակայութիւն, վասն որոյ յառաջագոյն ասացաք։ Իսկ կենդանականն ունի զայսոսիկ. կամաւորութիւն, ընտրողութիւն, յօժարութիւն[4], բարկութիւն, ցանկութիւն։ Վասն այսորիկ և իմաստասիրութիւն յերկուս բաժանեցաւ՝ ի տեսականն և ի գործականն, որպէս զի ի ձեռն տեսականին զգիտնական[5] զօրութիւնսն հոգւոյն[6] զարդարեսցէ, իսկ ի ձեռն գործականին՝ զկենդանականսն։ Վասն զի գործականն ուսուցանէ մեզ ոչ առնել ինչ ըստ բարկութեան և ոչ ցանկալ ինչ անպատեհից։ Արդ այսոքիկ, թէ վասն է՞ր իմաստասիրութիւն[7] յերկուս բաժանեցաւ՝ ի տեսականն և ի գործականն։

Եւ պարտ է գիտել, թէ երկաքանչիւր ոք ի սոցանէ յաղթահարին ի միմեանց և յաղթահարեն զմիմեանս. քանզի տեսականն յաղթահարէ զգործականն ըստ ենթակային, քանզի տեսականին ամենայն գոյք ենթակային առ ի գիտել, իսկ գործականին՝ մարդկային միայն հոգիք, քանզի զմարդկային միայն զհոգիս զարդարէ, և ոչ զանբանիցն։ Իսկ տեսականն և զանբանից և զբանաւորաց զբնութիւնս գիտէ։ Իսկ գործականն յաղթահարէ զտեսականն ըստ կատարմանն, վասն զի կատարումն տեսականին ճշմարտութիւն է, իսկ կատարումն գործականին՝ բարին. զի ի ձեռն գործականին զարդարէ զբարսն, ի բաց կորելով զախտսն[8], գործելով զբարին։ Իսկ ի ձեռն տեսականին զճշմարտութիւն, վասն զի տեսականն է, որ ուսուցանէ մեզ զճշմարտութիւն գոյիցն։

Իսկ բարին պատուականագոյն ՝է քան զճշմարիտն, որպէս ընդհանրականագոյն և ներպարունակական, քանզի ամենայն որ ճշմարիտ է, նա և բարի է, այլ ոչ ամենայն բարի ճշմարիտ է[9].

[1] A տպաւորէ։ [3] C ի ճշգրիտ։ [3] AD չիք միտք։ [4] AD չիք յօժարութիւն։ [5] C գիտնականի զտեսական։ [6] A սուրբն հոգւոյն։ [7] D իմաստութիւն։ [8] F զախտն։ [9] A ամենայն որ բարի՝ նա և ճշմարիտ է, այլ ոչ ամենայն ճշմարիտ՝ բարի։

exists; and practical in that he acts as creator. Therefore philosophy also divides into two parts, the theoretical and the practical; for through the theoretical it stamps in itself the theoretical power of the divine, and through the practical, the practical power, exercising a concern for human souls, leading them from ignorance to true knowledge.

The third reason is as follows: The purpose of philosophy is to adorn the human soul. Now human souls possess two capacities—the theoretical and the animal. The theoretical [capacity] is reason, reflection, opinion, sensation and imagination, which we have already discussed.[4] To the animal [capacity] belong volition, selectivity, goodwill,[5] anger and desire. Thus philosophy divides into two parts, the theoretical and the practical, in order to adorn the soul's power for acquiring knowledge through the theoretical, and to adorn the animal through the practical; for the practical teaches us not to act under the influence of anger and not to desire anything unseemly. This is why philosophy divides into two parts, into theoretical and practical [philosophy].

It is essential to know both these are dominated by and dominate each other. Thus the theoretical dominates the practical with regard to the subject. The subject of the theoretical is all existence, with a view to knowing [it], while the subject of the practical is confined to human souls, since it adorns only the soul of man and not of irrational creatures, whereas the theoretical knows the natures of both irrational and rational [creatures]. But the practical dominates the theoretical with regard to purpose. The purpose of the theoretical is truth, while the purpose of the practical is goodness, since through the practical it adorns our conduct, banishing the passions and creating goodness; and it adorns us with truth through the theoretical, since it is theory which teaches us the truth [about] existence.

Goodness is higher than truth, being more general and more comprehensive, since all that is true is good, but not all that is good is true. For it

քանզի գտանեմք երբեմն և զսուտն բարի, որպէս զոր ասելոցս եմք: Ետ ոմն ցոմն յաւանդ սուսեր, և ի ժամանակի բարկութեան չոգաւ խնդրել, որպէս զի սպանումն արասցէ, իսկ նա ուրացաւ, թէ ոչ ինչ ետուր ցիս[1], և ստեաց: Եւ ահա սուտ, որ բարի գոյ:

Ընդ այսոսիկ հանդերձ աստուծով և առաջիկայ պրակք[2]

ՊՐԱԿՔ ԺԶ[3]

Եւ վասն զի զիմաստասիրութիւն ի տեսականն և ի գործականն երկատեցաք[4], պարտ է գիտել, զի երկաքանչիւր ոք յերկատելոց մասանցս ստորաբաժանի: Եւ նախ և առաջին տեսականն, վասն զի պատուականագոյն է, քան զգործականն, վասն զի տեսականին ամենայն գոյք ենթակային, իսկ գործականին միայն մարդկային հոգիք[5]:

Եւ պարտ է գիտել, եթէ այլաբար Պղատոն ստորաբաժանէ զտեսականն և այլաբար Արիստոտէլ: Քանզի Պղատոն ստորաբաժանէ[6] զտեսականն ի բնաբանականն և յաստուածաբանականն, վասն զի ոչ կամի զուսումնականն մասն գոլ իմաստասիրութեան, այլ նախակրթութիւն ինչ, որպէս զքերթողականն և զճարտասանականն. ուստի և առաջի իւրում[7] համալսարանին մակագրեաց՝ Աներկրաչափ ոք մի ներսամտեսցէ: Արդ զայս մակարգեաց այսպէս, վասն զի բազում իրս Պղատոն իմաստասիրէ[8], աստուածաբանէ և վասն աստուածաբանութեանն կահաւորի: Իսկ ուսումնականն գործակից լինի առ ի գիտել զաստուածաբանութիւնն, որոյ մասն ինչ է երկրաչափութիւնն[9]:

Իսկ Արիստոտէլ ստորաբաժանէ[10] զտեսականն ի բնաբանականն[11], յուսումնականն և յաստուածաբանականն: Վասն զի և զուսումնականն, որպէս մակացութիւն, մասն իմաստասիրութեան ստորագրէ: Եւ արդ այսոքիկ այսպէս:

Բայց պարտ է գիտել, թէ վասն է՞ր յերիս բաժանի տեսականն: Վասն որոյ ասեմք, թէ տեսականին ամենայն գոյք ենթակային առ ի գիտել. իսկ ամենայն գոյք եռակի են՝ կամ ենթակա-

---

[1] A չիք *իսկ նա ուրացաւ, թէ ոչ ինչ ետուր ցիս:* [2] A *պրակք ԺԷ:* [3] A *ԺԸ* փխ *ԺԶ:* [4] C *երկատեցաւ:* [5] C *հոգիք մարդկան.* F չիք *մարդկային:* [6] D *բաժանէ:* [7] BD *իւրոյ:* [8] BCDEF չիք *իմաստասիրէ:* [9] B *երկրաչափականն:* [10] C *բաժանէ:* [11] E *ի բնականն:*

sometimes happens that a lie can be something good. Let us suppose, for example, that one man gave another a sword for safe custody; then in a moment of anger he came to take it back to commit a murder, and the other refused to return it and lied to him, saying that he never gave it to him. Here is a lie which is also good.[6]

Thus, with God's help, let us proceed.

Chapter Sixteen[1]

Since we have divided philosophy into theory and practice, it should be known that each of these parts subdivides, and in the first place theory, as this takes precedence over practice. For the subject of theory is all existence, while of practice it is confined to human souls.[2]

It is essential to realize that Plato and Aristotle each subdivide the theoretical in a different way. Plato subdivides it into natural science and theology, since he did not want to make mathematics a part of philosophy but rather a preliminary training, like grammar and rhetoric. For this reason he inscribed in front of his academy: "He who is not a geometrician may not enter." He inscribed this because there are many things which he attributes to philosophy and theology and adapts to theology; while mathematics is treated as an aid for knowing theology, of which geometry is a part.

Aristotle, on the other hand, divides theory into natural science, mathematics and theology, since he considers mathematics as a science to be a part of philosophy. This, then, is how it is.

However, one should know why the theoretical divides into three parts.[3] In this regard we say that the subject of theory for the purpose of knowledge is all existence, and all existence exists in three ways. Things

յութեամբ և մակամտածութեամբ նիւթաւորք գոն, որպէս փայտ և քար և այլքն ամենայն ի տեսանելեացն: Քանզի այսոքիկ և ենթակայութեամբ և մակամտածութեամբ նիւթաւորք գոն, վասն զի ոչ է կարողութիւն զքար և զփայտ առանց նիւթոյ իմանալ: Եւ կամ ենթակայութեամբ և մակամտածութեամբ իսկ աննիւթք, որպէս աստուած, հրեշտակ, միտք, հոգի: Քանզի այսոքիկ և ենթակայութեամբ աննիւթք են և մակամտածութեամբ, վասն զի ոչ գոյ կարողութիւն նիւթաւոր իմանալ զաստուած կամ զհրեշտակս, կամ զմիտս, կամ զհոգի[1]: Եւ կամ ենթակայութեամբ նիւթաւորք գոն, իսկ մակամտածութեամբ աննիւթք, որպէս ձևք, քանզի ձևք ենթակայութեամբ նիւթաւորք գոն: Քանզի ոչ կարէ եռանկիւնին և քառանկիւնին կամ այլ ձևք առանց նիւթոյ բաղկանալ. այլ կամ ի քարում, և կամ ի փայտում, և կամ յայլ ինչ նիւթում ունի զգոյութիւն: Իսկ մակամտածութեամբ աննիւթք գոն, քանզի յորժամ երևակայէ ոք զձևս ի տրամախոհութեան, զնա ինքն զձևն ըստ ինքեան տպաւորէ ի մակամտածութեան[2]: Քանզի որպէս մոմ առատպելով յինքեան զգիր մատանւոյ, զնոյն ինքն առանձին զգիրն առատպէ յինքն, և ոչ այլ ինչ նիւթ առնու ի մատանւոյն, ըստ նմին օրինակի և տրամախոհութիւն, երևակայելով յինքեան զձևս, ոչ ինչ առնու ի նիւթոյ, այլ զնոյն ինքն զձևս երևակայէ և տրամատպաւորէ յինքեան: Եւ արդ, վասն զի տեսականին ամենայն գոյք ենթակային առ ի գիտել, իսկ գոյքդ, որպէս ասացաք, եռակի են, վասն այսորիկ և տեսականն յերիս բաժանեցաւ. ի բնաբանականն, յուսումնականն և յաստուածաբանականն:

Եւ պարտ է գիտել, զի բնաբանականն կահաւորի վասն այնոցիկ[3], որք[4] ենթակայութեամբք և մակամտածութեամբք նիւթաւորք գոն: Իսկ ուսումնականն կահաւորի վասն այնոցիկ, որք ենթակայութեամբ նիւթաւորք գոն, իսկ մակամտածութեամբ աննիւթք: Իսկ աստուածաբանականն՝ վասն որք ենթակայութեամբք և մակամտածութեամբք աննիւթք: Արդ այսոքիկ այսպէս ելոց, ասասցուք և վասն դասաւորութեան նոցին:

Եւ պարտ է գիտել, զի բնաբանականն զառաջինն ընկալաւ[5] դաս, որպէս սննդակից և հուպ ի մեզ, և որպէս ամենեխմբ[6] նիւթական: Իսկ ուսումնականն զմիջինն ընկալաւ[7] դասաւորութիւն[8],

[1] C չիք կամ զհոգի: [2] D ի մակացութիւն: [3] C այնորիկ: [4] C ոյք: [5] ABDF կալաւ: [6] D ամենևին: [7] BD կալաւ: [8] C դաս:

may be material as objects and in thought, as for example wood, stone and all other visible[4] [things], since as objects and in thought these are material, for it is impossible to know stone or wood without matter. Or they may be non-material as objects and in thought, as for example God, an angel, reason,[5] the soul, for as objects and in thought these are non-material, since it is impossible to admit of God, angels, reason or a soul which are material. Or they may be material as objects, but non-material in thought, as for example forms, because forms are material as objects. For a triangle, a square and other forms cannot exist without matter; they must reside in stone, wood[6] or some other material thing; but in thought they are non-material, for when a man while he is thinking imagines forms, it is the form as such that he imprints in his thought. Just as wax assumes only the impression of the inscription on a ring, and imprints on itself the inscription, taking nothing material from the ring,[7] so thought reproduces in itself the forms, taking nothing from matter, but reproducing and imprinting the forms in itself. And thus, since all existence is the subject of theory for the purpose of knowledge, and since that which exists, as we have said, exists in three ways, therefore the theoretical also divides into three parts: natural science, mathematics and theology.

It should be noted that natural science is concerned with those things which are material as objects and in thought;[8] mathematics is intended for those which are material as objects and non-material in thought; theology[9] is intended for those things which are non-material as objects and in thought. And thus, this being so, let us now speak about their order.

Natural science has first place, being familiar and close to us and entirely material. Mathematics stands in the middle—that is, between

այսինքն ի մէջ բնաբանականին և աստուածաբանականին, որպէս երկոցունց հաղորդ, վասն զի և նիւթաւոր է, որպէս բնաբանականն, և աննիւթ՝ որպէս աստուածաբանականն: Իսկ աստուածաբանականն ի հարկէ զվերջինն ընկալաւ դասաւորութիւն, վասն զի ոչ է կարողութիւն յետ բնաբանականին յաստուածաբանականն ամբառնալ. վասն զի և ոչ է պարտ յամենևիմբ[1] նիւթականացն՝ այն ինչ յամենևին աննիւթականս[2] մատչել. ապա եթէ ոչ՝ զնմանոն կրեմք այնոցիկ, որք բազում ժամանակս յաղջամղջին տեղւոջ կացեալք[3], այն ինչ առ արեգակն հայել ձեռնարկեն, որք և նոյն ժամայն կուրանան: Արդ այսպէս որք յամենևիմբ նիւթականացն յամենևիմբ աննիւթականս[4] մատչել, զորս առակելով քերթութիւնն[5] վասն Ոտոսի և Եփիալտոսի, որք զՈսայ զլեառն ի վերայ Ողիմպիոսի[6] յօժարեցան դնել և ի վերայ զՈսայ զտերևաշարժն զԲիլոն[7], որպէս զի երկին ճեմարան եղիցի. որ նշանակէ ոչ այլ ինչ, այլ եթէ իմաստասէրք գոլով ձեռնարկեցին առանց ուսումնականին յամենևիմբ նիւթականացն յամենևիմբ աննիւթականսն գոլ, այսինքն ի բնաբանականացն յաստուածաբանականսն ամբառնալ:

Եւ զի[8] պարտ է յետ բնաբանականին զուսումնականն ի կիր առնուլ, պատուիրեաց հրաշալին Պղատոն[9] ասելով, թէ աւանդելի է նորագունիցն զուսումնականն առ ի յընտանեցուցանել զանմարմին բնութիւնն, յորոց ձեռն անմարմին բնութիւնն գայ[10] ի գիտութիւն:

Բայց տարակուսեն ոմանք ասելով, եթէ ոչ[11] միայն ուսումնականն ուսանի առ ի մէնջ, այլ և բնաբանականն և աստուածաբանականն, վասն է՞ր սա միայն լսի ուսմնական: Առ որս պատասխանատրեն[12] պիթագորականք[13] ասելով, թէ յիրաւի սա միայն լսի ուսմնական, վասն զի ի տրամախոհութեան ունի զգոյութիւն: Իսկ որ ուսանիլն բնաւորեցաւ, տրամախոհութիւն միայն է, քանզի միտք պարզաբար ըմբռնումն գոյիցն է:

---

[1] ABD *յամենևին:* [2] C *աննիւթ:* [3] C *ի խաւարային տեղիս արգելեալ փխ յաղջամղջին տեղւոջ կացեալք:* [4] B *աննիւթսն:* C *յաննիւթն:* [5] F *քերթողութիւն:* [6] A չիք *որք զՈսայ զլեառն ի վերայ Ողիմպիոսի:* [7] F *Բիղովն:* [8] F չիք *զի:* [9] B *Պղանիոս.* E *Պղատինիոս.* F *Պղատոնիոս:* [10] ADF *գոյ:* [11] ABF *եթէ վասն զի ոչ:* [12] ADF *պատասխանեն:* [13] B *ոմանք պիթագորականք:*

natural science and theology—as it shares in both of them, for it is material like natural science and non-material like theology.[10] And theology, therefore, comes last, since it is impossible to ascend to theology [directly] from natural science, for one cannot pass from what is entirely material to what is completely non-material. It would be as though men who had for a long time been kept in a dark place were made to look at the sun: they would immediately be blinded.[11] The same thing would happen if a man were to pass from the entirely material to the entirely non-material. Such are allegorised in the poem[12] of Otys and Ephialtes who wished to pile Mount Ossa on top of Mount Olympus and then the wooded Pelion on top of this in order to scale the sky.[13] The meaning of this is nothing other than as if philosophers decided to bypass mathematics, to go from the entirely material to the completely non-material—that is, to ascend from natural science directly to theology.[14]

And that one should turn to mathematics after natural science[15] is commanded by that remarkable man Plotinus,[16] when he said: "To become familiar with the incorporeal nature novices should study mathematics, through which the incorporeal nature may become known."[17]

But some doubt this and ask: "If we study not only mathematics but also natural science and theology why is this only called mathematics?"[18] In reply[19] the Pythagoreans say that it is right to speak only of mathematics, for this has its existence in the capacity for thought; for it is only this capacity which is able to learn,[20] since the intellect is the grasping of things [directly], in a simple fashion.

Ընդ այսոսիկ հանդերձ աստուծով և առաջիկայ պրակք

ՊՐԱԿՔ ԺԷ[1]

Բաժանեալ զտեսականն ի բնաբանականն և յուսմնականն և յաստուածաբանականն, եկեսցուք այսուհետև և զիւրաքանչիւր ոք ի սոցանէ ստորաբաժանեսցուք: Այլ վասն զի երկատութիւն բնաբանականին և աստուածաբանականին բազմախիտ է և մեծի լսողութեան ունի պէտս, զայսոսիկ մեծագունիցն թողեալ իրողութեանց, եկեսցուք և ասասցուք զերկատութիւն ուսումնականին. ասասցուք և զհաւաստին սակս ուսումնականին[2], քանզի է և այլ բազմախիտ երկատութիւն, որք ի խորագոյն իրողութիւնս ասասցին: Բայց սակայն զոր ասելոցս եմք՝ ստոյգ և հաւաստի է, զոր պարտ է մեզ հինգ գլխովք յայտ առնել: Մի՝ նախ և առաջին, թէ ո՞յք և որչափ իցեն տեսակք ուսումնականին: Երկրորդ, յորում ասեմք զպատճառս քանիութեան[3]: Երրորդ, յորում վասն տեսակացն և նոցին դասաւորութեան[4] ճառեմք: Չորրորդ, յորում ասեմք, թէ ո՞յք են գտօղք տեսակաց ուսումնականին: Հինգերորդ, յորում ասեմք, թէ ո՞յք ոմանք տեսակք յարակային տեսակացս այսոցիկ:

Արդ եկեսցուք յառաջին գլուխն և ասասցուք, թէ ո՞յք և որչափ իցեն տեսակք ուսմնականին: Եւ պարտ է գիտել, թէ չորք են տեսակք՝ թուականն, երաժշտականն, երկրաչափականն և աստեղաբաշխականն:

Եկեսցուք և յերկրորդ գլուխն և ասասցուք զպատճառս քանիութեան տեսակաց ուսմնականին: Եւ պարտ է գիտել, թէ ուսմնականն քանակիւն գոյանայ և այսոքիւք կահաւորի. կամ թուականաւն, որպէս ինքն իսկ թուականն, որ է քանակ[5], և կամ բաղադրութեամբ հնչմանց, որպէս երաժշտականն, քանզի և այս քանակ է. քանզի խնդրէ՝ թէ ո՞ր է, որ զերկպատիկ բան ունի, և ո՞ր է, որ զկիսաբոլոր, և ո՞ր զմակեռակն, և ո՞ր զմակքառակն: Եւ կամ տարակացութեամբ երկրի, որպէս երկրաչափականն, քանզի և այս քանակ է: Եւ կամ շարժմամբ երկնային մարմնոյն[6], որպէս աստեղաբաշխականն, քանզի և այս քանակ է. քանզի ունին շարժմունք տարակացութիւնք, ըստ որոց[7] շարժին:

---

[1] AE չիք ԺԷ: [2] ACD և ուսումնականին զհաւաստին փխ ասասցուք ...ուսումնականին: EF չիք ասասցուք և...սակս ուսումնականին: [3] CDF քանիօնութեան: [4] ABF վասն դասաւորութեան նորին տեսակաց: D վասն տեսակաց նորին դասաւորութեան: [5] BE չիք որ է քանակ: [6] DF մարմնոյ: [7] A որում:

Thus, with God's help, let us proceed.

Chapter Seventeen[1]

We have divided theory into natural science, mathematics and theology, so let us follow this by subdividing each one of them. However, since the division of natural science and theology into two is extremely complicated and demands much attention, we shall leave these for a longer analysis and speak now of the division of mathematics—that is, we shall give a clear account of mathematics, for there is also a very complicated division which will be explained in a deeper analysis. But what we shall say will be accurate and correct; and we must set it out in five sections. In the first section we shall say how many different kinds of mathematics there are and what they are. In the second section we shall say why there are this number. In the third we shall speak about the [different] kinds of mathematics and how they are arranged. In the fourth we shall say who invented these kinds of mathematics. And in the fifth section we shall speak of other kinds which are loosely related to these kinds [of mathematics].

Let us proceed to the first section to say how many different kinds of mathematics there are and what they are. It should be known that there exist four kinds: arithmetic, music, geometry and astronomy.

Now we shall move on to section two and say why there are this many kinds of mathematics. One must [first] know that mathematics is based on quantity and is made up of the following: number, as arithmetic itself, for this is quantity; or the relationship of sounds, as music, for this is also quantity, since it seeks to find out what it is that has a double ratio, a ratio of one and a half to one, of two to three, and three to four;[2] or distances over earthly surfaces, as geometry, for this is also quantity; or else the movement of the heavenly bodies, as astronomy, for this is also quantity, since in movement there is also implied the distance over which the [heavenly bodies] move.

Արդ այսոցիկ այսպէս ելոց և ծանուցելոց[1], եթէ ուսմնականն քանակիւն գոյանայ, պարտ է գիտել, թէ քանակն երկակի է. կամ շարունակ է, կամ տարորոշ: Եւ շարունակ քանակ է, որոյ մասունքն առ մի սահման շարամերձին, որպէս որմոյ քար[2], որ է շարունակ քանակ, քանզի եթէ զօրութեամբ հատանես և բաժանես ի բազում տեղիս զամենայն մասունս նորա, հատեալքն և բաժանեալքն առ մի սահման շարամերձին, քանզի այս հատած յայն հատած շարամերձեալ իմանի, յորժամ իմանալի զգիծն առնուցուս ի լինել[3] բաժանման: Քանզի իմանալի գիծն զօրութեամբ առնելով զբաժանմունսն և միջակ գոլով[4] զօրութեամբ բաժանեցելոցն, զտանի այս մասն շարամերձեալ իմանալի գծով յայն, և այն՝ իմանալի գծով յայլ. և ի ձեռն իմանալի գծոյն շարամերձեալք գոն միմեանց: Բայց աստացուք[5] զօրութեամբ բաժանեալ զշարունակն և ոչ ազդմամբ, վասն զի ազդմամբ բաժանեալ տարորոշ առնէ և ընկենու ի բնութենէ շարունակին: Իսկ տարորոշ քանակ է տրամորոշեալն. և ոչ ինչ ունելով ընդ մէջ, որով կարող գոյ շարամերձել զայս մասն առ այն, որպէս ի թիւսդ, քանզի տասն տարորոշեալ է, թէպէտ և ի միակացն[6] առնու զնա շարակացեալ ի հնգէ և ի հնգէ, ոչ ունի այլ թիւ ի մէջ հնգիցն, որով շարամերձին առ միմեանս, քանզի թէ առնու զմիակն ի մէջ[7] հնգիցն՝ անկանի ի տասն լինելոյ: Եւ արդ այսոքիկ այսպէս:

Բայց պարտ է գիտել, եթէ իւրաքանչիւր ոք ի տեսակաց քանակիս երկակի ասի գոլ. քանզի և տարորոշն երկակի ասի, վասն զի է որ ըստ ինքեան ասի, և է որ ըստ բաղազանութեան: Եւ ըստ ինքեան, որպէս յորժամ զթիւ ըստ ինքեան առանձինն առնումք, որգոն, յորժամ զտասն ինքն ըստ ինքեան առնումք, ոչ բաղազանելով զնա առ այլ թիւ: Իսկ ըստ բաղազանութեան է, յորժամ զոք մի ի թուոցն բաղազանեմք առ այլ թիւ, որպէս զտասն առ հինգ, ասելով, թէ տասն հնգին կրկնապատիկ է: Այլ և շարունակ քանակն երկակի է, քանզի է որ անշարժ է, և է որ շարժուն. անշարժ՝ որպէս երկիր, վասն զի ոչ շարժի յայսմ տեղոյ յայլ տեղի, իսկ շարժուն՝ որպէս երկին, որ է մշտաշարժ:

Արդ այսոցիկ այսպէս ելոց, վասն զի ուսումնականն, որպէս յառաջագոյն ասացաք, քանակիւն բաղկանայ[8]. իսկ զքանակն եր-

[1] B *ծանուցաւ:* [2] A *որմաքար:* [3] A *առնուցում լինել:* [4] B *միջագոլով:* [5] F *ասացաք:* [6] D *ի միակեացն:* [7] D *ի միջոյ.* F *ի մէջէ:* [8] C *ուսումնականն քանակիւն գոյանայ, որպէս ասացաք:*

After learning that mathematics is based on quantity, one should then know that there exist two kinds of quantity: continuous quantity and discrete quantity. A continuous quantity is one whose parts are joined at a single edge, as for example the stone of a wall, which is a continuous quantity. For if one potentially breaks it up and distributes all its pieces in many different places the smashed and separated pieces will come together again at a single edge; for when one begins to study the imaginary line of the break, one piece will be seen to join up with the other piece [which matches it]. For the same imaginary line which marks the potential division and lies between those pieces potentially divided, also joins one piece to another, and the latter to a third. Thus through imaginary lines the pieces are joined up one to another. But we have said that this continuous quantity is divided only potentially and not in actuality; for if we actually divide it, it will turn into a discrete quantity and depart from the nature of a continuous quantity. A discrete quantity is one which is fragmented and has nothing in between which could unite one part to another, as for example in numbers. Ten is a discrete quantity: although it is formed from single units, five plus five, there is no number between these fives through which they could be united; for if one takes one from [these two] fives it will cease to be ten.[3] This, then, is how it is.

However, it should be known that each kind of quantity is two-fold. Discrete quantity can be taken both separately and comparatively. We examine it as something taken separately when we look at a number by itself and on its own, for example when we consider the number ten by itself without connecting it to another number. And it appears comparatively when we look at one number compared with another number, as for example ten in relation to five, when we say that ten is twice as much as five. Continuous quantity is also two-fold, for it can be both stationary and in motion. It can be stationary like the earth, for this does not move from one place to another, and it can be in motion like the heavens, which are in perpetual motion.

Thus, as we have already said, mathematics is based on quantity, and

կակի ասացաք՝ է որ տարրորոշ, և է որ շարունակ: Եւ դարձեալ, զիւրաքանչիւր ոք ի նոցանէ երկակի. զտարրորոշն ըստ ինքեան և ըստ բաղադանութեան, և զշարունակն անշարժ և շարժուն, որք ընդ ամենայն չորք լինին տեսակք:

Արդ, ըստ համեմատութեան[1] այսց չորից տեսակաց քանակի՝ չորս ունի և ուսմնականն, որ քանակիւն գոյանայ. զթուականն, զերաժշտականն, զերկրաչափականն, զաստեղաբաշխականն. յորոց թուականն բաղկանայ ի տարրորոշ քանակէն, որ ըստ ինքեան. իսկ երաժշտականն՝ ի տարրորոշ քանակէն, որ ըստ բաղադանութեան. իսկ երկրաչափականն՝ յանշարժ շարունակ քանակէն. իսկ աստեղաբաշխականն՝ ի շարժուն շարունակ քանակէն: Ընդ այսոսիկ և երկրորդ գլուխն:

Եկեսցուք և յերրորդ գլուխն և ասասցուք զկարգ դասաւորութեան տեսակաց ուսումնականին: Եւ պարտ է գիտել, եթէ թուականն և երաժշտականն զառաջին[2] կարգ դասաւորութեան ընկալան, քան[3] զերկրաչափականն և զաստեղաբաշխականն, վասն զի թուականն և երաժշտականն տարրորոշ քանակիւն բաղկանան. իսկ երկրաչափականն և աստեղաբաշխականն շարունակ քանակիւն բաղկանան: Իսկ տարրորոշ քանակն պատուականագոյն է, քան զշարունակն, վասն զի տարրորոշ քանակն կարող գոյ անշփոթաբար զանազան տեսակս ընդունել, որպէս քսան և հինգն, տարրորոշ քանակ գոլով՝ անշփոթաբար ընկալաւ[4] զանազան տեսակս, բոլոր գոլով և քառանկիւնի: Եւ բոլոր, վասն զի որպէս ի բոլորումն սկիզբն շարամերձեալ գոյ կատարման, վասն զի կարող գոյ[5] ի բոլորումն նոյն նշան՝ և սկիզբն լինել և կատարումն: Այսպէս և աստանօր ի հնգէ սկիզբն արարեալ բազմապատկաբար աւարտեցաւ բոլորաբար ի նոյն հինգ, որպէս հնգիցս հինգ՝ քսան և հինգ. ահա ի հնգէ սկիզբն արարեալ, աւարտեցաւ ի հինգ:

Իսկ քառանկիւնի դարձեալ, վասն զի ամենայն թիւ յինքեան բազմապատկելով զքառանկիւնի թիւն բացակատարէ, որպէս երիցս երեք՝ ինն, չորիցս չորս՝ տասն և վեց[6]. նոյնպէս և հնգիցս հինգ՝ քսան և հինգ: Իսկ շարունակ քանակն ոչ կարէ անշփոթաբար զանազան տեսակս ընդունել, վասն զի մոմ, որ է շարունակ քանակ, եթէ ոք ստեղծանէ[7] զնա ըստ Տիգրանայ կերպարանին, ոչ կարէ

---

[1] ABC համատատութեան: [2] B պառաջի: [3] C քանզի: [4] B ընդունի: [5] C չիք կարող գոյ: [6] F վեշտասան: [7] F ստեղծանիցէ:

quantity, as we said, can be of two kinds: discrete and continuous. And moreover, as we said, each of these two kinds is two-fold: discrete quantity can be taken separately or comparatively, and continuous quantity can be stationary or in motion, [which makes] four kinds in all.

And so, mathematics, which is based on quantity, corresponds to these four kinds of quantity, consisting of arithmetic, music, geometry, and astronomy. Of these arithmetic deals with discrete quantity taken separately; music deals with discrete quantity taken comparatively; geometry deals with continuous quantity which is stationary; and astronomy deals with continuous quantity which is in motion. Thus ends the second section.

We now pass on to the third section, to discuss the order in which the different kinds of mathematics are arranged. It should be known that arithmetic and music come first before geometry and astronomy, since arithmetic and music are based on discrete quantity, while geometry and astronomy are based on continuous quantity. And discrete quantity takes precedence over continuous quantity, since a discrete quantity can without confusion assume different forms, like twenty-five for example which, being a discrete quantity, can without confusion assume different forms and be both circular and square [in form]. Just as in a circle the beginning and end meet, so it is connected to both its number of origin [five] and its final number. Likewise, if one begins with five and multiplies it, the same number—five—results; for example five times five is twenty-five. Thus, you see, we begin with five and end with five.

[Any] number can also be in the form of a square, since any number produces a squared number when it is multiplied by itself, as for example three times three, which is nine; four times four—sixteen; and five times five—twenty-five. But a continuous quantity cannot assume different forms without confusion; for if some wax—which is a continuous quantity —were to be shaped to the likeness of Tigran,[4] the wax would not be able

այլ կերպարան ընդունել, եթէ ոչ յառաջագոյն ի բաց եղծանի[1]. ապա եթէ ոչ՝ շփոթումն[2] լինի։

Արդ վասն զի տարորոշ քանակն պատուականագոյն է, քան զշարունակն, վասն այսորիկ թուականն և երաժշտականն, տարորոշ քանակիւն բաղկանալով, զառաջին դաս ընկալան, քան զերկրաչափականն և զաստեղաբաշխականն։ Իսկ թուականն դարձեալ յառաջադասի, քան զերաժշտականն, վասն զի թուականն, որպէս յառաջագոյն ասացաք[3], տարորոշ քանակիւն, որ ըստ ինքեան է, բաղկանայ։ Իսկ երաժշտականն՝ տարորոշ քանակիւն, որ ըստ բաղադանութեան։ Եւ նախագոյն է ըստ ինքեանն, քան ըստ բաղադանութեան, քանզի և պարզաբար լինելն, քան զայսպէս[4] լինելն։ Իսկ երկրաչափականն յառաջագոյն[5] է, քան զաստեղաբաշխականն, վասն զի երկրաչափականն ի շարունակ քանակէն՝ որ անշարժն է, բաղկանայ։ Իսկ աստեղաբաշխականն ի շարունակ քանակէն, որ շարժունն[6] է։ Իսկ անշարժն յառաջագոյն է, քան զշարժունն. զի անշարժն է սկիզբն շարժման, զի ամենայն որ հանդերձեալ է շարժիլ՝ ի դադարմանէ և յանշարժէն ունի սկիզբն շարժման։ Այսորիկ և վասն դասաւորութեան տեսակաց ուսումնականին։

Եկեսցուք այսուհետև և ի չորրորդ գլուխն և ասասցուք, թէ ո՞յք ոմանք են գտողք այսոցիկ տեսակաց։ Եւ պարտ է գիտել, եթէ զթուականն փիւնիկեցիք գտին, որպէս վաճառականք գոլով[7] և թուականութեան պէտս ունելով առ ի համարել։ Իսկ զերաժշտականն՝ թրակացիք, վասն զի անտի էր Որփևս, զորմէ ասեն նախ գտանել զերաժշտականն։ Իսկ զաստեղաբաշխականն՝ քաղդեացիք, վասն անամպ և հանապազաջինջ գոլով օդոցն՝ դիւրաւ[8] կարացին ըմբռնել զշարժմունս աստեղաց։ Իսկ զերկրաչափականն եգիպտացիք գտին ի հարկէ, քանզի Նեղոս[9] գետոյ ի ծովանալ[10] ի վերայ Եգիպտոսի և խառնակել զսահմանս արտավարացն կռիւք և սպանմունք[11] լինէին եգիպտացւոցն ի վերայ իւրաքանչիւր սահմանի, մինչև իմացան չափ մի, որում անուն էր սպանակ. զայն դնելով գտանէին զսահմանս իւրաքանչիւր արտավարի[12], ուստի և ապա երկրաչափութիւն գտաւ։

Եկեսցուք այսուհետև ի հինգերորդ գլուխն և ասասցուք, թէ որպիսիք[13] իցեն տեսակք յարակացեալք այսոցիկ տեսակաց։ Եւ

---

[1] F *եղանի։* [2] CD *շփոթութիւն։* [3] D *ցուցաք։* [4] F *զայսպիսի։* [5] CDF *յառաջադասանայ։* [6] E *շարժականն։* [7] E չիք *գոլով։* [8] BCD *դիւրապէս։* [9] AB *Նիղոս.* D *Նեղոս.* F *Նիւղոս։* [10] B *ժողովեալ* փխ *ի ծովանալ։* [11] B *սպանութիւնք։* [12] EF *արտավարաց։* [13] BC *ոյք և որպիսիք։*

to assume another likeness unless [the first] had beforehand been erased, otherwise a confusion [of the two] would result.

And so, discrete quantity takes precedence over continuous quantity and consequently arithmetic and music, which are based on discrete quantity, come before geometry and astronomy. And arithmetic in its turn precedes music. For arithmetic, as we have already said, is based on discrete quantity taken separately, while music is based on discrete quantity taken comparatively and that which is taken separately precedes that which is taken comparatively just as the individual unit precedes that which is compared [to another]. Moreover, geometry precedes astronomy, for geometry is based on continuous quantity which is stationary, while astronomy is based on continuous quantity which is in motion; and the stationary precedes that which is in motion, since the state of rest is the origin of motion, for every thing which is about to move has the origin of its movement in rest and immobility. So much for the order in which the different kinds of mathematics are arranged.

But now let us pass on to section four[5] to speak about those who invented these kinds [of mathematics]. It should be known that the Phoenicians, being merchants, needed the art of calculation, and so invented arithmetic. Music was invented by the Thracians, because Orpheus was from there, and he is said to have been the first to create music.[6] Astronomy was invented by the Chaldeans, since a cloudless and constantly clear sky enabled them to comprehend the movements of the heavenly bodies easily. And it was the Egyptians who of necessity invented geometry; for in Egypt during the flooding of the Nile the boundaries of land partitions used to become blurred, and fights and murders would break out among the Egyptians over mutual boundaries until they invented a measure called a *spanak*,[7] and when they measured with it they found the boundaries of each allotment; as a result geometry was created.[8]

Now let us move on to section five and speak of those kinds which are closely related to the kinds [of mathematics] discussed above. It

պարտ է գիտել, եթէ թուականին յարակայանայ համարողականն, բայց զանազանին ի միմեանց, վասն զի թուականն զընութիւն[1] թուոց[2] խնդրէ և քննէ, և որ ըստ ինքեան իմանի թիւ, այնու բաղկանայ և ոչ հատանէ զմիակն: Իսկ համարողականն զգալի թուականութեամբն բաղկանայ և միակն հատանէ ի կէս և յերրեակ և ի չորրեակ: Իսկ երաժշտականին յարակայանայ նիւթական երաժըշտականն, այսինքն որ փանդռամբք և փողովք և ծնծղայիւք բաղկանայ: Իսկ ստոյգ երաժշտականն բանի[3] միայն պիտանացեալ բաղկացուցանէ զինքն: Իսկ երկրաչափականին[4] յարակայանայ երկրաբաժանականն[5], վասն զի երկրաչափականն բանիւ բաղկանայ. իսկ երկրաբաժանականն՝ գործով: Իսկ աստեղաբաշխականին յարակայանայ գնդականն[6], և զանազանին ի միմեանց[7], վասն զի աստեղաբաշխականն գիտութեամբ երկնային մարմնոյն շարժմամբ բաղկանայ, իսկ գնդականն՝ ամենայն գնդաձև մարմնով և նոցին պատահմամբք[8], քանզի ասէ զպէսպէս հատմունս գնդաձևականացն:

Եւ պարտ է գիտել, թէ մեծ է զօրութիւն երաժշտականին, պէսպէս կրիւք ըմբռնելով զհոգին և տրամադրելով, որպէս յայտ առնեն մրմունջք և ողբք[9], ըստ ինքեանց տրամադրելով զհոգին: Որպէս վիպասանեալ է ոմանց վասն Աղէքսանդրի, թէ ի խրախութեան ելով, երաժիշտն զպատերազմականն նուագէր զմատն, և նա իսկոյն զինեալ արտաքս դիմեաց: Իսկ դարձեալ երաժշտին[10] զուրախականն բախեալ զնուագս, նա[11] անդրէն դարձեալ ի բազմականսն ճեմէր:

Ընդ այսոսիկ հանդերձ աստուծով և առաջիկայ պրակք

ՊՐԱԿՔ ԺԲ[12]

Ուսեալք եթէ իմաստասիրութիւն բաժանի ի տեսականն և ի գործականն, և տեսականն՝ ի բնաբանականն և յուսումնականն և յաստուածաբանականն, եկեսցուք այսուհետև և ասասցուք, եթէ ըստ որում յեղանակի եղև բաժանումն այսոցիկ. քանզի զբաժանումն գործականին յետ այսորիկ ունիմք ասել: Այլ զի զայսոսիկ ուսցուք,

[1] A զրութիւն: [2] E թուականին: [3] ABDF բանիւ: [4] AB երկրաչափութեանն: [5] A երկրաբաշխականն: [6] B գնդաձևն: [7] E ի մարմին փխ ի միմեանց: [8] C բաժանմամբ: [9] C երգք: [10] ABCD երաժշտականին: [11] BCE չիք նա: [12] A Ի փխ ԺԲ:

should be known that accounting is closely related to arithmetic, but that they differ from each other in that arithmetic investigates and studies the nature of numbers and is concerned with any number which can be conceived of by itself and does not break up single units [into fractions] ; while accounting is concerned with numbers in practice,[9] and breaks up single units into halves, thirds and quarters. And closely related to music is instrumental music—that is, music created with the help of lyres, trumpets and cymbals,[10] whereas real[11] music requires only theory in order to be created. Closely related to geometry is the art of landsurveying, although geometry deals with the theoretical, while landsurveying deals with the practical.[12] Closely related to astronomy is the science of spherical bodies; these differ from each other in that astronomy is based on knowing the movement of the heavenly body,[13] while the science of spheres is concerned with all spherical bodies and their encounters, for it describes the different sections of spherical bodies.

It should be known that music possesses great power, for it can plunge the soul into various states and restore it to good humour, to which laments and elegies bear witness, for these can dispose the soul accordingly. Thus some tell the tale of how [once] when at a feast Alexander heard a musician play a war song, at which he instantly took up arms and departed. But when the musician began to play a festive tune he returned to join his fellow guests.[14]

Thus, with God's help, let us proceed.

Chapter Eighteen[1]

Now that we have learnt that philosophy divides into theory and practice and that theoretical philosophy divides into natural science, mathematics and theology, let us proceed to say in what fashion this division takes place, since after this we have still to discuss the divison of practical

տասացուք՝ եթէ որչափ և որպիսիք իցեն բաժանման[1] յեղանակք։

Եւ պարտ է գիտել, եթէ ոմանք ութ յեղանակս ասեն[2] գոլ բաժանման, և են այսոքիկ։ Որպէս ի սեռէ ի տեսակս, որպէս ի տեսակէ յանհատս, որպէս ի բոլորէ ի մասունս։ Եւ այս երկակի՝ կամ ի նմանամասնեայս լինի, կամ յաննմանամասնեայս։ Որպէս ի հոմանուն ձայնէ ի զանազան նշանակեալս[3], որպէս յէութենէ ի պատահումն, որպէս ի պատահմանէ յէութիւն, որպէս ի պատահմանէ ի պատահումն, որպէս ի միոջէ և առ մի։

Արդ, որպէս ի սեռէ ի տեսակս, յորժամ բաժանեմք զկենդանին ի բանականն և յանբանն։ Իսկ ի տեսակէ յանհատս, որպէս զհանուր մարդ բաժանեմք ի Սոկրատէս, ի Պղատոն, յԱղկիբիադէս և յիւրաքանչիւր անհատս։ Իսկ ի բոլորէ ի մասունս նմանամասնաբար, որպէս յորժամ զբոլոր երակն[4] բաժանեմք ի փոքր երակս[5], որք նմանամասնաբարք են բոլորին. վասն զի զնոյն բնութիւն բոլորին ունին։ Իսկ ի բոլորէ ի մասունս աննմանամասնաբար, որպէս յորժամ զբոլոր գլուխն բաժանեմք յաչս, յականջս, յունչս, որք են աննմանք, վասն զի ոչ բոլորին և ոչ միմեանց նմանք գոն։ Իսկ ի հոմանուն ձայնէ ի զանազան նշանակեալս, որպէս յորժամ զշուն ձայնդ բաժանեմք յերկնային և յերկրային և ի ծովային։ Իսկ յէութենէ ի պատահումն, որպէս յորժամ ասեմք, թէ ի մարդկանէ ոմանք սպիտակք են և ոմանք սեաւք։ Իսկ ի պատահմանէ յէութիւն, որպէս յորժամ ասեմք, թէ սպիտակին ոմանք ձիւն են և ոմանք բուռ։ Իսկ ի պատահմանէ ի պատահումն, որպէս յորժամ ասեմք, թէ սպիտակին ոմանք ջերմ են և ոմանք ցուրտ. ջերմ որպէս կիր, ցուրտ որպէս ձիւն։ Իսկ ի միոջէ, որպէս յորժամ ասեմք՝ բժշկական գիրք, բժշկական դեղ, բժշկական գործի։ Իսկ առ մին, յորժամ ասեմք՝ առողջային գիրք, առողջային տաժ[4], առողջային դեղք, վասն զի առ մին բացահայելով[7], այսինքն[8] առ առողջութիւն[9], անուանեցաք զառողջայինս։ Եւ այսոքիկ այսպէս։

Բայց պարտ է գիտել, թէ յասացելոց յեղանակացդ երեք են ստուգապէս յեղանակք բաժանման[10], որպէս ի սեռէ ի տեսակս, որպէս ի բոլորէ ի մասունս, որպէս ի հոմանուն ձայնէ ի զանազան նշակեցեալսն։ Իսկ այլ յեղանակքն ոչ կարող գոն բաղկանալ, որ-

---

[1] D բաժանական։ [2] C ասացին. D ասել։ [3] C որպէս հոմանուն ձայնի զանազան նշանակեալս։ [4] E էակն։ [5] E էակս։ [6] A ստաժ։ [7] AC հայելով։ [8] D չիք այսինքն։ [9] F յառողջութիւն։ [10] C յեղանակ բաժանմանց։

[philosophy]. But in order to know this we must first say how many methods of division there are and what they are.

It should be known that some say that there are eight methods of division. They are: [The division] of genus into species; of species into individuals; of a whole into parts—and this [last division] is carried out in two ways: either into similar parts or into dissimilar parts; [the division] of a homonymous utterance into its different meanings; of essence into accident; of accident into essence; of accident into accident; and [deriving] from one thing [and referring] to another.

The division of genus into species takes place, for example, when we divide creature into rational and irrational;[2] of species into individuals when we divide man in general into Socrates, Plato, Alcibiades and each other individual; of a whole into similar parts when, for example, we divide a whole vein into smaller veins, which are similar to the whole part since they have the same nature as the whole [vein];[3] of a whole into dissimilar parts when, for example, we divide a whole head into eyes, ears and nose, which are dissimilar since they resemble neither the whole nor each other;[4] of a homonymous utterance into its different meanings when, for example, the word "dog" is divided into "star," "land," and "sea" [dogs]; of essence into accident when we say that some people are white and some are black;[5] of accident into essence when we say that some white things are snow and some are plaster;[6] of one accident into another when we say that some white things are hot and others are cold—hot like lime,[7] and cold like snow;[8] and [division] deriving from one thing is when we say: medical books, medical drugs, medical instruments;[9] and [division] referring to another when we say: curative books, a curative regimen and curative drugs, since to refer them all to one thing, "cure," we called these things "curative." This, then, is how it is.

However it should be known that of the methods listed above [only] three are really methods of division: [the division] of genus into species, of a whole into parts, and of a homonymous utterance into its different meanings. The other methods are insubstantial, as we will show. Now

պէս և առ ի մէնջ ցուցցին[1]. վասն զի ոչ կարէ[2] որպէս ի տեսակէ յանհատս լինել բաժանումն զի անհատքն անբաւք և անորիշք են առ ի թուել, վասն զի ոմանք ապականին և ոմանք լինին, զորս ոչ կարեմք ընդ թուով արկանել: Այլ և ոչ ի պատահմանէ յէութիւն է իսկապէս յեղանակ բաժանման. քանզի ասելն, թէ սպիտակին ոմն ձիւն է և ոմն բուռ, չէ իսկապէս յեղանակ բաժանման. վասն զի ոչ եթէ զսպիտակն զինքն ըստ ինքեան առանց մարմնոյ բաժանէ, այլ զմարմինն բաժանէ, յորում սպիտակն: Իսկ մարմին էութիւն է. ապա ուրեմն զէութիւն յէութիւն բաժանէ և ոչ զպատահումն յէութիւն[3]:

Եւ դարձեալ, ամենայն որ բաժանի՝ ի նմանն բաժանի և ոչ յաննմանն, վասն զի կենդանին բաժանելով ի բանաւորն[4] և յանբանն, ի կենդանի բանաւորն և ի կենդանի անբանն բաժանեցաւ[5], այլ ոչ եթէ յոչ կենդանին, որ է աննման[6]: Իսկ պատահումն յէութիւն բաժանելով՝ յաննման բաժանի: Արդ ըստ այսմ յարացուցի և ոչ էութիւն ի պատահումն բաժանելով իսկապէս յեղանակ բաժանման ասի, և ոչ դարձեալ[7] պատահումն ի պատահումն բաժանելով. քանզի ասելն, թէ սպիտակին ոմանք ջերմ են և ոմանք ցուրտ, ոչ եթէ զպատահումն ինքն ըստ ինքեան բաժանէ զըստ ինքեանց պատահմունս[8]. այլ զմարմինս բաժանէ, յորս պատահմունքն: Այլ և ոչ ի միոջէն և առ մին[9] ասի յեղանակ բաժանման, այլ որպէս թուի ինձ[10]. վասն զի ի միոջէն անորիշք և անթիւք են. ըստ նմին բանի և առ մին: Ապա ուրեմն երեք են իսկապէս[11] յեղանակք բաժանման. որպէս ի սեռէ ի տեսակս, որպէս ի բոլորէ ի մասունս, որպէս ի հոմանուն ձայնէ ի զանազան նշանակեալս:

Բայց պարտ է և զպատճառսն յեղանակաց բաժանման իսկից և անիսկից ի բաժանմանէ յումեմնէ գտեալս[12] ասել այսպէս և ըստ այսմ օրինակի: Ամենայն որ միանգամ[13] բաժանելի է և բաժանի, կամ ըստ էութեան, կամ ըստ ինքեան բաժանի, և կամ ըստ պատահման. եթէ ըստ ինքեան բաժանի՝ կամ որպէս իր բաժանի, կամ որպէս ձայն: Եւ եթէ որպէս իր բաժանի, այսոքիկ յեղանակք բաժանման լինին, որպէս ի սեռէ ի տեսակս, որպէս ի տեսակէ

[1] A չիք ցուցցին: [2] C ոչ կարող գոյ: [3] D պատահումն զէութիւն: [4] B ի բանականն: [5] B բաժանի: [6] B նման փխ աննման: [7] ABD չիք դարձեալ: [8] B չիք զըստ ինքեանց պատահմունս: [9] B միւսն: [10] B թիւ ինչ փխ թուի ինձ: [11] C չիք իսկապէս: [12] DF դատեալս փխ գտեալս: [13] CD չիք միանգամ:

there cannot be division of species into individuals, for individuals are innumerable and indistinguishable for the purpose of counting, since [when] some are eliminated others appear, and we cannot keep count.[10] The division of accident into essence is [also] not a real one, because if we were to say that of the things which have the quality of whiteness, one is snow and another is plaster, this would not be a real method of division, for whiteness on its own without a body cannot be divided; it is the body in which whiteness is contained that is divided; and the body is essence. Hence essence is divided into essence and not accident into essence.[11]

Furthermore, everything which can be divided divides into what is similar and not into what is dissimilar, for when we divide creature into rational and irrational we are dividing it into rational creatures and irrational creatures, and not into things which are not creatures, that is, which are dissimilar. And when accident is divided into essence this is division into what is dissimilar.[12] In just the same way one cannot call the division of essence into accident a true method of division, nor the division of accident into accident; for when one says that some white things are hot and some cold it does not mean that [one] accident taken by itself divides into [several] accidents taken by themselves; it is the bodies which possess these accidents which are divided.[13] And the method of division [deriving] from one thing [and referring] to another is also insubstantial: objects deriving from one thing are, it seems to me,[14] indistinguishable and innumerable, as are objects referring to one thing.[15] Thus there exist three real methods of division: of genus into species, of a whole into parts, and of a homonymous utterance into its different meanings.

However, when discussing the division of something, it is essential that the following should be said about why these methods of division are genuine or insubstantial: Everything which is divisible or is divided divides either according to essence or according to what it is in itself or according to accident.[16] If something divides according to itself it divides either as a thing or as an utterance [about a thing]. If it divides as a thing then the following methods of division are employed: of genus into species,[17] of

յանհատս, որպէս ի բոլորէ ի մասունս, որպէս ի միոջէն և առ մին. քանզի այսոքիկ որպէս իր բաժանիլ[1] բնաւորեցան։ Իսկ եթէ որպէս ձայն՝ յեղանակ բաժանման լինի որպէս[2] համանուն ձայն ի զանազան նշանակիցեալս։ Իսկ եթէ ըստ պատահման բնաւորեցաւ բաժանիլ բաժանելին, այլքն ևս յեղանակք բաժանման լինին, որպէս էութիւն ի պատահումն, որպէս պատահումն յէութիւն, որպէս պատահումն ի պատահումն։

Ընդ այսոսիկ[3] հանդերձ աստուծով և առաջիկայ պրակք[4]

ՊՐԱԿՔ ԺԹ[5]

Ասացեալք զորամատական[6] յեղանակս, եկեսցուք և ասասցուք ըստ որո՞ւմ յեղանակի բաժանի իմաստասիրութիւն ի տեսականն և ի գործականն։ Եւ պարտ է գիտել, եթէ որպէս սեռ ի տեսակս ոչ կարէ[7] բաժանիլ, վասն զի յընդդիմաբաժանեալ տեսակսն ոչ գոյ տեսանել վերջին և առաջին. որպէս բաժանեցելոյ կենդանոյն ի բանականն և յանբանն ոչ գոյ ասել եթէ բանականն յառաջագոյն է, քան զանբանն, և կամ անբանն՝ քան զբանականն[8]. այլ զոյգք և համայնք գոն։ Իսկ ի տեսականին և ի գործականին՝ է առաջին և վերջին. քանզի տեսականն առաջին է, վասն զի ի ձեռն տեսականին և բանի գայ ի գործականն, զի մի անբան և անպատճառ եղիցի գործականն։ Եւ յայտ է, թէ ոչ կարէ լինել բաժանումն ի տեսականն և ի գործականն, որպէս ի սեռէ ի տեսակս։

Երկրորդ, վասն զի յընդդիմաբաժանեալ տեսակսն ոչ ունի պէտս մինն միւսումն[9] առ ի բաղկանալ. իսկ ի տեսականումն և ի գործականումն ոչ այսպէս, այլ պէտս ունի գործականն տեսականին, որով բաղկանայ և յարդարի, զի մի անբան[10] և անպատճառ եղիցի։ Այլ պարտ է նախ տեսականաւն քննել զըստ բնութեան բարին և այնպէս նովաւ բաղկացուցանել զգործականն։ Ապա ուրեմն ոչ բաժանի իմաստասիրութիւն ի տեսականն և ի գործականն, որպէս սեռ ի տեսակս, այլ և ոչ որպէս տեսակ յանհատս, վասն զի անհատքն անբաւք և անպարունակելիք գոն. իսկ այսոքիկ ոչ են անբաւք, այլ երկուք միայն՝ տեսական և գործական։

[1] D բաժանելի։ [2] ABD որ ասէ թէ որպէս։ [3] A չիք Ընդ այսոսիկ։ [4] A պրակք Ի։ [5] A ԻԱ փխ ԺԹ։ [6] A զորամադրական։ [7] C որպէս ի սեռէ տեսակս անկարող գոյ։ [8] B չիք և կամ անբանն քան զբանականն։ [9] C մի միւսում. D մինն միւսոյն։ [10] A միաբան փխ մի անբան։

species into individuals, of a whole into parts, and [deriving] from a thing [and referring] to another; for it is characteristic of these to divide as a thing. If [it divides] as an utterance the method of division employed is of a homonymous utterance into its different meanings. If, however, the thing in question can be divided according to accident, the other methods of division are employed: of essence into accident, of accident into essence, and of accident into accident.[18]

This, with God's help, let us proceed.

Chapter Nineteen[1]

Having discussed the methods of division, let us now say which is the method used to divide philosophy into theory and practice. It should be known that [philosophy] cannot be divided as genus into species, since one cannot know which species comes first and which last when they have been divided as the antithesis of each other. For example, in dividing creature into rational and irrational, one cannot say that rational comes before irrational, or that irrational comes before rational: they manifest themselves jointly and simultaneously. But one can talk of a first and a second with regard to theory and practice; for theory comes first, since it is through theory and reason that one comes to practice—so that practice should not be without reason and cause. Thus it is clear the division of philosophy into theory and practice cannot be of genus into species.

Secondly antithetical species do not depend on each other for their own formation. But one cannot say this of theory and practice, since practice needs theory to receive form and order, so that it should not be without reason and cause. One must first investigate the nature of goodness through theory and only then through this can one form the practice. Therefore philosophy cannot be divided into theory and practice as genus into species; nor as species into individuals, for individuals are innumerable and unbounded, while these are not innumerable: there are but two of them—the theoretical and the practical.[2]

Եւ դարձեալ, անհատքն մասամբ ցուցանին, իսկ այսոքիկ ոչ։ Յայտ է, թէ ոչ կարող գոյ իմաստասիրութիւն որպէս տեսակ յանհատս բաժանիլ ի տեսականն և ի գործականն։ Այլ և ոչ որպէս հոմանուն ձայն ի զանազան նշանակիցեալսն. վասն զի ի հոմանունսն ոչ գոյ առաջին և վերջին, վասն զի ոչ ոք ասէ, թէ երկնայինն՝ շունն յառաջագոյն է[1], քան զերկրային, և կամ երկրայինն՝ քան զծովայինն։ Իսկ աստ, որպէս կանխաւ ցուցաք, յառաջագոյն է տեսականն քան զգործականն։ Ապա ուրեմն ոչ կարող գոյ իմաստասիրութիւն բաժանիլ ի տեսականն և ի գործականն՝ որպէս հոմանուն ձայն ի զանազան նշանակիցեալսն։ Այլ և ոչ որպէս էութիւն[2] ի պատահումն, և ոչ որպէս պատահումն յէութիւն. վասն զի իմաստասիրութիւն ոչ է էութիւն ոչ տեսականն և ոչ գործականն, այլ պատահմունք։ Այլ և ոչ որպէս պատահումն ի պատահումն, վասն զի պատահումն ի պատահումն կամ որպէս սեռ ի տեսակս բաժանի, կամ որպէս էութիւն յէութիւն։

Արդ, ցուցաք, թէ ոչ որպէս սեռ ի տեսակս բաժանի, և ոչ որպէս էութիւն յէութիւն, վասն զի պատահումն է։ Այլ և ոչ որպէս բոլոր[3] ի մասունս, ոչ նմանամասնաբար և ոչ աննմանամասնաբար[4]. վասն զի նմանամասնաբարքն և միմեանց հոմանունաբար ասին և բոլորումն[5], իսկ տեսականն և գործականն թէպէտ և բոլորումն հոմանունաբար ասին, այլ ոչ միմեանց. այլ և ոչ աննմանամասնաբար[6]։ վասն զի աննմանամասնաբար բաժանեալքն ոչ բոլորումն և ոչ միմեանց ասին հոմանունաբար, իսկ տեսականն և գործականն թէպէտ և միմեանց ոչ ասին հոմանունաբար, այլ բոլորումն ասին. վասն զի և նա իմաստասիրութիւն է և նոքա։ Արդ, իմանամք յասացելոցդ, թէ որպէ՞ս ի միոջէ և առ մի եղև բաժանումն իմաստասիրութեան. քանզի որպէս ի միոջէ ումեքէ իմաստասիրութենէ անուանեցան իմաստասիրութիւն և տեսականն և գործականն։

Բայց սակայն Արիստոտէլ ասէ, թէ որպէս բոլոր ինչ ի մասունս բաժանեցաւ։ Եւ բարիոք ասէ, վասն զի տեսականն և գործականն մասունք իմաստասիրութեան են։ Եւ որպէս միոյ մասին պակասելոյ հարկ է զբոլորն անկատար գոլ, նոյն օրինակ և գործականին[7] ոչ ելոյ՝ անկատար է իմաստասիրութիւն. քանզի պարտ է կատարեալ իմաստասիրին ոչ միայն տեսականաւն, այլ և գործականաւն զարդարիլ։

---

[1] C յառաջ է։ [2] յէութենէ։ [3] B ի բոլորէ։ [4] A չիք և ոչ աննմանամասնաբար։ [5] B բոլորին։ [6] AB նմանամասնաբար։ [7] A տեսականին։

Moreover individuals only manifest themselves in part, whereas these do not. Hence it is clear that philosophy cannot be divided into theory and practice as species into individuals.[3]   Nor can it be divided as a homonymous utterance into its different meanings, for there is not a first and a second among homonymous things: no one can say that a star dog comes before a land dog, and that a land dog comes before a sea dog. While here, as we showed earlier, theory comes first with regard to practice. Therefore one cannot divide philosophy into theory and practice as a homonymous utterance into its different meanings. Nor can one divide it as essence into accident, nor as accident into essence, for philosophy, whether the theoretical or the practical, is not essence: it is an accident. Nor does it divide as accident into accident, for accident divides into accident either as genus into species, or as essence into essence.[4]

Thus we have shown that it does not divide either as genus into species or as essence into essence, for philosophy is accident. Nor can one divide it as a whole into parts, whether similar or dissimilar parts. For similar parts share one name both with each other and with the whole; while although theory and practice share one name with the whole, they do not share one name with each other. And it does not divide into dissimilar parts, since dissimilar parts do not share one name either with each other or with the whole; and although theory and practice do not share one name with each other, they do share one name with the whole, for this is philosophy and they are too.[5]   And so from what has been said we [should] know how philosophy is divided, as [deriving] from one thing [and referring] to another, for from a single philosophy are derived the names of philosophy and theory and practice.

However, Aristotle says that it is divided as a whole into parts. He is right; for theory and practice are parts of philosophy, and just as when one part is missing the whole is incomplete,[6] so in the absence of the practical part philosophy is incomplete. For a perfect philosopher should adorn himself not only with theory but also with practice.

Եւ եթէ ոք ասիցէ՝ յինչ եղև բաժանումն, ի նմանամասնականն թէ յաննմանամասնականն. ասեմք, թէ ի նմանամասնականն[1], *քանզի և բոլորումն և միմեանց համանունաբար ասին, որ է յատուկ և առանձին նմանամասնեալ՝ բոլորին և ինքեանց համանունաբար ասիլ: Նմանապէս և աստ, զի որպէս իմաստասիրութիւն իմաստասիրութիւն ասի, այսպէս տեսականն և գործականն իմաստասիրութիւն ասին: Եւ ոչ միայն այս, այլ և կարող գոլ տեսականն գործական*[2] *ասիլ, և գործականն տեսական*[3]*: Եւ տեսականն գործական ասի, վասն զի գործ մտաց է, իսկ գործականն՝ տեսական, վասն զի ծնունդ տեսականին է գործականն, վասն զի նախ տեսականաւն գտեալ զողջախոհութիւն, բարի գոլ՝ գործելով, զնոյն յարդարեաց:*

Արդ, ուսեալք՝ եթէ որպէս իմաստասիրութիւն բաժանեցաւ որպէս բոլոր ի մասունս նմանամասնաբար, եկեսցուք այսուհետև և ասասցուք, թէ ըստ որո՞ւմ յեղանակի և տեսականն բաժանեցաւ ի բնաբանականն, յուսումնականն և յաստուածաբանականն: Եւ պարտ է գիտել, եթէ որպէս ի սեռէ ի տեսակս[4] *ոչ եղև բաժանումն, վասն զի յընդդիմաբաժանեալ տեսակսն ոչ եղև բաժանումն, քանզի յընդդիմաբաժանեալ տեսակս*[5] *ոչ է առաջին և վերջին: Իսկ աստանօր վասն զի նախ և առաջին բնաբանականն, ապա ուսումնականն և ապա աստուածաբանականն:*

Եւ դարձեալ, թէ ոչ երբէք սեռ յերիս բնաւորեցաւ բաժանիլ, իսկ տեսականն յերիս. ի բնաբանականն, յուսմնականն և յաստուածաբանականն: Եւ պարտ է գիտել, եթէ որպէս սեռ[6] *ի տեսակս ոչ եղև բաժանումն, վասն որոյ ասեն ոմանք, եթէ զի՞արդ շնչականն սեռ գոլով յերիս բաժանեցաւ՝ ի կենդանին, ի կենդանաբոյսն և ի բոյսս: Առ որս ասասցուք, եթէ ցուցանել ունիմք՝ եթէ ոչ է բարիոք բաժանումդ այդ:*

Դարձեալ ընդդէմ դնելով ասեն, թէ ահա ճարտասանականն սեռ գոլով յերիս բաժանի տեսակս[7]*. յատենականն, ի բաղխոհականն, ի կացրդականն: Առ որս ասասցուք, թէ ոչ է բարիոք բաժանումդ, և*[8] *ոչ որպէս ի սեռէ ի տեսակս ասի բաժանիլ ճարտասանականն յայսոսիկ, վասն զի յընդդիմաբաժանեալ տեսակսն ոչ գոյ ժամա-*

---

[1] A չիք *ասեմք թէ ի նմանամասնականն:* [2] B *գործականն տեսական* փխ *տեսականն գործական:* [3] B *տեսականն գործական:* [4] C *սեռ ի տեսակ:* [5] BCDEF չիք *ոչ եղև բաժանումն, քանզի յընդդիմաբաժանեալ տեսակս:* [6] F *ի սեռէ:* F *ի տեսակս:* [8] F *զի* փխ *և:*

If anyone should ask: "What results from this division—similar or dissimilar parts?" We reply: similar parts, for they share one name with the whole and with each other, and this is characteristic of similar parts—to share one name with the whole and with each other. And it is the same thing in this case: just as philosophy is called philosophy, so theory and practice are called philosophy, and not only this: one can also call theory practice and practice theory. Theory is called practice because it is the act of thinking, while practice [is called] theory because it is the product of theory, for first through theory one comes to the understanding that one must be good, and then one carries out the latter by one's conduct.[7]

And so, knowing now how philosophy divides as a whole into similar parts, let us say which is the method used to divide theory into natural science, mathematics and theology. It should be known that here it is impossible to divide it as genus into species, for the division is not among antithetical species, since among antithetical species there is not a first and a last, whereas here in the first place comes natural science, then mathematics, then theology.

And besides, it is never characteristic of genus to be divided into three parts, and theory does divide into three parts—natural science, mathematics and theology. So it is essential to realize that [here] it is impossible to divide it as genus into species.[8] But on this subject some say: "Why then does 'animate,' which is a genus, divide into three parts—animals, zoophytes and plants?" In reply we say that we have yet to show that this division is inaccurate.[9]

As an objection they also say that there is oratory, which is a genus and divides into three species: judicial oratory, deliberative oratory, and celebrative oratory. In reply we say that this division is incorrect, for the division of oratory into the classes named above cannot be called a division of genus into species. For division into antithetical species does not take into account

նական զանազանութիւն, որպէս բանականն և անբանն բաժանեալ ոչ ունին ժամանակական բաժանումն. քանզի ոչ ունիմք ասել՝ եթէ բանականն յանցեալ ժամանակի, և անբանն ի ներկայում կամ յապառնուոջն[1]: Իսկ անուանեալ տեսակք ճարտասանականին ժամանակական ունին առ միմեանս զանազանութիւնս, վասն զի բաղխոհականն վասն ապառնոյ[2] ժամանակի ունի զգոյութիւն. վասն զի յորժամ ոք ումեք խորհրդակից գոյ՝ վասն հանդերձելոյն խորհի: Իսկ ատենականն վասն անցելոյ ժամանակին ունի զգոյութիւն. վասն զի ամենայն որ դատի՝ վասն այնոցիկ դատի, զորս գործեացն: Իսկ կացրդականն յաղագս ներկային գոյանայ, վասն զի զաճումն առընթերակայից բարեացն ունի յինքեան: Ուստի յայտ է, թէ ոչ են իսկապէս տեսակք ի սեռէ բաժանեալքն. վասն որոյ ոչ է բարւոք բաժանումն ճարտասանականին յասացեալ տեսակսդ:

Այլ և ոչ որպէս բոլոր ի մասունս ասի բաժանիլ տեսականն, ոչ ի նմանամասնականսն և ոչ յաննմանամասնականսն[3]: Ի նմանամասնականսն[4], վասն զի թէպէտ և միմեանց ոչ ասին հոմանունաբար, այլ բոլորումն ասին, վասն զի և բնաբանականն տեսական ասի և ուսումնականն և աստուածաբանականն. վասն զի, որպէս բազում անգամ ասացաք, նմանամասնականացն յատուկ այն[5] է՝ և բոլորումն և միմեանց հոմանունաբար ասիլ: Այլ և ոչ աննմանամասնաբար, զի յատուկ աննմանամասնեայց է ոչ բոլորումն հոմանունաբար ասիլ և ոչ ինքեանց: Իսկ սոքա թէպէտ և միմեանց ոչ ասին հոմանունաբար, այլ բոլորումն ասին:

Այլ և ոչ որպէս տեսակ յանհատս ասի բաժանիլ տեսականն, և ոչ որպէս էութիւն ի պատահումն, և ոչ որպէս պատահումն յէութիւն, և ոչ որպէս պատահումն ի պատահումն, և ոչ որպէս հոմանուն ձայն ի զանազան նշանակիցեալս, վասն ասացելոց յառաջագոյն[6] պատճառացդ: Այլ են որպէս ի միոջէ և առ մի, վասն զի բնաբանականն և ուսումնականն և աստուածաբանականն որպէս ի միոջէ[7] ի տեսականէն[8] անուանեցան տեսական իւրաքանչիւր ոք: Եւ այսոքիկ այսպէս:

Եկեսցուք այսուհետև և ասասցուք թէ ըստ որո՞ւմ յեղանակի և ուսումնականն բաժանի ի թուականն, յերաժշտականն, յերկրաչա-

---

[1] C ի ներկայումս կամ յապառնոյն: [2] AF զապառնւոյ: [3] A ոչ ի նմանամասնեայսն և ոչ յաննմանամասնեայսն: [4] ABCE չիք ի նմանամասնականսն: [5] D չիք այն: [6] ACD չիք յառաջագոյն: [7] F մի ի միոջէ: [8] A ի տեսակէն:

temporal differences. For example, that which divides into rational and irrational does not differ with regard to time, for one cannot say that a rational creature refers to the past and an irrational creature refers to the present or to the future. But the classes of oratory set out above do differ with regard to time: deliberative oratory refers to the future, since when one man counsels another he has the future in mind; judicial oratory refers to the past, for all those who are judged are judged for what they have done; and celebrative oratory refers to the present, for its aim is to praise the virtues of those present. Hence it is clear that these are not in fact species arrived at by dividing a genus, and consequently the division of oratory into these species is incorrect.[10]

It is also impossible to call the division of theory a division of the whole into parts, whether similar or dissimilar parts. [It is not] into similar parts because, although [the parts of theory] do not share one name with each other, yet they do share one name with the whole. Thus natural science and mathematics and theology are all called theory, since, as we have already said many times, it is characteristic of similar parts to share one name with the whole and with each other. But this is not also the case for division into dissimilar parts; for the characteristic of these is to share neither one name with the whole nor with each other. And although these do not share one name with each other, they do share it with the whole.[11]

And so, for the reasons we have set out, it is impossible to call the division of theory either the division of species into individuals, or of essence into accident, or of accident into essence, or of accident into accident, or of a homonymous utterance into its different meanings. It is divided [deriving] from one thing and [referring] to another, for natural science, mathematics and theology each receive separately the name of theory, derived from theory as from one thing.

Following this let us also say which method is used to divide mathematics into arithmetic, music, geometry and astronomy. It should be

փականն և յաստեղաբաշխականն: Եւ աւելի է, թէ ոչ[1] որպէս սեռ ի տեսակս բաժանի[2], և ոչ որպէս տեսակ յանհատս, և ոչ որպէս բոլոր ի մասունս, և ոչ որպէս հոմանուն ձայն ի զանազան նշանակիցեալս, և ոչ որպէս էութիւն ի պատահումն, և ոչ որպէս պատահումն յէութիւն, և ոչ որպէս պատահումն ի պատահումն, վասն ասացելոցդ յառաջագոյն պատճառացդ, այլ որպէս ի միջէ և առ մի, վասն զի թուականն, և երաժշտականն, և երկրաչափականն, և աստեղաբաշխականն որպէս ի միջէ յուսումնականէն իւրաքանչիւր ոք ուսումնական կոչեցաւ[3]:

Ընդ այսոսիկ հանդերձ աստուծով և առաջիկայ պրակք

ՊՐԱԿՔ Ի

Յետ ասացելոյ զբաժանումն տեսականին, եկեսցուք և ի բաժանումն գործականին: Զի թէպէտ և յետ տեսականին է, վասն զի ի ձեռն տեսականին յարդարի և ի ձեռն բանին պաճուճէ զբարոյականն[4] և հնազանդեցուցանէ զախտս, այլ սակայն ոչ է պարտ արհամարհել զնա, վասն զի, որպէս ասէ Պղատոն, թէ իմաստասէր կոչեմ ես ոչ զայն, որ շատն գիտէ, և ոչ որ բազում ինչ ի միտ առնուլ կարող է, այլ որ անբիծ և անաղտ[5] կենցաղավարութիւն ստացեալ ունի յինքեան. քանզի կատարեալ[6] իմաստասէր է՝ ոչ որ բազում ինչ գիտէ, այլ որ զախտս կարող գոյ հնազանդեցուցանել:

Արդ եկեսցուք և ասասցուք զբաժանումն գործականին: Եւ պարտ է գիտել, եթէ այլաբար բաժանեն զգործականն արիստոտէլականքն և այլաբար պղատոնականքն: Քանզի արիստոտելականքն յերիս բաժանեն զնա՝ ի քաղաքականն, ի տնտեսականն, ի բարոյականն[7]: Եւ յիրաւի յերիս բաժանի, վասն զի յորժամ զարդարէ ոք զբարս՝ կամ զմիոյ ուրուք զարդարէ զբարս՝ և լինի բարոյական, և կամ զտան՝ և լինի տնօրինական[8], և կամ զքաղաքի՝ և լինի քաղաքական:

Եւ զի այսոքիկ յերիս բաժանին, ցուցանէ յիւրոց շարագրածացն Արիստոտէլ: Վասն զի Արիստոտէլ գրեաց զբարոյականն, յո-

---

[1] BCD չիք *ոչ:* [2] CD *ոչ բաժանի:* [3] F վերջակետից հետո *կատարեցաւ բաժանումն տեսական իմաստասիրութեան:* [4] BCEF *զբարուականն:* [5] CD *անարատ:* [6] B *կարևոր:* [7] B *ի բարուականն:* [8] AB *տնտեսական:*

noted that for the same reasons set out above it is not divided either as a genus into species, or as a species into individuals, or as a whole into parts, or a homonymous utterance into its different meanings, or essence into accident, or accident into essence, or as accident into accident, but [deriving] from one thing and [referring] to another; for arithmetic, music, geometry and astronomy each receive separately the name of mathematics, derived from mathematics as from one thing.[12]

Thus, with God's help, let us proceed.

Chapter Twenty[1]

Following the division of the theoretical part [of philosophy] let us now turn to the division of the practical part. For this should not be neglected even though it follows after the theoretical part, because it is regulated through theory and with the help of reason improves the morals and subdues the passions. For as Plato[2] said: "It is not a man who knows much, nor a man who can understand many things whom I call a philosopher, but one who leads a pure and unsullied life." For it is not a man who has great knowledge who is a perfect philosopher, but one who can subdue the passions.

Let us now pass on to the division of practical philosophy. It should be known that Aristotelians and Platonists divide practical philosophy in a different way. The Aristotelians divide it into three parts: politics, economics and ethics. And it is right to divide it into three parts, because when a man improves his own morals or those of another he is concerned with ethics; when he puts the affairs of a household in order he is concerned with economics; and when he puts the affairs of a city in order he is concerned with politics.

Aristotle shows why [practical philosophy] is divided into three parts in his works. Aristotle wrote on ethics, where he speaks about morals;

րում վասն բարուց[1] ճառէ. և վասն տան, յորում վասն տնտեսականին ճառէ, յորում ասէ, թէ չորք են ընթացակիցք առ ի տան կարգաւորութիւն: Միամտութիւն առն և կնոջ առ միմեանս, և սէր յորդեաց վերայ, և երկիւղ ի վերայ ծառայից, և չափաւորութիւն ելևմտիցն: Վասն զի երկաքանչիւրոցն անչափութիւն յանցոյն է, զի եթէ բազում են մուտք և դուզնաքեայ ելք, այնպիսին ընդ ագահս հաշուի. իսկ եթէ դուզնաքեայ մուտք և առաւել ելք, այնպիսին ընդ անառակս է: Բայց գրեաց և այլ քաղաքականս, յորում վասն կարգաւորութեան քաղաքի ճառէ: Նմանապէս և Պղատոն գրեաց քաղաքականս, և զնոյն կարգաւորութիւն զԱրիստոտէլին ունի:

Եւ պարտ է գիտել, զի ի քաղաքական շարագրութեանցն մի դիտաւորութիւն ունին Արիստոտէլ և Պղատոն. վասն զի իւրաքանչիւր ոք ի դոցանէ ասէ, թէ զիարդ պարտ է կարգաւորել[2] քաղաքի: Իսկ ի քաղաքականութեանն[3] զանազան է դիտաւորութիւն և շարագրութիւն և մակագրութիւն. վասն զի Պղատոն եզակի մակագրեաց՝ Զքաղաքականութիւն, իսկ Արիստոտէլ յոգնակի՝ Զքաղաքականութիւնք[4]. վասն որոյ և դիտաւորութիւնն զանազան գոյ: Քանզի Արիստոտէլ ասէ՝ թէ զիարդ քաղաքավարեսցան առաջինքն, այսինքն[5] արգիւացիք և բիովտացիք և այլք ամենայն յոյնք. իսկ Պղատոն[6] ասէ, թէ զիարդ պարտ է քաղաքավարել:

Աստուստ պարտ է գիտել, եթէ պղատոնականքն ընդդէմ ասեն արիստոտելականացն վասն բաժանման գործականին. ասեն, թէ ոչ բարիոք արարին զառաջիկայ բաժանումն յերիս բաժանելով. քանզի ոչ երբէք սեռ յերիս բաժանի, այլ յերկուս. որպէս կենդանին ի բանականն և յանբանն, գոյնն ի սպիտակն և ի սեաւն:

Երկրորդ, վասն զի ոչ երբէք[7] յընդդիմաբաժանեալ տեսակսն մինն ի միւսումն տեսանի, քանզի ոչ երբէք բանականն յանբանումն տեսանի. և ոչ[8] անբանն ի բանականումն: Իսկ աստանօր բարոյականն ի տնօրինականումն տեսանի, և տնօրինականն ի քաղաքականումն:

Երրորդ, առ այսոքիւք ոչ երբէք մի տեսակն համակար գոյ սեռի. քանզի ոչ կարէ[9] բանականն համակար գոյ կենդանոյն, որ է սեռ, և ոչ անբանն միայն. այլ երկոքեան միանգամայն: Իսկ աստ

[1] A բարոյիցն: [2] A կարգաւորութիւն: [3] ABD քաղաքականավարութեանն: [4] BC չիք զքաղաքականութիւնք: [5] C չիք այսինքն: [6] F Պղատովն: [7] DEF ուրէք: [8] B չիք ոչ: [9] A ոչ երբէք կարէ:

he also wrote on the household, where he speaks about economics and about the four concomitant things which make for order in a household: mutual concord between the husband and wife, love for the children, fear instilled in the servants, and a balance between income and expenditure—for it is bad if either of the last two are in excess. Thus if a man's income is high but his expenditure is low, he will be considered a skinflint, but if his expenditure is higher than his income he will be considered a spendthrift. [Aristotle] also wrote on politics, where he speaks about the government of the city. Plato wrote on politics as well, and his government is similar to Aristotle's.

It is essential to realize that in their works on politics Aristotle and Plato pursue one aim, in that they both discuss the reasons why a city should have a government. However [in these works] on politics the ways they direct their aim and set it out and the titles they give are different. For Plato's title is in the singular *The Republic*, whereas Aristotle's is the plural *The Politics*, and consequently their aims are also different. For Aristotle discusses the governments of our forebears, that is, the Argives, the Boeotians and all the other Greeks,[3] while Plato discusses how government should be carried out.

Here one should note that the Platonists object to the division of the practical part of philosophy given by the Aristotelians. They say that the latter were wrong when they divided the aforementioned into three parts, because a genus never divides into three parts, but only into two, like creature, for example, [which divides into] rational and irrational, or colour, [which divides] into white and black.[4]

Secondly antithetical species cannot manifest themselves in each other, for the rational never manifests itself in the irrational, nor the irrational in the rational. But in this case ethics manifests itself in economics, and economics in politics.[5]

Thirdly a single species is never equivalent to the genus: thus, "rational" can never be equivalent to "living creature," that is, the genus, and neither by itself can "irrational"; but both together [they are equivalent].

քաղաքականն միայն համակար գոյ գործականին, վասն զի, որպէս ասեն արիստոտելականքն, գործականն բաժանի ի բարոյականն, ի տնտեսականն[1], ի քաղաքականն, որ պարունակեալ ունի յինքեան զբարոյականն և զտնօրինականն[2]. վասն զի որ կարող գոյ զքաղաք կարգաւորել, այնպիսին և զտուն և զբարս. յայտ է, թէ համակար գոյ քաղաքականն գործականին և տնօրինականն քաղաքականին։ Եւ եթէ այսոքիկ այսպէս, յայտ է՝ եթէ ոչ բարիոք արարին զբաժանումն գործականին։

Ընդ այսոսիկ հանդերձ աստուծով և առաջիկայ պրակք

ՊՐԱԿՔ ԻԱ[3]

Եւ յետ ձեռնարկութեան պղատոնականացն, որ ընդդէմ արիստոտելականացն[4], յաղագս բաժանման գործականին ի բարոյականն, ի տնտեսականն և ի քաղաքականն, ինքեանք այնուհետև ձեռնարկեն բաժանել զգործականն յերկուս միայն՝ յօրէնսդրականն և ի դատողականն։ Եւ յիրաւի, քանզի իմաստասէրն կամ դնէ օրէնս, որով միշտ զիւրն զարդարէ զբարս, և լինի օրէնսդրականն. և կամ զայլս դատէ ըստ դրեցելոց օրինացն, և լինի դատողականն։ Եւ զոր բան ունի օրէնսդրականն առ քաղաքս[5], պահելով ի նոսա զիրաւացին, զնոյն բան ունի և դատողականն առ օրէնսդրականն, պահելով զպատուիրեալսն ի նմա. քանզի բարոյականն և տնօրինականն և քաղաքականն զնիւթոյ զտեղի ունին առ օրէնսդրականն և դատողականն. քանզի օրինադրողն[6] կամ զմիոյ ուրուք զբարս զարդարէ, կամ զտան, կամ զքաղաքի՝ վասն օրէնս դնելոյ, ըստ որում իւրաքանչիւր ոք պարտի քաղաքավարիլ։ Եւ դատողն կամ զմի ոք դատի, կամ զտուն, կամ զքաղաք։

Եւ պարտ է գիտել, թէ ոչ եղև բաժանումն գործականին յօրէնսդրականն և ի դատողականն, որպէս ի սեռէ ի տեսակս, վասն զի անդ ոչ է առաջին և վերջին յընդդիմակացեալ[7] տեսակսն, իսկ աստ է. քանզի յառաջագոյն է օրէնսդրականն և ապա դատողականն։ Ըստ նմին օրինակի և ոչ ըստ միում յասացելոց յեղանակաց բաժանման, այլ են որպէս ի միոջէ և առ մի։

---

[1] DF *տնօրինականն։* [2] B *զտնտեսականն։* [3] ADE չիք *ԻԱ։* [4] B չիք *որ ընդդէմ արիստոտէլականացն։* [5] B *առ քաղաքականն։* [6] C *օրէնսդրող։* [7] B *յընդդիմաբաժանեալ.* F *յընդդիմակայացեալ։*

And in this case politics by itself is equivalent to practical [philosophy]. For as the Aristotelians say, practical [philosophy] divides into ethics, economics and politics; and moreover, the latter incorporates ethics and economics, for if a man is capable of governing a city he can also look after the affairs of a household and his own morals. So clearly politics is equivalent to practical philosophy and economics is equivalent to politics. And if this is so, then their division of practical philosophy is wrong.

Thus, with God's help, let us proceed.

Chapter Twenty-one[1]

The Platonists who oppose the Aristotelians with regard to the division of practical philosophy into ethics, economics and politics themselves argue for a division of practical philosophy into only two parts: legislation and justice. And this is right because a philosopher either makes laws, through which he continually adorns his own morals and acts as a legislator, or he judges others according to laws already prescribed and acts as a judge. And the way that legislation relates to cities, upholding the law within them, is the same as the way that justice relates to legislation, preserving the laws within it. Ethics, economics and politics provide the material for legislation and justice. For a legislator adorns the morals of a person, household or city through making laws by which each must live; and he who judges judges either another man or a household or a city.[2]

It should be known that the practical part of philosophy divides into legislation and justice not as genus into species, for in antithetical species there is not first and second as there is here: for legislation comes first and justice follows. Nor are they divided by any of the other methods of division which we have listed, except as [deriving] from one thing [and referring] to another.[3]

Արդ ուսեալք, եթէ զինչ է իմաստասիրութիւն, եկեսցուք այսուհետև և ասասցուք, եթէ որպիսի ինչ է։ Այլ և այս[1] յայտնի[2] եղև ի ձեռն յառաջասացելոցդ, քանզի ուսաք ի ձեռն սահմանացդ և ի ձեռն բաժանմանն։ Ի ձեռն բաժանման ուսաք, եթէ տեսական և գործական է, քանզի յայսոսիկ միայն բաժանի։

Ապա թէ ոք ասիցէ[3], եթէ ոչ միայն իմաստասիրութիւն է տեսական և գործական, այլ և այլ արհեստք գոն տեսական և գործական[4]. քանզի ահա բժշկականն և տեսական ասի, յորժամ գիտէ զախտս և ասէ զպատճառն, թէ ուստի եղև. այլ և գործական ասի, յորժամ մաղձաղեղս տայ կամ արիւն հանէ։

Առ որս ասեմք, թէ իսկապէս տեսական և գործական իմաստասիրութիւն միայն է։ Եւ տեսականն միայն է իսկապէս, վասն զի այլ արուեստք ոչ զամենայն գոյս գիտեն, այլ զայն՝ որ զնիւթովն միայն է. վասն զի աստուածաբանութեամբ[5] ոչ յարդարին, իսկ իմաստասիրութիւն յաղագս ամենայն գոյից լինի և յաղագս աստուածայնոցն։ Այլ և գործական միայն իմաստասիրութիւն իսկապէս ասի, վասն զի այլ արհեստ կամ յաղագս մարմնոյ է՝ որպէս բժշկականն, կամ յաղագս այնոցիկ, որ արտաքոյ մարմնոյ են՝ որպէս հիւսնականն, շինողականն, դարբնականն. իսկ իմաստասիրութիւն յաղագս հոգւոյ եղանի. քանզի զհոգւոյ աչս կալեալս ի մարմնական հեշտախտութեանցն[6] և խաւարեալս՝ ի ձեռն իմաստասիրութեան յարուցանել և լուսաւորել բնաւորեցաւ հոգի։ Արդ որչափ պատուականագոյն է հոգի քան զմարմին, նոյնպէս և որ զհոգի զարդարէ իմաստասիրութիւն՝ պատուականագոյն է քան զայլ[7] արհեստս՝ մարմնոյ զարդարողս։ Վասն այսորիկ գործական ասի քան զայլ արհեստս, զի սա զհոգւոյ ազգմունս զարդարէ։

Արդ ուսեալք ի ձեռն բաժանման, եթէ որպիսի ինչ[8] է իմաստասիրութիւն, եթէ տեսական է և գործական։ Այլ ի ձեռն սահմանացն ծանեաք, թէ որպիսի ինչ է իմաստասիրութիւն. քանզի ի ձեռն սահմանացն, որ յենթակայէն են՝ այս ինքն ի ձեռն այնր որ ասէ, իմաստասիրութիւն է գիտութիւն էակացն ըստ որում էակք են, և իմաստասիրութիւն է գիտութիւն աստուածայնոց և մարդկայնոց իրողութեանց՝ ուսաք, եթէ տեսական է իմաստասիրութիւնն։ Իսկ ի ձեռն սահմանին՝ որ յառաւելութենէ, որ ասէ, իմաստասի-

---

[1] DF այն։ [2] A յայտ։ [3] A չիք թէ ոք ասիցէ։ [4] B չիք այլ և այլ արհեստք գոն տեսական և գործական։ [5] A այստեղից սկսած մի թերթ ընկած է։ [6] D ախտս։ [7] C չիք զայլ։ [8] E զինչ փխ որպիսի ինչ։

And so, now we know what philosophy is, let us next say what sort of thing it is. But this has been made clear by what has been said already: we have discovered this with the help of definitions and with the help of division. We know from division that there is theoretical philosophy and practical philosophy, for philosophy divides only into these.

However someone might say that not only philosophy can be theoretical and practical: various arts can also be theoretical and practical. There is, for example, medicine, which is called theoretical when it diagnoses diseases and says what causes them, and is called practical when it prescribes emetics or draws blood.

In reply we say that only philosophy can be genuinely theoretical and practical. It alone is genuinely theoretical, because the other arts do not know all existence but only that which is involved with the material, since they are not concerned with theology. Whereas philosophy is concerned [with] all existence, including the divine.[4] Similarly only philosophy can genuinely be called practical, for the other arts are concerned either with the body, such as medicine, or with things external to the body, such as carpentry, building or smithcraft.[5] Whereas philosophy is concerned with the soul, since philosophy rouses the soul, clearing its eyes which were held captive and made dim by desires of the flesh. And thus, in so far as the soul is more honourable than the body, so philosophy which adorns the soul is held to be more honourable than the other arts which adorn the body. And this is the reason why philosophy rather than the other arts is called practical, for it adorns the strivings of the soul.

And so, through division, we have learnt what sort of a thing philosophy is: theory and practice. We have also learnt what philosophy is from definitions. For through the definitions based on subject, that is, those definitions which say that philosophy is knowledge of existence as such and that philosophy is knowledge of divine and human things, we learnt that philosophy is theoretical; and through the definition based on priority

րութիւն է արհեստ արհեստից և մակացութիւն մակացութեանց՝ ուսաք, եթէ իշխանական է իմաստասիրութիւն։ Իսկ ի ձեռն սահմանին՝ որ ի հուպ կատարմանէ, որ ասէ, թէ իմաստասիրութիւն է խոկումն մահու՝ ուսաք, եթէ մաքրող ախտից է իմաստասիրութիւն։ Իսկ ի ձեռն սահմանին՝ որ ի հեռի կատարմանէ, որ ասէ, թէ իմաստասիրութիւն է նմանութիւն աստուծոյ ըստ կարողութեան մարդկան՝ ուսաք, թէ քաղաքական է իմաստասիրութիւն. քանզի քաղաքական իմաստասէր կամի և ըստ գիտութեան և ըստ գործոց որչափ կարողութիւն է մարդոյն նմանիլ աստուծոյ։

Եւ[1] *պարտ է փութապէս ասել, երկուց տեսակաց ելոց իմաստասիրութեան տեսականին և գործականին, և վեց սահմանաց, ոմանք ի տեսականն իմաստասիրութիւն վերաբերին և ոմանք ի գործականն և ոմանք յերկաքանչիւրսն։ Քանզի երկու սահմանք՝ որ յենթակայէ, որ ասէ, իմաստասիրութիւն է գիտութիւն էակացն ըստ որում էակք են, և որ ասէ, իմաստասիրութիւն է գիտութիւն աստուածայնոց և մարդկայնոց իրողութեանց. և մի՝ որ յառաւելութենէ, որ ասէ, իմաստասիրութիւն է արհեստ արհեստից և մակացութիւն մակացութեանց, ի տեսական մասն*[2] *իմաստասիրութեան վերաբերի։ Իսկ մին՝ որ ի հուպ կատարմանէ, որ ասէ, թէ իմաստասիրութիւն է խոկումն մահու, և միւսն ևս՝ որ ի ստուգաբանութենէ, որ ասէ՝ իմաստասիրութիւն է սիրելութիւն իմաստութեան, ի գործական մասն վերաբերին։ Իսկ որ ի հեռի կատարմանէ, որ ասէ՝ իմաստասիրութիւն է նմանութիւն աստուծոյ ըստ կարողութեան մարդկան, առ երկոսեան վերաբերի։*

Արդ, ուսեալք՝ եթէ որպիսի ինչ է իմաստասիրութիւն, ասասցուք թէ վասն է՞ր է։ Վասն զի ոչ վարկպարազի է իմաստասիրութիւն, որպէս յայտ առնէ Պղատոն, առ ոմն Թէոդորոս առնելով զբանս[3] *իւր։ Այսպիսի ինչ բարի, ով Թէոդորէ, ոչ երևեցաւ երբէք ի մարդիկ առ ի յաստուծոյ՝ և ոչ երևելոց է։ Եւ պարտ է գիտել, թէ վասն այսորիկ է իմաստասիրութիւն՝ վասն զարդարելոյ և պաճուճելոյ զմարդկային հոգիս, և փոփոխելոյ*[4] *զնա*[5] *ի նիւթայնն և ի մառախղուտ կենցաղոյս յաստուածայինն և յաննիւթն։*

Եւ պարտ է գիտել, եթէ հոգի երկուս ունի զօրութիւնս՝ գիտնականս և կենդանականս։ Եւ գիտնականք են այսոքիկ. միտք, տրամախոհութիւն, զգայութիւն, կարծիք, երևակայութիւն. իսկ

---

[1] D *Եւ եթէ։* [2] BE չիք *մասն։* [3] B *զխօսս։* [4] AF *փոփոխել։* [5] A *զնոսա.* B չիք *զնա։*

which says that philosophy is the art of arts and the sciences, we learnt that philosophy is predominant; and through the definition based on the near purpose, which says that philosophy is contemplation of death, we learnt that philosophy purifies one from the passions;[6] and through the definition based on the far purpose, which says that philosophy is becoming similar to God as far as is humanly possible, we learnt that philosophy is like politics, for a political philosopher wishes through his knowledge and his deeds to become similar to God as far as is humanly possible.[7]

One should add here and now[8] that of the six definitions of philosophy—which itself is of two kinds, theoretical and practical—some relate to the theoretical part of philosophy, some to the practical part of philosophy and some to both parts. Thus the two definitions based on subject which say that philosophy is knowledge of existence as such and that philosophy is knowledge of divine and human things, and the one definition based on priority, which says that philosophy is the art of arts and the science of sciences—[all these] relate to the theoretical part of philosophy.[9] And the definition based on the near purpose which says that philosophy is contemplation of death, and another definition, the one based on etymology, which says that philosophy is love of wisdom, relate to the practical part.[10] While the definition based on the far purpose which says that philosophy is becoming similar to God as far as is humanly possible relates to both parts.[11]

Hence, having discovered what sort of thing philosophy is, let us say why it exists. For philosophy is not a useless thing. Plato makes this clear when he addresses one Theodorus:[12] "There has never been such a good for mankind, O Theodorus, conferred on mankind as a gift by God, and there never will be." It is essential to realize that philosophy exists in order to adorn and embellish the human soul and transform it from the material life which is shrouded in mist into the non-material life of the divine.[13]

One should know that the soul has capacities of two kinds: the capacities for acquiring knowledge and the animal[14] capacities. The capacities for acquiring knowledge are reason, reflection, sensation, opinion, and

կենդանականք այսոքիկ են՝ կամք, ընտրողութիւն, յօժարութիւն, ցանկութիւն, բարկութիւն։ Եւ յերկաքանչիւրսս յայսոսիկ ոմանք բանականք են և ոմանք անբանք. քանզի և ի գիտական զօրութիւնս հոգւոյն ոմանք բանականք են և ոմանք անբանք[1]*։ Եւ բանականք են միտք, տրամախոհութիւնք, կարծիք. իսկ անբանք՝ զգայութիւնք, երևակայութիւն։ Եւ ի կենդանականսն դարձեալ զօրութիւնս՝ ոմանք բանականք են և ոմանք անբանք. և բանականք ասին կամք, ընտրողութիւն, յօժարութիւն, իսկ անբանք՝ բարկութիւն*[2] *և ցանկութիւն։*

Արդ այսոցիկ այսպէս ելոց, շնորհեաց աստուած զիմաստասիրութիւն վասն զարդարելոյ զմարդկային հոգի։ Արդ զգիտնական զօրութիւնսն զարդարէ և ի ձեռն տեսականին, իսկ զկենդանականսն՝ ի ձեռն գործականին, որպէս զի մի զսուտ գիտութիւն ի կարծեաց[3] *ընկալցուք և մի չար ինչ գործեսցուք։*

Ընդ այսոսիկ և առաջաբանք[4] իմաստասիրութեան Դաւթի Եռամեծի[5] և անյաղթ փիլիսոփայի ընդդէմ առարկութեանցն չորից Պիռոնի իմաստակի և սահմանք և տրամատութիւնք իմաստասիրութեան[6]։

---

[1] BD չիք *քանզի և ի գիտական զօրութիւնս հոգւոյն ոմանք բանականք են և ոմանք անբանք*։ [2] CF *որպէս բարկութիւն*։ [3] E *ի ձեռն կարծեաց*։ [4] A *առաջիկայ բանք*։ [5] AC *մեծի*։ [6] E չիք *իմաստասիրութեան*. DE *մինչև ցայս վայր*. F վերջին չորս տողք չիք։

imagination; and the animal capacities are volition, selectivity, goodwill,[15] desire and anger. And of these two [kinds] some are rational and some are irrational. For even among the soul's capacities for acquiring knowledge, some are rational and some are irrational. Reason, reflection and opinion are rational, and sensation and imagination are irrational.[16] And among the animal capacities again some are rational and others are irrational: volition, selectivity and goodwill[17] are called rational, while anger and desire are called irrational.

And so, God gave philosophy[18] to adorn the human soul. He gave theoretical philosophy to adorn the capacities for acquiring knowledge, and practical philosophy to adorn the animal capacities, so that we should not acquire false knowledge through opinion, and so that se should do no evil.[19]

Thus end the prolegomena of philosophy by the thrice great and invincible philosopher David, his definitions and divisions of philosophy in opposition to the four propositions of the sophist Pyrrho.[20]

NOTES TO THE INTRODUCTION

1. See Richard, "*Apo phonēs*."
2. See Vancourt, *Derniers commentateurs*, 1-7; Westerink, *Anonymous Prolegomena*, xiii-xxiv; Wallis, *Neoplatonism*, 139 n.1.
3. See Rose, *Leben des heiligen David*, viii; Elias, *Commentaria*, vi n.1.
4. This David spent his life as a hermit just outside Thessalonica; he died c. 540.
5. For the school in Alexandria see Wallis, *Neoplatonism*, ch. 5.1: *Neoplatonism at Athens and Alexandria*, 138-146; Saffrey, "Jean Philopon et le survivance de l'école d'Alexandrie."
6. See Meyerhof, "Von Alexandrien nach Baghdad."
7. Peters, *Aristotle and the Arabs*, 80.
8. *Ibid*., 82-83.
9. For the Greek and Armenian texts of these four works see the Bibliography. In Greek the Commentary on Aristotle's *Categories* is attributed to Elias.
10. For Libanius's pupils see Petit, *Les étudiants de Libanius*.
11. Prohaeresius (276-367/8) is called Armenian by Eunapius, *Vitae Sophistarum*, X 1,8.
12. Movsēs Xorenac'i, III 62; but see the Introduction to Thomson, *Moses Khorenats'i*.
13. See Zacharias Rhetor, *Vita Severi*, 57.
14. For translations into Armenian see Zarp'analean, *Matenadaran*; Inglisian, "Armenische Literatur."
15. For the works attributed to David see Khostikian, *David*, 6-8; Akinean, "Dawit' Hark'ac'woy Hełinakut'iwnnerě."
16. Khostikian, *David*, 2, correcting Conybeare, *Collation*, viii. The province of Hark' is to the North West of

Lake Van. (The David mentioned by Sebēos, 148, was a seventh century Chalcedonian.)

17. Some five hundred years earlier Łazar P'arpec'i did begin his <u>History</u> with a resume of the works of the legendary Agat'angełos and of P'awstos Buzand. But he was unable to provide details about their lives.

18. Step'anos of Tarōn (Asołik), II 2.

19. Samuel of Ani, 387.

20. Nersēs Šnorhali, <u>Explanatio Homiliae de sancta Cruce</u>, in his <u>Opera</u>, II 242.

21. Step'anos Orbelean, 90.

22. Koriun, 74.

23. See Sarkissian, <u>The Council of Chalcedon</u>, with references to earlier literature.

24. See Jerusalem 1303, f.319; text in Bogharian, IV 532. The colophon is also printed in Yovsep'eanc', <u>Yišatakarank'</u>, 17-18.

25. Conybeare, <u>Collation</u>, x-xiii.

26. A similar story appears in colophons to the <u>Book of Causes</u>, a collection of biblical and theological extracts written by Grigor, son of Abas (d.1221). See, for example, Vienna 47, described in Dashian, <u>Catalog</u>, 213-233.

27. Grigor Magistros, <u>Letter</u> 21.

28. Matenadaran 1747.

29. Greek text (ed. Busse), 32^{22}, Armenian text (ed. Arevšatyan, reproduced here), 74^{22}. All following references to the text of the <u>Definitions and Divisions of Philosophy</u> are to these editions, the Greek preceding the Armenian.

30. $75^1 = 150^{20}$.

31. $62^{20} = 130^{34}$.

32. See Vardanean, "Hay Tarrner."

33. $1^{17} = 2^{22}$; $21^{7-8} = 50^{24}$.

34. Eznik, #122, 124.

35. $65 = 134^{16-23}$. For a close parallel in Greek see the
     tale in the <u>Lexicon</u> <u>Suidae</u>, s.v. <u>Timotheus</u>, no. 2.
     For this reference we are indebted to Guy Griffith of
     Cambridge.

36. $49-54 = 114^{11-14}$.

37. See Thomson, "Number Symbolism;" van der Horst,
     "Seven months' Children."

38. $16^2 = 38^{12}$.

39. Aṙak'el, ch. 29.

NOTES TO THE TRANSLATION

Title and Introduction

1. The Greek reads: _Prolegomena to Philosophy by_ (_apo phōnēs_) _David the most divinely favoured and godly-minded philosopher_. For the term _apo phonēs_ see Richard. The Armenian does not render this exactly but says that the work is "of David." ACD read: _Introduction to Definitions of Philosophy by David Nerginac'i the philosopher_. The term Nerginac'i is given to David only in very late tradition. He was supposedly buried in the monastery of Nerknavank' in Tarōn; see Khostikian, 21.
2. Pyrrho of Elis (c. 365-275 B.C.) was the founder of the "sceptic" school of Greek philosophy.
3. _Discussions_: _handēs_, rendering the Greek _agōn_ in the sense of an arena for debate.
4. _Summit_: _aṙ ezr_, rendering _peras_ "limit." Thus "supreme point."
5. _Questions_: lit. "heads, chapters," as the Greek _kephalaia_. The Armenian omits the reference to Aristotle here, but the following four questions are based on his _Posterior Analytics_ II 1 (89 b 23ff.).
6. _Goat-deer and aralez_: the Greek reads: _tragelaphos_ ("goat-stag" - a fantastic animal), _skindapsos_ (which can refer to a stringed musical instrument, but more generally stands for a meaningless word) and _blituri_ (which is the twang of a harp-string and hence a meaningless sound). The Armenian renders _tragelaphos_ more or less literally by _ełǰernak'ał_, but in place of the other two words the translator has put _aralez_, the mythical creature of Armenian lore that restored life by licking. For this see P'awstos Buzand, V 35, Movsēs Xorenac'i, I 15, and Ajello, "Sulle divinitá."

7. Man, horse, eagle: for the Greek "man or ox."
8. To all members of their genus: lit. "to each other,
    that is, according to the genus in which they exist
    as living creatures."
9. For some ... immortal: an addition in the Armenian.
10. For when ... is it?: an expansion on the Greek 2^{9-12}.
11. Heavenly powers: the Armenian has added a reference
    to the content of the Timaeus 41 B not in the Greek.
    The three genera are the inhabitants of air, water,
    and earth.
12. The meaning ... completion: an addition in the
    Armenian.
13. Colour: for this passage see Aristotle, Physics II 1
    (193 a 7).
14. Thus ... us: omitted in the Greek save for K and V
    which read "with God."

Chapter One

1. The Armenian chapter division and numbering are quite
    divergent from the Greek. After the Introduction this
    is marked as section (prak) 1, whereas the Greek reads
    "praxis 2." The term praxis was used for the material
    which formed a separate lecture. In the Armenian, A
    marks this as prak 2 (but has no prak 1).
2. Discussion: tesut'iwn, a literal rendering of theōria,
    "lecture, exposition."
3. The aim ... other: an abbreviated rendering of the
    Greek.
4. Ten categories: see Aristotle, Categories IV (1 b 25ff).
5. Twice, once: see Aristotle, Metaphysics IV 5 (1010 a
    14).
6. Anything: i goyic'n, in the Greek tōn ginomenōn.
7. That is ... them: a gloss in the Armenian to the
    quotation from the Meno 81 C.
8. Study philosophy: lit. "set straight the philosophical
    genus." The quotation is from the Timaeus 47.

9. Natural science, mathematics and theology: for these three theoretical aspects of philosophy see Aristotle, Metaphysics VI 1 (1026 a 19).
10. Disclaimed: bałkanal seems to mean "exist" here rather than "be composite," following the Greek synistatai.
11. Geometrician: this phrase is also in Elias, In Categorias, 118^{18}. For Plato's emphasis on geometry see Republic VII (527ff.).
12. Philosopher: Busse notes that this statement is not in Plato; he refers to Olympiodorus, Commentary on the Alcibiades of Plato (see p. 55 in Westerink's edition).
13. Scientific knowledge: makac'ut'iwn, rendering epistēmē.
14. Everything: eakk'n, ta onta.
15. Visible: here the Armenian omits 6^{5-19} of the Greek, a discussion of the motion of heaven and Aristotle's views.
16. Fourth: here the Greek begins a new section, praxis 3.
17. Generality: here the Armenian omits the reference to medicine as a kind of knowledge with general rules.
18. Milk: the Armenian has abbreviated somewhat, and omitted the reference to the swan and white paint.
19. Plato: glossed in E as "David!" The Armenian omits the reference to the Alcibiades.
20. We resolve ... else: the Armenian has expanded on the Greek, 7^{11-16}.
21. Vision: for the theory of colour as "piercing" or "compressing" see Plato, Timaeus 67 D-E, and Aristotle, Metaphysics X 7 (1057 b 9).
22. Times: the Armenian omits the discussion, 7^{24-31}, concerning the Ethiopian who has black skin but white teeth, or the colour grey as a mixture of black and white.
23. Vision: the Armenian abbreviates the Greek, 7^{34}-8^{4}.
24. Exists: the Armenian omits the reference to Socrates

having knowledge of generals such as "man, horse, stone."

25. Epicureans: a gloss to the Greek meminotōn, "the raving ones."

Chapter Two

1. Praxis 4 of the Greek. For praxis 3 see ch. 1, n.16.
2. Retort: see the Theaetetus 183. This argument is also found in Elias, Prologue to the Commentary on the Categories, 109[31]ff.
3. Aristotle: from the Protrepticos, fragment 51 in Rose, Aristotelis Fragmenta.
4. Phaedrus, 237 C. CD read "Phaedo."
5. Sophist, 235 C. Neither the Greek nor Armenian name Plato here.
6. Same dialogue: rather the Philebus, 16 C, for Prometheus and fire.
7. Metals: these five examples are added by the Armenian; but silver, gold, lead and copper are mentioned below in the Greek.
8. Quantity: here the Armenian omits the Greek, 10^{19-23}, which elaborates on the last sentence.
9. Vegetable and non-vegetable: nerbusakan ew anbusakan. The Greek has empsychon kai apsychon, "with soul, without soul."
10. Description: the Armenian here does not make the difference between "definition" and "description" clear. Sahman, "definition," renders horismos; but "description" is sahmanadrut'iwn, an abstract noun meaning "defining." Cf. ch. 3, n.8, 10. The distinction is clearer below, in ch. 3 at n.5, where sahman, "definition," renders horismos, and storagrut'iwn, "description," renders hypographē.

Chapter Three

1. _Praxis_ 5 in the Greek.
2. _Knowledge_: ADE read _makac'ut'eanc'_ instead of _hančar_
   in BC, which has been used consistently above. The
   former term in Armenian refers to varieties of
   scientific knowledge, whereas _hančar_ is a general
   term meaning "understanding."
3. _Crown_: i.e. the speech by Demosthenes.
4. _Excess_: both these famous maxims were carved on the
   temple of the Delphic oracle. Cf. also Aristotle,
   Rhetoric II 12.14 (1389 b 4).
5. _Description_: here the Armenian omits _kai horou kai_
   hypographikou horismou, 12^{20}.
6. _Annulls him_: the Armenian omits 12^{31}: _adynaton_ ...
   logikon.
7. _Absence_: the Armenian omits 13^{1-6}, where the other
   accidental attributes of "man" are elaborated.
8. _Term_: _sahmanadrut'iwn_; see ch. 2, n.10.
9. _Horse_: the Armenian omits "and ox," 13^{13}.
10. _It also_ ... _farms_: an addition to the Greek, 13^{18}.
    Sahmanadrut'iwn is a calque on _horothesion_; see
    ch. 2, n.10.
11. _Aristotle_: see the _Prior Analytics_ I 1 (24 b 16).
12. _And able to laugh_: an addition (only in BD) to the
    Greek, 13^{34}.
13. _He is_ ... _defined_: an abbreviation of the Greek,
    14^{28-30}.
14. _Homer_: a gloss to the Greek, "the poet." For the
    "half-ass (i.e. mule)," see the _Iliad_, X 352.
15. _Say_: this paragraph expands slightly on the Greek,
    14^{34}-15^{2}.
16. _Masters_: "the ancients" in the Greek.
17. _Socrates_: for Aristotle on nouns and verbs see _On_
    Interpretation, 10 (20 b 1), but he does not use the
    specific example of "Socrates." The Armenian here
    omits the reference to "Plato's _Alcibiades_ or the
    Alcibiades of Plato," 15^{8} of the Greek.

Chapter Four

1. Praxis 6 in the Greek.
2. Villages and farms: an expansive rendering of en tois pēdiois.
3. Knowledge: makac'ut'iwn (but hančar in C); cf. ch.3, n.2.
4. Knowledge: makac'ut'iwn: see previous note.
5. Nymphs: the Armenian omits 15^{22-24}, which explains long-lived nymphs as mortal daimones.
6. Grammarian: k'ert'ol, also used of poets (as of Homer, ch. 3, at n.14). Here it renders grammatikos.
7. Angels and demons: for the Greek "long-lived nymphs," 16^{2}.
8. Olympiodorus: see the Introduction.
9. Verbal: the phrase "because he will die" is an infinitive in the instrumental case.
10. Moreover ... identified: an addition in the Armenian.
11. Chair, temple: for the Greek "couch or chair," 16^{20}.
12. Body: singular in the Armenian, plural in the Greek.
13. Lycurgus: this remark of the Pythian oracle is reported in Herodotus, I 65.
14. Poem: i.e. Homer's Odyssey. For the gods as givers of blessings see Odyssey, VIII 325; as knowing all things, IV 379, 468; as able to do everything, IV 237 (of Zeus).
15. And he knows ... useful: an addition in the Armenian.
16. He ... him: somewhat expanded from the Greek, 17^{16-17}.
17. Vault: the Armenian adds korĕnt'ard to the Greek "heaven."
18. Stoics: the form is garbled here in the Armenian, but correctly rendered later, in ch. 10.
19. For example ... differentiae: an addition to the Greek, 18^{15}.
20. Knowledge: in this paragraph the Armenian fluctuates between hančar and makac'ut'iwn; cf. ch. 3, n.2.
21. Artificial things: aruestakanac'n, technai, 18^{17}.

22. They: following the Greek. The Armenian reads duk',
    "you (pl.)."
23. For being unsure ... incorrect: an expansion of the
    Greek, 18^{24}, which speaks only of "first" and
    "secondly."
24. Haircutting and manicure: for the Greek "gymnastics,
    and embellishment and haircutting." Gymnastics were
    not an Armenian sport.
25. All anger ... fever: the Armenian has changed the
    order of the Greek, which puts this sentence at the
    end of the preceding paragraph.
26. Possible: the Armenian omits "knowledge of all
    existing things" as part of the definition of philo-
    sophy, Greek 20^{22}.

Chapter Five

1. Six in ACE; praxis 7 in the Greek.
2. Depths: the Armenian omits "and on untrodden mountains,"
   21^5.
3. Aralez and goat-deer: see the Introduction, n.6. Here
   the Greek has hippokentauros only.
4. Of wisdoms: an addition in the Armenian.
5. Grammarian: k'ert'oł; see ch. 4, n.6.
6. That is ... meaning: an addition in the Armenian.
7. Priority: aṙawelut'iwn, used for "excess" above in the
   sense of the number of terms used in a definition,
   Greek hyperochē.
8. Gazelle, lamp: the Armenian has translated literally
   the Greek dorkōn and lychnos.
9. Abundant: gerakatar, a calque on the Greek hyper-
   teleios. See further ch. 6, n.13.
10. Since a quarter ... half: an addition in the Armenian.

Chapter Six

1. Praxis 8 in the Greek.

2. <u>Last</u>: the Armenian omits the examples of the Greek,
    23^{11-16}.

3. <u>Wisdom</u>: these six definitions expand somewhat on the
    Greek, 23^{17-21}.

4. <u>Name</u>: the Armenian omits the discussion of the etymo-
    logies given in the Greek, 23^{25-29}, for "name, man,
    horse."

5. <u>Specific</u>: here the Armenian omits the discussion of
    general terms, 24^{4-8}.

6. <u>For</u> <u>example</u> ... <u>man</u>: these lines are an abbreviation
    of the Greek, 24^{8-17}, where the differences between
    men and other living creatures are discussed.

7. <u>Boxwood</u>: the Armenian adds the examples of walnut and
    boxwood. Both are given in the list of trees in <u>The</u>
    <u>Teaching</u> <u>of</u> <u>Saint</u> <u>Gregory</u>, #644.

8. <u>One</u>: "the philosopher" in the Greek, 25^{1}.

9. <u>Eighth</u> <u>section</u>: the Armenian here omits 25^{2-24}.

10. <u>Had</u> <u>no</u> <u>desire</u> <u>to</u> <u>leave</u> <u>behind</u>: "did not compose" in
    the Greek, 25^{28}.

11. <u>My</u> <u>teaching</u>: <u>ta</u> <u>ema</u>, 25^{29}.

12. <u>Who</u> <u>would</u> <u>be</u> ... <u>Pythagoreans</u>: an abbreviation of the
    Greek, 25^{31}-26^{9}. Cf. Iamblichus, <u>Life</u> <u>of</u> <u>Pythagoras</u>,
    ch. 34.

13. <u>Nicomachus</u>: arithmetician and Neopythagorean between
    50 and 150 A.D. Nichomachus of Gerasa's <u>Introduction</u>
    <u>to</u> <u>Arithmetic</u> was the most influential such work in
    antiquity; it explains in detail David's views on
    the nature of number.

14. <u>Phaedo</u>, 64 A.

15. <u>Gods</u>: lit. "uppermost (beings)," <u>i</u> <u>vernagoynsn</u>, an
    expansion of Plato's <u>en</u> <u>theois</u>, 26^{22}.

16. <u>Theaetetus</u>, 176 A.

17. See in general <u>Metaphysics</u>, I 2. BCE read <u>banakanac'</u>
    for <u>bnakanac'</u> (as if the Greek were *<u>metalogica</u>).

Chapter Seven

1. _Praxis_ 9 in the Greek.
2. _It ... it_: this paragraph is an abbreviation of the Greek, 27^{3-12}. The Armenian then omits 27^{13-20}.
3. _Material_: the Armenian omits 27^{25-27}, which illustrates this with a quotation from Plato, _Phaedo_, 60 C.
4. _Existence_: the Armenian omits $27^{33}-28^{16}$.
5. _Ones_: this sentence refers to the omitted section of the Greek, where David quoted Aristotle, _On Interpretation_ (17 b 29).
6. _Human_: this sentence and the following short paragraph are an abbreviation of the Greek, $28^{34}-29^{11}$.

Chapter Eight

1. _Praxis_ 10 in the Greek.
2. _Phaedo_, 64 A.
3. _Phaedo_, 67 B.
4. _Phaedo_, 62 B.
5. _Extricate ourselves_: there is a pun here, the same verb (_artahanel_, rendering _exagein_) being used for "to commit suicide."
6. _Above_: in ch. 4, at 17^{1}ff. of the Greek.
7. _Him_: the Armenian has added the reference to purification of the passions, but omitted the Greek, 30^{17-18}, which refers to the wicked man separating himself from the divine.
8. _Philosophy_: the Greek reads: "through philosophy we gain virtue," 30^{22}.
9. _Hippocrates_: fifth century B.C. See his _Peri Physōn_, I. (On "breaths," not "nature.")
10. _Plotinus_: 205 to 269/270 A.D. The Armenian text reads "Plato." Busse refers to _Enneads_, I 3.5, but this quotation does not appear there. Armenian scribes often mistook Plotinus for Plato. In the Armenian version of Nemesius, _On the Nature of Man_, p.27, we read that Ammonius was Plato's teacher!

11. *Homer*: not named in the Greek, 31^{12}, which implies that Plato is the author of the saying. See the *Gorgias*, 493 A, for the play on *sōma* - *sēma*.
12. *Benumbed*: the translator is trying to render the play *sōma* - *sēma* (body - tomb) by *endarm* and *marmin* (benumbed - body).
13. *Pleasurable*: "voluntary in the Greek, 31^{22}.
14. *Death*: the Armenian inverts the order of the line 31^{32} to put "evil" as an adjective governing "Plato's writing," i.e. the *Phaedo*.
15. *Epigram* 25.
16. *Olympiodorus*: see the Introduction.
17. *Passions*: the last sentence is an expansion of the Greek.

Chapter Nine

1. *Praxis* 11 in the Greek.
2. *Trodden by the sun*: a mistranslation of *ēlibatōn* as **hēlibatōn*. See Theognis, *Elegies*, I 175-6, "treading the heights."
3. This exchange is from the *Anthologia Graeca*, IX 137. But there the emperor is Hadrian; the change to Julian is already in the Greek text of David.
4. *Timicta*, *Theano*: these were different women; see Iamblichus, *Life of Pythagoras*. The names are not in the Greek, 33^{10}. The same story is told by Elias, *Prolegomena*, 15^{1}, of "a Pythagorean woman."
5. *Earthquake*: an addition in the Armenian.
6. *Two*: "three" in the Greek, 33^{27}; i.e. the reasons for a man's life being good, medium, or bad.
7. *Plato*: see above, ch. 8, at n.4.
8. *Rain*: the Armenian agrees with the reading of the Greek manuscripts against Busse's correction.

Chapter Ten

1. <u>Praxis</u> 12 in the Greek.
2. <u>The poet</u>: Homer; see the <u>Iliad</u>, V 441-2.
3. <u>For</u> ... <u>everything</u>: these lines are found only in the
   Greek manuscripts K and V, and refer back to 17^3.
   See ch. 4, n.14.
4. <u>All at once</u>: <u>miaban</u>, rendering <u>hama</u>; perhaps "in its
   entirety."
5. Cf. <u>Laws</u>, II 1 (653 A), not an exact quotation.
6. <u>There is nothing</u> ... <u>God</u>: lit. "inability is quite
   inappropriate for God," rendering the Greek 36^{25}.
7. <u>Sun</u>: "heaven" in the Greek, 36^{28}. Cf. above, ch. 4,
   n.17.
8. <u>Attain</u>: the Armenian omits 36^{33}, "but for God nothing
   is impossible."
9. <u>Theaetetus</u>, 176 A. The Armenian has added "dialogue."
10. <u>Gods</u>: the Armenian reads "god" for Plato's <u>en theois</u>,
    except A which has "the divine beings (<u>astuacayinsn</u>)."
11. <u>But</u> ... <u>philosophy</u>: the Greek reads: "If justice and
    wisdom are virtues, the seat of virtues is philosophy;
    for through philosophy we acquire virtues." The
    Armenian manuscripts are at variance. AB read: "But
    the seat of philosophy is virtue." A continues:
    "because through philosophy we acquire virtue."
12. <u>Two</u>: the numeral is not in the Greek, 37^{33}, but it
    confirms the emendation of Busse, based on a parallel
    in Elias, <u>Prolegomena</u>, 18^{19}.
13. Cf. fragment 34 in Diels, <u>Fragmente der Vorsokratiker</u>.
14. <u>Acquired</u>: <u>makstacakan</u>, rendering <u>epistemonikē</u>,
    "scientific."
15. <u>Innate</u>: <u>bnakan</u>, lit. "natural," <u>physikas</u> in the Greek.
16. <u>Constitution</u>: lit. "mixture," i.e. of the four
    elements: hot, cold, dry, wet.
17. <u>Camel</u>: "fox" in the Greek, 39^7. For Armenian fables
    about a camel and a fox see Marr, <u>Sborniki</u>, II 72, 197.
18. <u>Without knowing the cause</u>: an addition in the Armenian.

Chapter Eleven

1. *Praxis* 13 in the Greek.
2. *Aristotle*: the Armenian omits the explanation of "Stagirite" in the Greek, 39^{17-18}. For Aristotle's definition see above, ch. 6, at n.17.
3. *Grammarian*: *k'ert'oł*; cf. above, ch. 4, n.6.
4. *Ō*: Armenian has only a short /o/. To render *ōmega*, *ov* was traditionally used, as here.
5. *Inherently*: lit. "by nature," an addition to the Greek, 39^{32}.
6. *Hidden*: an addition to the Greek, 40^{5}.
7. *Body*: plural in the Greek, 40^{12}.
8. *Geometry*: the Armenian omits 40^{25}, "such as that the unit is indivisible."
9. *Inherently*: an addition to the Greek, 40^{28}; cf. n.5 above.
10. *There is no doubt* ... *art*: an addition in the Armenian.
11. *No doubt* ... *art*: an addition in the Armenian.
12. Here the Armenian omits 40^{31-33}.
13. *The Pythagoreans say*: for the Greek "we say," 41^{6}.
14. *Irrational*: for the Greek *banausos*, "menial, mechanical."
15. *For example* ... *metal*: an abbreviation of the Greek 41^{12-21}, which describes the *banausic* arts.
16. *However* ... *words*: the Armenian has somewhat expanded the Greek.
17. *Disturbance*: lit. "wounding," rendering the Greek *plēgē*, 41^{27}. For the definition of sound as a striking of the air (*plēgē aeros*) see Aristotle, *On the Soul*, II 8, where the example of "wool" and parts of the definition at the end of this paragraph are also found.
18. *Example*: the following example is an addition to the Greek, "as we learned," 41^{30}.
19. *Sound*: see n.17 above.

Chapter Twelve

1. <u>Praxis</u> 14 in the Greek.
2. <u>Eunuch, piece of pumice</u>: omitted in the Armenian, but in the Greek, 42^{13-14}. Here the Armenian omits 42^{14-24}, which explains the riddle in more explicit terms.
3. <u>Gorgias</u>, 449 A.
4. <u>Sophist</u>, 219 A.
5. <u>Priority</u>: the Armenian omits "but is superior," 43^7.
6. <u>Hypothetical, unconditional</u>: <u>nerstoradrakan</u>, <u>anner-storadrakan</u>, rendering <u>enypothetos</u>, <u>anypothetos</u>.
7. <u>Particular experience, general experience</u>: <u>hmtut'iwn</u>, <u>nerhmtut'iwn</u>, rendering <u>peira</u>, <u>empeiria</u>.
8. <u>As for example ... used</u>: an addition in the Armenian.
9. <u>Thus ... subject</u>: a brief resume of the Greek 44^{29}-45^{25}, with different examples.

Chapter Thirteen

1. <u>Praxis</u> 15 in the Greek.
2. <u>Poet</u>: the quotation is not an exact rendering of the Greek. Busse notes that Homer does not have the quotation as given by David and refers to Ammonius, <u>In Porphyrii Isagogen</u>, 9^{13}.
3. <u>God, wisdom</u>: the Armenian omits 46^{11-25}, on the divine.
4. <u>Knowledge</u>: the Armenian omits the illustration of the Greek, 46^{30-32}.
5. <u>Absent</u>: the Armenian omits the example of the Greek, 46^{33-34}.
6. <u>Goat-deer</u>: see the Introduction, n.6. Here the Armenian omits "or horse-centaur," 47^1.
7. <u>Immortal</u>: the Armenian omits "such as an angel," 47^7.
8. <u>Reflection ... them</u>: an expansion of the Greek, 47^{9-12}.
9. <u>Here</u>: the Armenian omits 47^{13-17}.
10. The Armenian omits 47^{21-24}.
11. The Armenian omits 47^{26-31}.

12. The Armenian omits the examples of the Greek, 48^{1-6}.

13. <u>Timaeus</u>, 47 B. But Theodorus does not appear in this
      dialogue.

14. The Armenian omits "of which our bodies are composed,"
      48^{29-30}.

15. The Armenian omits "i.e. earth, water, air, fire," 48^{31}.

16. The Armenian omits "i.e. bravery, justice, prudence,
      intelligence," 48^{32-33}.

17. <u>Repeated</u>: the Armenian differs from the Greek, 49^{5},
      which gives an etymology of ten as "receptive (<u>dekas</u>,
      <u>dektikos</u>)." The repetition refers to "eleven, twelve
      ... <u>etc</u>.," which in the Greek and Armenian are ren-
      dered "one (plus) ten, two (plus) ten ... <u>etc</u>."

Chapter Fourteen

1. Praxis 16 in the Greek. This chapter contains only a
      fraction of the discussion of numbers in the Greek,
      49-54 (<u>praxis</u> 16 and 17).

2. This paragraph is based on 49-51 of the Greek.

3. <u>Even numbers</u>: see especially p. 50 of the Greek.

4. <u>Seven</u>, <u>Athena</u>, <u>time</u>: see the Greek, p. 50.

5. <u>Heathens</u>: <u>artak'ink'n</u>, "those outside," i.e. those
      outside the church, a standard patristic expression.

6. <u>Aramazd</u>: Zeus in the Greek, 53^{23}; this is a standard
      parallel. See, for example, Garitte, <u>Documents</u>, 214.

7. <u>Them</u>: these examples of seven are not in the Greek,
      but they have parallels in the writings of Anania
      Širakac'i (7th century); see Thomson, "Number Sym-
      bolism," and in general van der Horst, "Seven months'
      Children."

Chapter Fifteen

1. <u>Praxis</u> 18 in the Greek, <u>praxis</u> 17 being included in the
      preceding chapter of the Armenian.

2. <u>Fashion</u>: the Armenian omits the example in 55^{24}, but
      adds the explanation of dichotomy.

3. Stories: an addition in the Armenian to "lovers of questions," 55^{28}.
4. Discussed: see above, ch. 13, where the same terms are presented in a different order.
5. Goodwill: an addition to the four terms of the Greek, 56^{12}.
6. Good: the Armenian omits a second example of the Greek, 57^{4-6}: brigands pursue a man in order to kill him; they question someone they meet, but he denies seeing the fugitive, who thus escapes.

Chapter Sixteen

1. Praxis 19 in the Greek.
2. Souls: the Armenian omits 57^{14}, which elaborates on this.
3. Parts: the Armenian omits 57^{27}, "i.e. natural science, mathematics, theology."
4. Visible: the Armenian omits "bone," $58^{3,4}$, but adds the reference to "visible."
5. Reason: an addition in the Armenian to $58^{5,7}$.
6. Wood: the Armenian omits "bronze," 58^{11}.
7. Wax, ring: see Aristotle, On the Soul, II 12.
8. Thought: the Armenian omits 58^{22}, which refers to the four elements.
9. Mathematics, theology: opposite order in the Greek.
10. Theology: the Armenian omits 58^{11}, which defines mathematics again.
11. Blinded: the Armenian omits 59^{2}, which is repetitive.
12. See Homer, Odyssey, XI 308-316.
13. Sky: the Armenian omits 59^{8-10}, which explains the poem.
14. The Armenian omits 59^{13-15}, which quotes Plato, Epinomis, 992 A.
15. After natural science: "on the way to theology," in the Greek, 59^{16}.
16. Plotinus: Plato in ACD, garbled in BE. See Enneads, I 3.3.

17. *Known*: the Armenian omits 59^{19-23}, where mathematics are likened to a bridge.
18. *Mathematics*: the Greek and Armenian have a play on words, *mathematikon* in Greek and *usumnakan* in Armenian being derived from verbs meaning "to learn."
19. *Reply*: the Armenian omits 59^{26}-60^{4}.
20. *Learn*: see n.18 above.

Chapter Seventeen

1. *Praxis* 20 in the Greek.
2. *Four*: the Armenian has added 2:3 and 3:4 to the Greek *diplasion* (double) and *hēmiolion* ($1\frac{1}{2}$:1), 60^{29}.
3. *Ten*: the Armenian omits 61^{19-20}, on two fives. Otherwise, the argument of this paragraph is slightly expanded on the Greek in order to make the terse examples clearer.
4. *Tigran*: king of Armenia, c.95-55 B.C., for the Greek "Hector," 62^{20}.
5. *Four*: the Armenian omits 63^{1-23}, with a different explanation of the order of the kinds of mathematics.
6. *Music*: the Armenian omits 63^{28}-64^{1}, on music.
7. *Spanak*: *akainan* in the Greek, 64^{6}. The Armenian omits the fanciful etymology, 64^{6-7}.
8. *Created*: the Armenian has inverted the order of Egyptians, Chaldaeans.
9. *In practice*: lit. "tangible (*zgali*)," for the Greek "in affairs." The Armenian omits the examples of 64^{18}.
10. *Lyres*, *trumpets*, *cymbals*: for the "cymbals and flutes" of the Greek, 64^{22}.
11. *Real*: the Armenian has added "real (*stoyg*)," whereas the Greek contrasts *enylos musikē* (instrumental music, *niwt'akan eražštakan*) to *musikē*.
12. *Practical*: the Armenian omits the examples of the Greek, 64^{24-26}.
13. *Body*: singular in the Armenian, plural in the Greek,

64^{27}. Cf. above, ch. 11, n.7. Here the Armenian
omits 64^{27-34}.

14. This paragraph is similar in intent to the Greek 65^{1-9},
    which discusses music. But the Greek does not have
    the story about Alexander, for which see the Intro-
    duction at n.35.

Chapter Eighteen

1. Praxis 21 in the Greek.
2. Irrational: the Armenian omits 65^{22-23}.
3. For example ... vein: an abbreviation of 65^{25-30}.
4. Whole ... other: an abbreviation of 66^{1-5}.
5. Black: the Armenian omits 66^{9-10}.
6. Plaster: bur for the Greek psimythion, "white lead."
    Here the Armenian omits "swan" and the elaboration
    in 66^{11-13}.
7. Lime: for the Greek asbestos, "unslaked lime."
8. Snow: the Armenian omits 66^{15-17}.
9. Instruments: in the Greek emplastros, "salve." Here
    and in the next line the three medical terms are not
    translated very exactly.
10. Count: the Armenian omits the example of the populace
    of a city, $66^{28, \ 30-31}$.
11. Essence: the Armenian omits the example of "swan," as
    n.6 above.
12. Dissimilar: the Armenian abbreviates and omits the
    examples of the Greek, 67^{7-11}.
13. In ... divided: an abbreviation of 67^{11-26}.
14. It seems to me: an addition in the Armenian.
15. This sentence is an abbreviation of 67^{27-32}.
16. Accident: the Greek has only two divisions, without
    "according to essence."
17. Of genus into species: an addition in the Armenian.
18. Accident: the Armenian omits 68^{12-18}, which repeats
    some of the examples given earlier.

Chapter Nineteen

1. Praxis 22 in the Greek.
2. This paragraph is an abbreviation of 68^{30}-69^{18}.
3. Moreover ... individuals: an abbreviation of 69^{19-28}.
4. Meanings ... essence: an abbreviation of 69^{36}-70^{7}.
5. Thus ... too: an abbreviation of 70^{8-30}.
6. Incomplete: the Armenian omits the example of the Greek, 71^{1}.
7. One can ... conduct: an abbreviation of 71^{10-20}.
8. So ... species: an abbreviation of 71^{31-35}.
9. But on ... inaccurate: an abbreviation of 71^{35}-72^{3}.
10. Incorrect: the Armenian omits 72^{15-25}.
11. Whole: this paragraph is somewhat expanded from the Greek, 72^{26}-73^{2}.
12. It should ... thing: an abbreviation of 73^{11-32}.

Chapter Twenty

1. Praxis 23 in the Greek.
2. Plato: see above, ch. 1, n.12.
3. And all the other Greeks: an addition in the Armenian.
4. Black: the Armenian omits 75^{6-19}.
5. Politics: the Armenian omits 75^{22-23}.

Chapter Twenty-One

1. Praxis 24 in the Greek.
2. City: the Armenian omits 76^{10-17}, which discusses Minos the legislator and Rhadamanthus the judge.
3. This paragraph is an abbreviation of 76^{17-28}.
4. Divine: the Armenian omits 77^{6-7}, which is repetitive.
5. Smithcraft: the Armenian omits 77^{11-14}, which gives examples of these arts.
6. Passions: the Armenian omits 77^{29-31}, on the suppression of passions.
7. Possible: the Armenian omits 78^{3-4}, on a philosopher's knowledge and action.

8. Here and now: p'ut'apēs, "immediately," for the Greek "in brief," 78^5.

9. Philosophy: the Armenian omits 78^{13-15}, which expands on the preceding.

10. Part: the Armenian omits 78^{18-20}, which expands on the preceding.

11. Parts: the Armenian omits 78^{22-26}, which expands on this sentence.

12. Timaeus, 47 B. But see above, ch. 13, n.13.

13. Divine: the Armenian omits 79^5, a quotation from the Iliad, V 128.

14. Animal: kendanakan, rendering zōtikē, "vital."

15. Goodwill: an addition in the Armenian. Cf. above, ch. 15, n.5.

16. Irrational: the Greek includes "opinion," 79^{12}, under both rubrics. Here the Armenian omits 79^{13-19}, which expands on the preceding.

17. Goodwill: an addition in the Armenian. Cf. n.15 above.

18. God gave philosophy: for the Greek "philosophy was invented (epenoēthē)," 79^{24}.

19. So that we should not acquire ... evil: different from the Greek, 79^{27-28}, which refers to subduing anger and desire.

20. Thus ... Pyrrho: not in the Greek. But cf. the Armenian title to the whole work.

BIBLIOGRAPHY

Texts of David's Philosophical Works

Greek:

Prolegomena et in Porphyrii Isagogen Commentarium, ed.
    A. Busse (Commentaria in Aristotelem Graeca, XVIII 2),
    Berlin 1904 (reprinted 196-?).
Eliae in Porphyrii Isagogen et Aristotelis Categorias
    Commentaria, ed. A. Busse (Commentaria in Aristotelem
    Graeca, XVIII 1), Berlin 1900 (reprinted 196-?).

Armenian:

Definitions and Divisions of Philosophy: Davit' Anyałt',
    Sahmank' Imastasirut'ean, text and Russian translation,
    ed. S.S. Arevšatyan, Erevan 1960. A facsimile of the
    text in Matenadaran 1746 (1280 A.D.) has been published
    by B. Č'ugaszyan, Sahmank' Imastasirut'ean, Erevan 1980.
Commentary on Porphyry's Eisagoge: Davit' Anyałt', Ver-
    lucut'iwn "Neracut'eann" Porp'iwri, text and Russian
    translation, ed. S.S. Arevšatyan, Erevan 1976.
Commentary on Aristotle's Analytics: Davit' Anyałt',
    Meknut'iwn i Verlucakann Aristoteli, text and Russian
    translation, ed. S.S. Arevšatyan, Erevan 1967.
Commentary on Aristotle's Categories: Davit' Anyałt',
    Meknut'iwn Storogut'eanc' Aristoteli, ed. Y. Manandean,
    St. Petersburg 1911.

The four Armenian texts have been republished, without
    critical apparatus, as Davit' Anyałt', Erkasirut'iwnk'
    P'ilisop'ayakank', ed. S.S. Arevšatyan, Erevan 1980.
A modern Armenian translation of the first three, with
    notes, has been published as Davit' Anhałt', Erker,
    t'argmanut'yunĕ, by S.S. Arevšatyan, Erevan 1980.

A general bibliography of David and his works has been published as Davit' Anhałt', Matenagitakan Ċank, ed. A. Harut'unyan, Erevan 1980.

Other Armenian Texts

Aṙak'el of Tabriz. Livre d'histoires, in M.F. Brosset, Collection d'historiens arméniens, I, St. Petersburg 1874.

Asołik. See Step'anos of Tarawn.

Eznik. De Deo, ed. L. Mariès and Ch. Mercier (Patrologia Orientalis, XXVIII 3, 4), Paris 1959.

Grigor Magistros. T'łt'erĕ, ed. K. Kostaneanc', Alexandropol 1910.

Koriun. Patmut'iwn varuc' ew mahuan srboyn Mesropay vardapeti, ed. M. Abełyan, Erevan 1941.

Movsēs Xorenac'i. Patmut'iwn Hayoc', ed. M. Abełean and S. Yarut'iwnean, Tiflis 1913. Translation and commentary by R.W. Thomson, Moses Khorenats'i, History of the Armenians, Cambridge (Massachusetts) 1978.

Nemesius. Yałags bnut'ean mardoy, Venice 1889.

Nersēs Šnorhali. Opera in Latinum conversa, 2 vols., Venice 1833.

Samuel of Ani. Tables chronologiques, in M.F. Brosset, Collection d'historiens arméniens, II, St. Petersburg 1876.

Sebēos. Patmut'iwn Sebēosi, ed. G.V. Abgaryan, Erevan 1979.

Step'anos Orbelean. Patmut'iwn Tann Sisakan, Tiflis 1911.

Step'anos of Tarawn (Asołik). Patmut'iwn tiezerakan, St. Petersburg 1885.

Teaching of Saint Gregory. R.W. Thomson, The Teaching of Saint Gregory: An Early Armenian Catechism, Cambridge (Massachusetts) 1970.

Greek and Syriac Texts

Ammonius. In Porphyrii Isagogen, ed. A. Busse (Commentaria in Aristotelem Graeca, IV 3), Berlin 1891.

Anthologia Graeca. ed. H. Stadtmueller, Leipzig 1894-1906.
Aristotle: Analytics; Categories; On Interpretation; Metaphysics; Physics; Rhetoric; On the Soul; Loeb Classical Library.
Callimachus. Epigrams. Loeb Classical Library.
Eunapius. Vitae Sophistarum, ed. I. Giangrande, Rome 1956.
Herodotus. The Histories. Loeb Classical Library.
Hippocrates. On Breaths. Loeb Classical Library.
Homer. Iliad; Odyssey. Loeb Classical Library.
Iamblichus. De Vita Pythagorica, Leipzig 1937.
Nicomachus of Gerasa. Introduction to Arithmetic, translated by M.L. D'Ooge (University of Michigan Studies, Humanistic Series, 16), New York 1926.
Olympiodorus. Commentary on the First Alcibiades of Plato, ed. L.G. Westerink, Amsterdam 1956.
Plato. Epinomis; Gorgias; Laws; Meno; Phaedo; Phaedrus; Philebus; Republic; Sophist; Theaetetus; Timaeus. Loeb Classical Library.
Plotinus. Enneads. Loeb Classical Library.
Suidae Lexicon. ed. A. Adler, Stuttgart 1967-1971.
Theognis. Elegies, ed. D. Young, Leipzig 1971.
Zacharias Rhetor. Vita Severi, ed. M.A. Kugener (Patrologia Orientalis, II 1), Paris 1907.

Secondary Literature

R. Ajello. "Sulle divinitá armene chiamate Arlez," Oriente moderno 58 (1978), 303-316.
N. Akinean. "Dawit' Hark'ac'woy Hełinakut'iwnnerě," Handes Amsorya 71 (1957), 131-159.
-----. "Dawit' Hark'ac'woy T'argmanut'iwnnerě," Handes Amsorya 71 (1957), 267-281.
N. Bogharian. Grand Catalogue of St. James Manuscripts, Jerusalem 1966- (continuing).
F.C. Conybeare. A Collation with the ancient Armenian Versions of the Greek Text of Aristotle's Categories, De Interpretatione, De Mundo, De Virtutibus et Vitiis, and of Porphyry's Introduction (Anecdota Oxoniensia,

Classical Series, I 6), Oxford 1892.

J. Dashian. Catalog der armenischen Handschriften in der
    k.k. Hofbibliothek zu Wien, Vienna 1891.

H. Diels. Fragmente der Vorsokratiker, 3 vols., 6th ed.,
    Berlin 1951-1952.

G. Garitte. Documents pour l'étude du livre d'Agathange
    (Studi e Testi, 127), Vatican 1946.

V. Inglisian. "Die armenische Literatur," in Handbuch der
    Orientalistik, I 7: Armenisch und kaukasische Sprachen,
    Leiden/Köln 1963, 156-272.

M. Khostikian. David der Philosoph (Berner Studien, 58),
    Bern 1907.

N. Marr. Sborniki Pritch Vardana, II, St. Petersburg 1894.

M. Meyerhof. "Von Alexandrien nach Baghdad. Ein Beitrag
    zur Geschichte des philosophischen und medizinischen
    Unterrichts bei den Arabern," Sitzungsberichte der
    preussischen Akademie der Wissenschaften 23 (1930),
    389-429.

F.E. Peters. Aristotle and the Arabs: the Aristotelian
    Tradition in Islam, New York 1968.

P. Petit. Les étudiants de Libanius, Paris 1957.

M. Richard. "Apo phonēs," Byzantion 20 (1950), 191-222.
    Reprinted as no. 60 in his Opera Minora, III, Leuven
    1977.

V. Rose. Aristotelis Fragmenta, Leipzig 1886.

-----. Leben des heiligen David von Thessalonike, Berlin
    1887.

H.D. Saffrey. "Le chrétien Jean Philopon et le survivance
    de l'école d'Alexandrie du VIe siècle," Revue des
    études grecques 67 (1954), 396-410.

K. Sarkissian. The Council of Chalcedon and the Armenian
    Church, London 1965. Reprinted New York 1975.

R.W. Thomson. "Number Symbolism and Patristic Exegesis in
    some early Armenian Writers," Handes Amsorya 90 (1976),
    117-138.

R. Vancourt. Les derniers commentateurs alexandrins
    d'Aristote: l'école d'Olympiodore, Etienne d'Alexandrie,
    Lille 1941.

P.W. van der Horst. "Seven months' Children in Jewish and Christian Literature from Antiquity," Ephemerides Theologicae Lovanienses 54 (1978), 346-360.

A. Vardanean. "Hay Tarrner Aristotēli Storogut'eanc' t'argmanut'ean mēj," Handes Amsorya 34 (1920), 292-295.

R.T. Wallis. Neoplatonišm, London 1972.

L.G. Westerink. Anonymous Prolegomena in Platonic Philosophy, Amsterdam 1962.

G. Yovsep'eanc'. Yišatakarank' Jeṙagrac', Antelias (Lebanon) 1951.

G. Zarp'analean. Matenadaran Haykakan T'argmanut'eanc' Naxneac', Venice 1889.

INDEX OF PERSONAL AND PLACE NAMES

References are to the pages of the English translation